喜楽研の DVD つき授業シリーズ

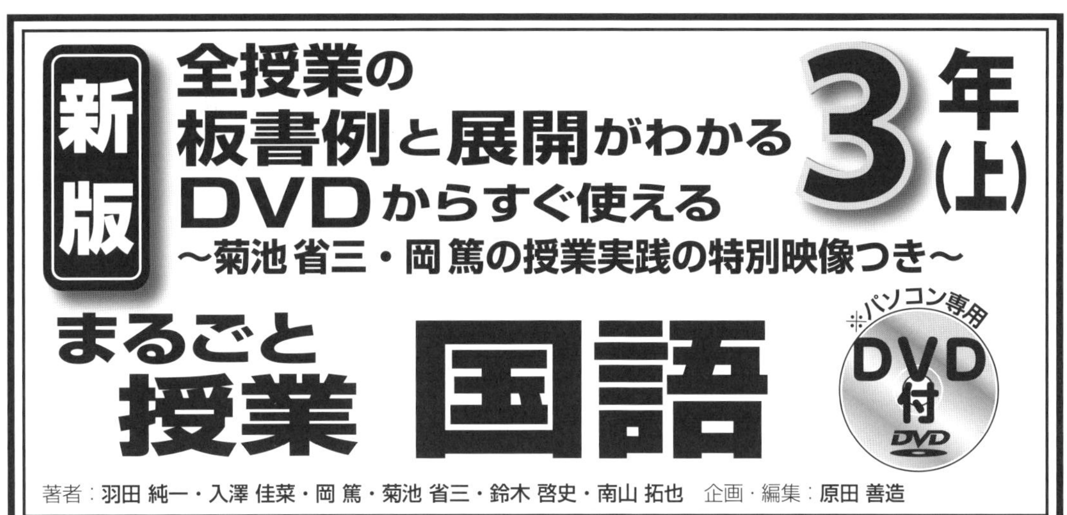
新版
全授業の
板書例と展開がわかる
DVDからすぐ使える
3年(上)
~菊池 省三・岡 篤の授業実践の特別映像つき~
まるごと
授業 国語
※パソコン専用
DVD付
DVD
著者:羽田 純一・入澤 佳菜・岡 篤・菊池 省三・鈴木 啓史・南山 拓也 企画・編集:原田 善造

JN085748

わかる喜び学ぶ楽しさを創造する教育研究所 略称 **喜 楽 研**

はじめに

教育現場の厳しさは，増していくばかりです。多様な子どもや保護者への対応や様々な課題が求められ，教師の中心的活動であるはずの授業の準備に注ぐことができる時間は，とても十分とはいえません。

このような状況の中で，授業の進め方や方法についても，制限が加えられつつあるという現状があります。制限の中で与えられた手立てが，目の前の子どもたちと指導する教師に合っていればよいのですが，残念ながらそうとばかりはいえないようです。

そんなときは，派手さは無くても，きちんと基礎をおさえ，着実に子どもに達成感を味わわせることができる授業ができれば，まずは十分です。そんな授業を作るには，以下の２つの視点が必要です。

１つ目は，子どもに伝えたいことを明確に持つことです。

音読を例に取れば，「初期の段階なので子どもたちに自分がどの程度の読みができるのかを自覚させる」のか，「最終的な段階なので指導した読み方の技術を生かして，登場人物の心情を思い浮かべながら読む」のかといったことです。

２つ目は，子どもがどんな状態にあるのかを具体的に把握するということです。

どうしても音読に集中できない子がいた場合，指で本文をなぞらせることが有効かもしれません。また，隣の子と交代しながら読ませれば楽しんで取り組むかもしれません。

こういった手立ても，指導者の観察，判断があってこそ，出てくるものです。

幸い，前版の「まるごと授業　国語」は，多くの先生方に受け入れていただくことができました。指導要領の改訂に伴い，この「まるごと授業　国語」を新たに作り直すことになりました。もちろん，好評であった前版のメインの方針は残しつつ，改善できる部分はできる限りの手を加えています。

前回同様，執筆メンバーと編集担当で何度も打ち合わせをくり返し，方針についての確認や改善部分についての共通理解を図りました。また，それぞれの原稿についても，お互い読み合い，検討したことも同じです。

新版では，授業展開の中のイラストの位置をより分かりやすい部分に変えたり，「主体的・対話的で深い学び」についての解説文をつけたりといった変更を行っています。

その結果，前版以上に，分かりやすく，日々の実践に役立つ本になったと思います。

この本が，過酷な教育現場に向かい合っている方々の実践に生かされることを心から願ってやみません。

本書の特色

全ての単元・全ての授業の指導の流れが分かる

学習する全単元・全授業の進め方が掲載されています。学級での日々の授業や参観日の授業，研究授業や指導計画作成等の参考にしていただけます。

本書の各単元の授業案の時数は，ほぼ教科書の配当時数にしてあります。

主体的・対話的な学びを深める授業ができる

各単元のはじめのページや，各授業案のページに，『主体的・対話的な深い学び』の欄を設けています。また，展開例の4コマの小見出しに，「読む」「音読する」「書く」「対話する」「発表する」「交流する」「振り返る」等を掲載し，児童の活動内容が一目で具体的に分かるように工夫しています。

1時間の展開例や板書例を見開き1ページで説明

どのような発問や指示をすればよいか具体例が掲載されています。先生方の発問や指示の参考にして下さい。

実際の板書をイメージしやすいように，2色刷りで見やすく工夫しています。また，板書例だけでは，細かい指導の流れが分かりにくいので，詳しく展開例を掲載しています。

DVDに菊池 省三・岡 篤の授業実践の特別映像を収録

菊池 省三の「対話・話し合いのある授業」についての解説付き授業映像と，岡 篤の各学年に応じた「指導のコツ」の講義映像を収録しています。映像による解説は分かりやすく，日々の授業実践のヒントにしていただけます。また，特別映像に寄せて，解説文を巻頭ページに掲載しています。

DVD利用で，楽しい授業，きれいな板書づくりができる

授業で活用できる黒板掲示用イラストや児童用ワークシート見本を，単元内容に応じて収録しています。カードやイラストは黒板上での操作がしやすく，楽しい授業，きれいな板書づくりに役立ちます。

3年上（目次）

本書の使い方

◆板書例について

時間ごとに，教材名，本時のめあてを掲載しました。実際の板書に近づけるよう，特に目立たせたいところは，赤字で示したり，赤のアンダーラインを引いたりしています。DVDに収録されているカード等を利用すると，手軽に，きれいな板書ができあがります。

◆授業の展開について

① 1時間の授業の中身を3コマ～4コマの場面に切り分け，およその授業内容を表示しています。

②展開例の小見出しで，「読む」「書く」「対話する」「発表する」「振り返る」等，具体的な児童の活動内容を表しています。

③本文中の「　」表示は，教師の発問です。

④本文中の　・　表示は，教師の発問に対する児童の反応等です。

⑤「　」や　・　がない文は，教師への指示や留意点などが書かれています。

⑥ ▭ の中に，教師や児童の顔イラスト，吹き出し，授業風景イラスト等を使って，授業の進め方をイメージしやすいように工夫しています。

きつつきの商売

第 2 時 (2/8)

本時の目標

「1」と「2」の場面の登場人物や書かれている内容を整理し，物語の概要をつかむことができる。

授業のポイント

登場人物とその行動，周りの様子などを表にまとめる。表を手掛かりにして，物語の内容や印象に残ったところについて自分の意見を持ち，話し合わせる。

本時の評価

「1」と「2」の場面の叙述をもとに内容を整理し，物語の概要をつかみ取っている。

〈表の活用〉整理した表は，本時終了後も教室のどこかに掲示しておくとよいでしょう。第3時～7時

板書例

場面	登場人物	おきゃく	ちゅうもんした音	ねだん	音の時間	場所	天気	そのた
1	きつつき 野うさぎ	野うさぎ	ぶなの音 四分音ぶ分 メニューにある	百リル	四分音ぶよりも うんと長い	ぶなの森の中	はれ	まっさきに やってきた
2	きつつき 野ねずみ (父・母・子10ぴき)	野ねずみ	とくべつメニュー 雨の音 メニューにない	ただ	ずっとずっと	ぶなの森の中	雨	家のしごとが できなかった

※1項目ずつ確かめながら板書していく。

1 想像する 話し合う　**きつつきのお店について想像してみよう。**

教科書P17の3行目まで黙読させる。

「教科書には，きつつきのお店は，どんなお店だと書いてありますか。」

・きつつきにぴったりのお店。
・えりすぐりの木で作られた看板がある。
・できたての音や，すてきな音を聞かせる。
・4分音符1こがどれでも百リル。

みなさんは，どんなお店を想像しましたか。お店をだしたきつつきの気持ちも考えましょう。
「おとや」という名前がいい。お店が開けてうれしいだろうな。
森の中の小さなお店。早くお客が来てほしいと思っている。
看板が立派な店。みんなにいい音を聞かせようと張り切っている。

2 書く つかむ　**「1」の場面の内容を表にまとめよう。**

「1」の場面を黙読させ，ワークシートを配る。

みんなでワークシートに書いていきましょう。まず，登場人物は誰ですか。
きつつきと野うさぎです。
野うさぎは，音を注文したお客さんです。

「野うさぎは，どんな音を注文したのですか。」

・ぶなの音を，四分音符分注文しました。

「値段はいくらですか。」

・百リルです。

1項目ずつ確認してワークシートに書かせていく。

「『1』の場面をまとめてみて，聞きたいことや言いたいことはありますか。」

・朝の気持ちのよい時のことだと思う。
・百リルって何円ぐらいかな？

36

◆スキルアップ一行文について

時間ごとに，授業準備や授業を進めるときのちょっとしたコツを掲載しています。

◆「主体的・対話的で深い学び」欄について

この授業で，「主体的・対話的で深い学び」として考えられる活動内容や留意点について掲載しています。

の授業の展開でも活用できます。

きつつきの商売

林原（はやしばら）玉枝（たまえ）

め 場面ごとに内ようをひょうにまとめ，思ったことを話し合おう。

きつつきのお店

・うれしい
・早く来て
・いい音を聞かせよう

・ぴったり
・えりすぐりの木でかんばん
・百リルの音（できたて，すてき）

主体的・対話的で深い学び

・項目に分けた表に整理することで，誰がどこで，どんなことをしたのか，周りの様子はどうかということをつかみ取らせる。「1」の場面は，みんなで整理してゆき，表のまとめ方に慣れさせる。「2」の場面では，個々の力で主体的に整理させることに重点を置く。概要の整理・把握だけでなく，自分の意見を持たせ，話し合いもさせる。

準備物

・黒板掲示用イラスト（きつつき）（第1時使用のもの）
・黒板掲示用ワークシートの表
・ワークシート（内容を場面ごとにまとめる）
（児童用ワークシート見本 DVD 収録【3_03_03】）

◆準備物について

1時間の授業で使用する準備物が書かれています。準備物の一部は，DVD の中に収録されています。準備物の数や量は，児童の人数やグループ数などでも異なってきますので，確認して準備してください。

◆本書付録 DVD について

（DVD の取り扱いについては，本書 P8，9に掲載しています）

DVD マークが付いている資料は，付録 DVD にデータ収録しています。授業のためのワークシート見本，黒板掲示用イラスト，板書作りに役立つカード，画像等があります。

3 書く つかむ　「2」の場面の内容を表にまとめよう。

「2」の場面を黙読させる。

今度は，全部自分でワークシートに書きこみましょう。隣どうしで相談してもいいですよ。

今度の登場人物は，きつつきと野ねずみだね。

野ねずみは，父さん母さんと子ねずみが 10 匹もいる。それも書こう。

「では，発表してください。他の人の意見につけ足しがあれば言ってもいいですよ。」
・とくべつメニューを注文した。
・雨の音って，つけ足した方がいいと思います。

1 項目ごとに確認して板書をしていく。

「『2』の場面も，聞きたいことや言いたいことがあれば言いましょう。」
・たくさんお客が来たから，うれしかっただろう。
・雨のおかげで特別メニューが聞けてよかった。

4 対話する　心に残ったところ，いいなと思ったところを話し合おう。

「心に残ったことやいいなと思ったところを発表して，意見を出し合いましょう。」

特別メニューの雨の音がすごくいいなと思いました。
ブナの森の中だからきっといいんだね。ブナの森は知らないけど，とてもいいところのような気がする。
きつつきは，四分音符分より長く聞かせたり，特別メニューをただにしたり，もうけより音を聞かせることを楽しんでいるのがいい。

グループで話し合ったことを発表し，交流させる。

「物語のおよその内容がつかめましたか。次の時間からは，場面ごとに読んで，想像したことを伝え合いましょう。」

きつつきの商売　37

◆赤のアンダーラインについて

本時の展開でとくに大切な発問や留意点にアンダーラインを引いています。

付録ＤＶＤ－ＲＯＭについて

DVD の利用で，楽しい授業・わかる授業ができます。きれいな板書づくりや授業準備に，とても役立ちます。

◆ＤＶＤ－ＲＯＭの内容について

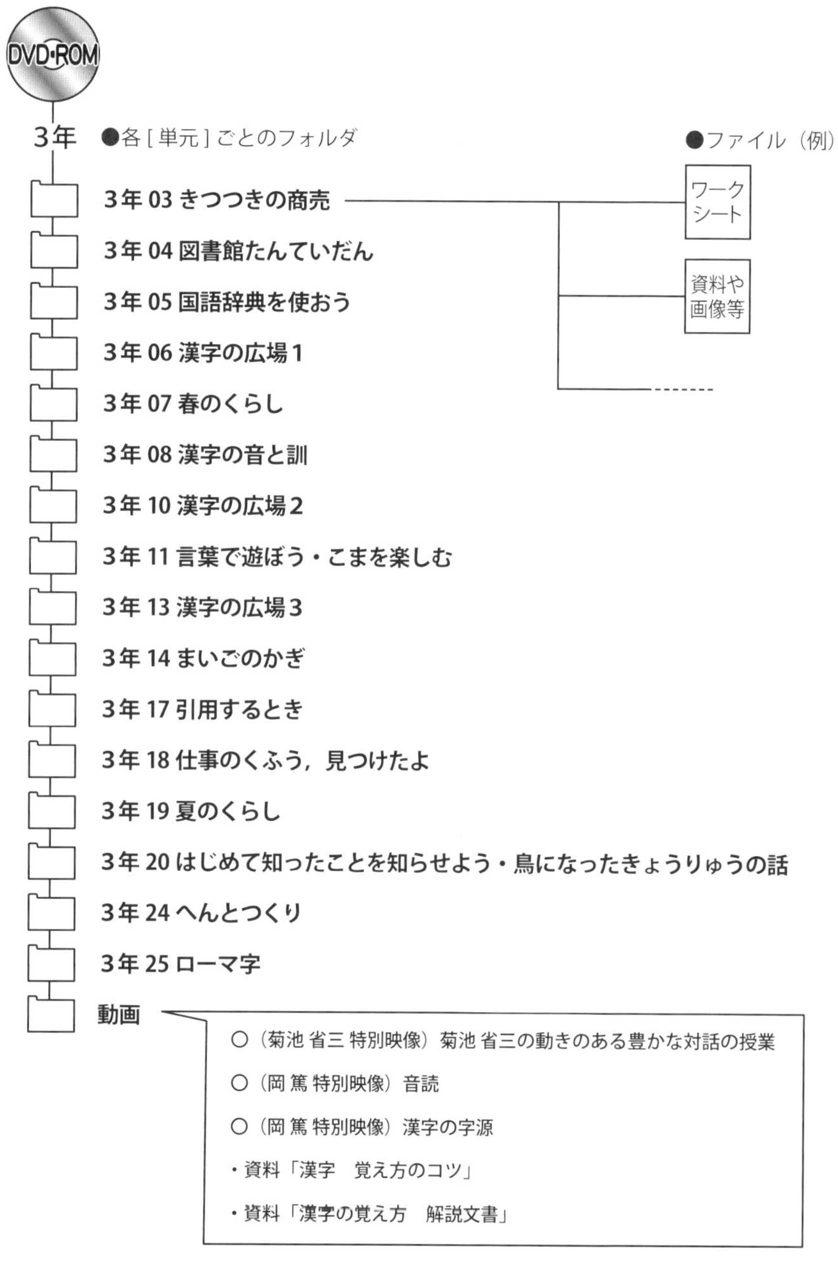

DVD-ROM
3年
●各［単元］ごとのフォルダ
●ファイル（例）
3年 03 きつつきの商売
ワークシート
資料や画像等
3年 04 図書館たんていだん
3年 05 国語辞典を使おう
3年 06 漢字の広場１
3年 07 春のくらし
3年 08 漢字の音と訓
3年 10 漢字の広場２
3年 11 言葉で遊ぼう・こまを楽しむ
3年 13 漢字の広場３
3年 14 まいごのかぎ
3年 17 引用するとき
3年 18 仕事のくふう，見つけたよ
3年 19 夏のくらし
3年 20 はじめて知ったことを知らせよう・鳥になったきょうりゅうの話
3年 24 へんとつくり
3年 25 ローマ字
動画
○（菊池 省三 特別映像）菊池 省三の動きのある豊かな対話の授業
○（岡 篤 特別映像）音読
○（岡 篤 特別映像）漢字の字源
・資料「漢字　覚え方のコツ」
・資料「漢字の覚え方　解説文書」

◆使用上のご注意

このＤＶＤ－ＲＯＭはパソコン専用となっております。DVD プレイヤーでの再生はできません。
ＤＶＤプレイヤーで再生した場合，DVD プレイヤー及び，ＤＶＤ－ＲＯＭが破損するおそれがあります。
※ OS 以外に，ファイルを再生できるアプリケーションが必要となります。
PDF ファイルは Adobe Acrobat および Adobe Reader5.0 以降で開くことができます。

【その他】

このＤＶＤ－ＲＯＭに収録されている動画の中で，各単元フォルダ内の動画には，音声は含まれておりません。
プロジェクターや TV モニターで投影する場合は，各機器および使用しているパソコンの説明書を参照してください。

◆動作環境　Windows

【CPU】　Intel®Celeron®M プロセッサ 360J1.40GHz 以上推奨
【空メモリ】　256MB 以上（512MB 以上推奨）
【ディスプレイ】　解像度 640 × 480，256 色以上の表示が可能なこと
【OS】　Microsoft windows XP 以上
【ドライブ】　ＤＶＤ－ＲＯＭドライブ

◆動作環境　Macintosh

【CPU】　Power PC G4 1.33 GHz 以上推奨
【空メモリ】　256MB 以上（512MB 以上推奨）
【ディスプレイ】　解像度 640 × 480，256 色以上の表示が可能なこと
【OS】　MacOS X 10.4.11 (tiger）以上
【ドライブ】　DVD コンボドライブ

※ wmv 等の動画ファイルは，Windows Media Video 等のフリーソフトをご使用ください。

上記のハードウエア，OS，ソフト名などは , 各メーカーの商標 , または登録商標です。

※ファイルや画像を開く際に時間がかかる原因の多くは，コンピュータのメモリ不足が考えられます。
詳しくは，お使いのコンピュータの取扱説明書をご覧ください。

◆複製、転載、再販売について

本書およびＤＶＤ－ＲＯＭ収録データは著作権法によって守られています。

個人で使用する以外は無断で複製することは禁じられています。

第三者に譲渡・販売・頒布 (インターネット等を通じた提供も含む) することや、貸与及び再使用することなど，営利目的に使用することはできません。

本書付属ＤＶＤ－ＲＯＭのご使用により生じた損害，障害，被害，その他いかなる事態について著者及び弊社は一切の責任を負いません。

ご不明な場合は小社までお問い合わせください。

◆お問い合わせについて

本書付録ＤＶＤ－ＲＯＭ内のプログラムについてのお問い合わせは，メール，FAX でのみ受け付けております。

メール：kirakuken@yahoo.co.jp

ＦＡＸ：075-213-7706

紛失・破損されたＤＶＤ－ＲＯＭや電話でのサポートは行っておりませんので何卒ご了承ください。

アプリケーションソフトの操作方法については各ソフトウェアの販売元にお問い合せください。小社ではお応えいたしかねます。

【発行元】

株式会社喜楽研（わかる喜び学ぶ楽しさを創造する教育研究所：略称）
〒 604-0827 京都市中京区高倉通二条下ル瓦町 543-1　　TEL：075-213-7701　FAX：075-213-7706

対話・話し合いのある授業に，一歩踏み出そう

菊池　省三

教育の世界は，「多忙」「ブラック」と言われています。不祥事も後を絶ちません。

しかし，多くの先生方は，子どもたちと毎日向き合い，その中で輝いています。やりがいや生きがいを感じながら，がんばっています。

このことは，全国の学校を訪問して，私が強く感じていることです。

先日，関西のある中学校に行きました。明るい笑顔あふれる素敵な学校でした。

3年生と授業をした後に，「気持ちのいい中学生ですね。いい学校ですね」

と話した私に，校長先生は，

「私は，子どもたちに支えられています。子どもたちから元気をもらっているのです。我々教師は，子どもたちと支え合っている，そんな感じでしょうか」

と話されました。なるほどと思いました。

四国のある小学校で，授業参観後に，

「とてもいい学級でしたね。どうして，あんないい学級が育つのだろうか」

ということが，参観された先生方の話題になりました。担任の先生は，

「あの子たち，とてもかわいいんです。かわいくて仕方ないんです」

と，幸せそうな笑顔で何度も何度も話されていました。

教師は，子どもたちと一緒に生きているのです。担任した1年間は，少なくとも教室で一緒に生きているのです。

このことは，とても尊いことだと思います。「お互いに人として，共に生きている」……こう思えることが，教師としての生きがいであり，最高の喜びだと思います。

私自身の体験です。数年前の出来事です。30年近く前に担任した教え子から，素敵なプレゼントをもらいました。ライターになっている彼から，「恩師」である私の本を書いてもらったのです。たった1年間しか担任していない彼からの，思いがけないプレゼントでした。

教師という仕事は，仮にどんなに辛いことがあっても，最後には「幸せ」が待っているものだと実感しています。

私は，「対話・話し合い」の指導を重視し，大切にしてきました。

ここでは，その中から6つの取り組みについて説明します。

1. 価値語の指導

荒れた学校に勤務していた20数年前のことです。私の教室に参観者が増え始めたころです。ある先生が，

「菊池先生のよく使う言葉をまとめてみました。菊池語録です」

と，私が子どもたちによく話す言葉の一覧を見せてくれました。

子どもたちを言葉で正す，ということを意識せざるを得なかった私は，どちらかといえば父性的な言葉を使っていました。

一人でいる力を高めよう!!

・私，します。
・やる気のある人だけでします。
・心の芯をビシッとしなさい。
・何のために小学生をしているのですか。
・さぼる人の2倍働くのです。
・恥ずかしいと言って何もしない。
　それを恥ずかしいというんです。

といった言葉です。

このような言葉を，私だけではなく子どもたちも使うようになりました。

価値語の誕生です。

全国の学校，学級を訪れると，価値語に出合うことが多くなりました。その学校，学級独自の価値語も増えています。子どもたちの素敵な姿の写真とともに，価値語が書かれている「価値語モデルのシャワー」も一般的になりつつあります。

言葉が生まれ育つ教室が，全国に広がっているのです。

教師になったころに出合った言葉があります。大村はま先生の「ことばが育つとこころが育つ　人が育つ　教育そのものである」というお言葉です。忘れてはいけない言葉です。

「言葉で人間を育てる」という菊池実践の根幹にあたる指導が，この価値語の指導です。

2. スピーチ指導

私は，スピーチ指導からコミュニケーション教育に入りました。自己紹介もできない6年生に出会ったことがきっかけです。

お師匠さんでもある桑田泰助先生から，

「スピーチができない子どもたちと出会ったんだから，1年かけてスピーチができる子どもに育てなさい。走って痛くなった足は，走ってでしか治せない。挑戦しなさい」

という言葉をいただいたことを，30年近くたった今でも思い出します。

私が，スピーチという言葉を平仮名と漢字で表すとしたら，

『人前で，ひとまとまりの話を，筋道を立てて話すこと』

とします。

そして，スピーチ力を次のような公式で表しています。

『スピーチ力＝（内容＋声＋表情・態度）×思いやり』

このように考えると，スピーチ力は，やり方を一度教えたからすぐに伸びるという単純なものではないと言えます。たくさんの要素が複雑に入っているのです。ですから，意図的計画的な指導が求められるのです。そもそも，コミュニケーションの力は，経験しないと伸びない力ですからなおさらです。

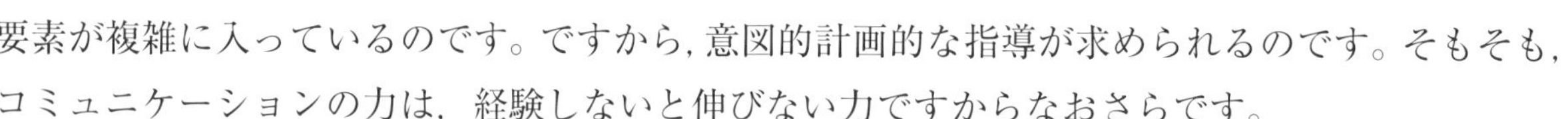

私が，スピーチ指導で大切にしていることは，「失敗感を与えない」ということです。学年が上がるにつれて，表現したがらない子どもが増えるのは，過去に「失敗」した経験があるからです。ですから，

「ちょうどよい声で聞きやすかったですよ。安心して聞ける声ですね」

「話すときの表情が柔らかくて素敵でした。聞き手に優しいですね」

などと，内容面ばかりの評価ではなく，非言語の部分にも目を向け，プラスの評価を繰り返すことが重要です。適切な指導を継続すれば必ず伸びます。

3. コミュニケーションゲーム

私が教職に就いた昭和50年代は，コミュニケーションという言葉は，教育界の中ではほとんど聞くことがありませんでした。「話し言葉教育」とか「独話指導」といったものでした。

平成になり，「音声言語指導」と呼ばれるようになりましたが，その多くの実践は音読や朗読の指導でした。

そのような時代から，私はコミュニケーションの指導に力を入れようとしていました。しかし，そのための教材や先行実践はあまりありませんでした。私は，多くの書店を回り，「会議の仕方」「スピーチ事例集」といった一般ビジネス書を買いあさりました。指導のポイントを探すためです。

しかし，教室で実践しましたが，大人向けのそれらをストレートに指導しても，小学生には上手くいきませんでした。楽しい活動を行いながら，その中で子どもたち自らが気づき発見していくことが指導のポイントだと気がついていきました。子どもたちが喜ぶように，活動をゲーム化させる中で，コミュニケーションの力は育っていくことに気づいたのです。

例えば，対決型の音声言語コミュニケーションでは，

・問答ゲーム（根拠を整理して話す）
・友だち紹介質問ゲーム（質問への抵抗感をなくす）
・でもでもボクシング（反対意見のポイントを知る）

といった，対話の基本となるゲームです。朝の会や帰りの会，ちょっとした隙間時間に行いました。コミュニケーション量が，「圧倒的」に増えました。

ゆるやかな勝ち負けのあるコミュニケーションゲームを，子どもたちは大変喜びます。教室の雰囲気がガラリと変わり，笑顔があふれます。

4. ほめ言葉のシャワー

菊池実践の代名詞ともいわれている実践です。30年近く前から行っている実践です。

2012年にNHK「プロフェッショナル仕事の流儀」で取り上げていただいたことをきっかけに，全国の多くの教室で行われているようです。

「本年度は，全校で取り組んでいます」

「教室の雰囲気が温かいものに変わりました」

「取り組み始めて5年が過ぎました」

といった，うれしい言葉も多く耳にします。

また，実際に訪れた教室で，ほめ言葉のシャワーを見せていただく機会もたくさんあります。どの教室も笑顔があふれていて，参観させていただく私も幸せな気持ちになります。

最近では，「ほめ言葉のシャワーのレベルアップ」の授業をお願いされることが増えました。

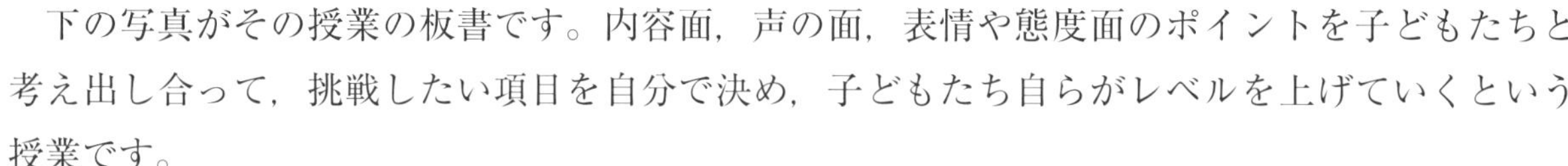

下の写真がその授業の板書です。内容面，声の面，表情や態度面のポイントを子どもたちと考え出し合って，挑戦したい項目を自分で決め，子どもたち自らがレベルを上げていくという授業です。

どんな指導も同じですが，ほめ言葉のシャワーも子どもたちのいいところを取り上げ，なぜいいのかを価値づけて，子どもたちと一緒にそれらを喜び合うことが大切です。

どの子も主人公になれ，自信と安心感が広がり，絆の強い学級を生み出すほめ言葉のシャワーが，もっと多くの教室で行われることを願っています。

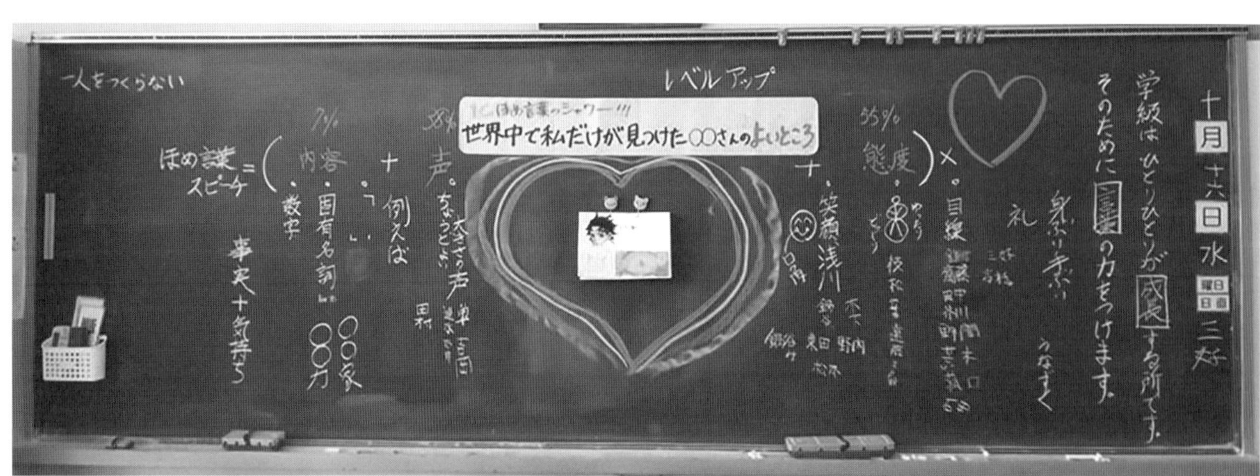
十月十六日水
三好
学級はひとりひとりが成長する所です。
そのために言葉の力をつけます。
一人をつくらない
レベルアップ
ほめ言葉のシャワー!!!
世界中で私だけが見つけた○○さんのよいところ
ほめ言葉スピーチ
内容
声
態度
事実+気持ち
笑顔

5. 対話のある授業

菊池実践の授業の主流は，対話のある授業です。具体的には，

・自由な立ち歩きのある少人数の話し合いが行われ
・黒板が子どもたちにも開放され
・教師が子どもたちの視界から消えていく

授業です。教師主導の一斉指導と対極にある，子ども主体の授業です。

私は，対話の態度目標を次の3つだと考えています。

① しゃべる
② 質問する
③ 説明する

それぞれの技術指導は当然ですが，私が重視しているのは，学級づくり的な視点です。以下のような価値語を示しながら指導します。

「あたたかいほめ合いが」
34人でできる学級
「聞き合える話し合いが」
34人でできる学級
23

例えば，

・自分から立ち歩く
・一人をつくらない
・男子女子関係なく
・質問は思いやり
・笑顔でキャッチボール
・人と論を区別する

などです。

対話のある授業は，学級づくりと同時進行で行うべきだと考えているからです。技術指導だけでは，豊かな対話は生まれません。形式的で冷たい活動で終わってしまうのです。

学級づくりの視点を取り入れることで，子どもたちの対話の質は飛躍的に高まります。話す言葉や声，表情，態度が，相手を思いやったものになっていきます。聞き手も温かい態度で受け止めることが「普通」になってきます。教室全体も学び合う雰囲気になってきます。学び合う教室になるのです。

正解だけを求める授業ではなく，新たな気づきや発見を大事にする対話のある授業は，学級づくりと連動して創り上げることが大切です。

6. ディベート指導

私の学級の話し合いは，ディベート的でした。

私は，スピーチ指導から子どもたちの実態に合わせて，ディベート指導に軸を移してきました。その理由は，ディベートには安定したルールがあり，それを経験させることで，対話や話し合いに必要な態度や技術の指導がしやすいからです。

私は，在職中，年に2回ディベート指導を計画的に行っていました。

1回目は，ディベートを体験することに重きを置いていました。1つ1つのルールの価値を，学級づくりの視点とからめて指導しました。

例えば，「根拠のない発言は暴言であり，丁寧な根拠を作ることで主張にしなさい」「相手の意見を聞かなければ，確かな反論はできません。傾聴することが大事です」「ディベートは，意見をつぶし合うのではなく，質問や反論をし合うことで，お互いの意見を成長させ合うのです。思いやりのゲームです」といったことです。これらは，全て学級づくりでもあります。

2回目のディベートでは，対話の基礎である「話す」「質問する」「説明する（反論し合う）」ということの，技術的な指導を中心に行いました。

例えば，「根拠を丁寧に作ります。三角ロジックを意識します」「連続質問ができるように。論理はエンドレスです」「反論は，きちんと相手の意見を引用します。根拠を丁寧に述べます」といった指導を，具体的な議論をふまえて行います。

このような指導を行うことで，嚙み合った議論の仕方や，その楽しさを子どもたちは知ります。そして，「意見はどこかにあるのではなく，自分（たち）で作るもの」「よりよい意見は，議論を通して生み出すことができる」ということも理解していきます。知識を覚えることが中心だった今までの学びとは，180度違うこれからの時代に必要な学びを体験することになります。個と集団が育ち，学びの「社会化」が促されます。

ディベートの持つ教育観は，これからの時代を生きる子どもたちにとって，とても重要だと考えています。

【１年生の授業】

１年生は，言葉遊びの授業です。１年生には，「言葉って面白いんだ」「言葉を知ることは楽しいことなんだ」といったことを，体験を通して実感させたいと思っています。

この授業は，

○○まった

①　「○まった」という言葉をみんなで集める
　（例：あまった，うまった，こまった　など）

②　「○○まった」という言葉を一人で考える
　（例：あやまった，かくまった，まとまった　など）

③　②で集めた言葉をグループで出し合う

④　教室の中から「○○まった」の言葉をグループで集める

⑤　グループ対抗のチョークリレーで出し合い全員で学び合う

⑥　感想を書いて発表し合う

といった流れで行いました。DVD には，②から④あたりの様子が収められています。

最初に学習の仕方を全員に理解させ，その後にレベルを上げた問題を，個人→グループ→全体という流れで取り組ませたのです。

活動的な１年生に，「黙って，静かに，座って話を聞かせる」ということに，あまりにも指導の力点が行き過ぎている教室もあります。そうではなくて，活動的な１年生の特性を生かしながら，変化のある授業の構成を考えたいものです。そのような指導を通して，友だちと学び合う楽しさやできる喜びを感じさせてあげたいものです。

また，１年生ですから，教師のパフォーマンス力も問われます。立ち位置や声の変化，体や手の動きの工夫が必要です。子どもたちを惹きつける，そんな魅力ある教師でいたいと思っています。

【2年生】

2年生は，簡単な討論の授業です。対立する話し合いの基本型を教えた授業です。

授業は，次のような流れです。

① たくさん咲いている学校のチューリップを1本取った花子さんの行動について，○か×かの自分の立場を決める

② ①の理由を書いて話し合う

③ 花子さんには，病気で寝たきりのチューリップの好きなおばあさんがいることを知り，花子さんの行動について○か×かの立場を決める

チューリップ
花子(小二)
○
×
りゆう
おばあさん

④ ③の理由を書いて，同じ立場の友だちと話し合う

⑤ 理由を出し合って，全体で討論をする

⑥ 花子さんが取ったらいいと考えられる方法を出し合う

⑦ 感想を書いて発表し合う

私は，基本的な討論の流れを，

・自分の立場（賛成反対，AかBか，など）を決める
・各自，理由を考える
・同じ立場のチームで理由を考え合う
・それぞれのチームの理由を出し合う

と考えています。

2年生の授業DVDでは，③から④あたりが収められています。「自由な立ち歩き」をして，学び合うための対話，話し合いをしている様子が分かると思います。

このような動きのある授業を行うことで，友だちと学び合うことは楽しい，自分で意見を作ることは大切なんだ，ひとりひとり意見が違っていいんだ，といったことを子どもたちは学びます。

【3年生】

3年生は，スピーチの授業です。「ほめ言葉のシャワー」につなげるという意図を持って行ったものです。

ほめ言葉のスピーチは，

『事実＋意見』

の構成が基本です。

授業では，

成長
声が大きい。
しせいがいい。

まず，その基本の構成を板書し，事実にあたる友だちのよいところをノートに書かせました。書かせるという指導は，全員参加を促します。

その後，ひとりひとりが書いたことを認め，黒板に書かせました。このように，黒板に書かせると教室に勢いが出てきます。みんなで学び合う雰囲気になってきます。

そして，実際に「ほめ言葉のシャワー」をさせました。

先にも述べましたが，私は，スピーチの公式を次のように考えています。

『スピーチ力＝（内容＋声＋表情・態度）×思いやり』

主人公の友だちに伝えるほめ言葉1つ1つに，私が「ほめ言葉」を言っています。プラスの評価をしているのです。例えば，

「（お辞儀をした子どもに）体を使ってほめ言葉を言っている（拍手）」

「（ノートから目を離した子どもに）書いたことを見ません（読むのではなく話す）（拍手）」

「（柔らかな表情で話した子どもに）口角が挙がっていますね（拍手）」

「（下半身がどっしりして，上半身がゆったりとしているこどもに）その姿勢が抜群にいい（拍手）」

といって，ほめています。スピーチの公式の非言語の部分を意識してほめています。内容よりも，声や表情・態度の部分です。スピーチ指導の初期の段階は，このような指導が効果的だと考えているからです。

3年「音読」～工夫の仕方を考えさせる

岡　篤

〈間（ま）を教える〉

音読の際に，句点（。），読点（、）を意識させる方法として，間（ま）の取り方をクラスでそろえるという方法があります。例えば，句点は2拍，読点は1拍，といった具合です。はじめは，教師が「いち，に」と声を出して間を取ります。次に，黒板や机を叩いてトントンと音を立てて同じように間を取ります。次は，子どもが句点で2回，読点で1回，軽くうなずきます。最後に，「心の中で数えましょう」とすれば，比較的短期間で，句読点を意識することができます。

もちろん，この読み方は絶対ではありません。句読点の使い方や文脈によっては，ふさわしくない場合も出てきます。そのときは，そこで指導をすればよいのです。あくまで，初歩の段階で，句読点を意識させる手立てとして，この方法があるということです。

〈会話文（「　」）の前後も間をあける〉

「　」の間を指導すると，読み方が大きく変わります。私は，「　」も2拍あけるように言う場合が多いです。子どもには，「聞いている人には，かぎかっこがついているのか，どうか分かりません。それを，間をとって伝えます」と教えています。

さらに，いわゆる「地の文」と登場人物の話す言葉との区別がこの「　」でつけられているということも教えます。地の文はふつうの読み方で読み，「　」になると，登場人物の様子を頭にイメージしながら読むようにいいます。

実際に，読み方を大きく変えることは難しいので強要はしません。しかし，子どもなりに，登場人物をイメージして読もうとすることで，読解へつながる音読になることでしょう。

〈工夫の仕方を考えさせる〉

読み方の工夫は，間だけではありません。速く読んだり遅くしたり，大きな声を出したり小さくしたり，様々な読み方ができます。

その工夫は，どれが正しいということはありません。同じ文章をプロが朗読しているのを聞き比べても，驚くほど違う場合もあります。

読み手の解釈によって，違いが出てくるのです。逆にいうと，子どもなりの解釈があれば，ときには正反対の読み方をしていてもかまわないのです。お互いの意見を聞くことで，自分とは違った考えと読み方があることに気づき，振り返ることにつながります。

読み方だけでなく，どのような解釈をしてその読み方をしたのか，ということを考えさせることで，深い読み取りにつながっていきます。

まさに主体的，対話的で深い音読といえるでしょう。

3年「漢字の字源」

岡　篤

〈漢字力は3年生が分かれ目〉

私は，勤務校で毎年漢字力調査に取り組んできました。独自の問題を使って，4月に2年生以上の学年にやってもらうのです。ポイントは，前学年の漢字だけではなく，1年漢字からやるということです。例えば，6年生には，1年漢字・2年漢字・3年漢字・4年漢字・5年漢字の問題をやってもらいます。

これは，子どもにも採点する側にも負担があるのですが，それだけの意義はあると思っています。例えば，6年生になると，5年漢字の平均点は50%くらいになります。漢字1字だけを書けばよい問題が学年ごとに20問（あるいは10問）であることを考えると深刻な課題ということが分かります。

それ以上に，1年漢字の問題から行うことで，様々なことが分かってきました。その一つが，漢字が苦手になる子は，3年生で決定的になる場合が多いということです。1年漢字80字，2年漢字160字，3年漢字200字と数だけでもかなり増えてくる上に，抽象的な熟語も加わってくることが理由と考えられます。

〈反復練習と字源を〉

では，どうすればよいのか。漢字といえば，宿題による百字帳，小テストというイメージがあるかもしれません。この宿題や小テストのやり方を工夫すれば，ある程度定着率は高まります。

単純に，回数を増やすだけでも，漢字が苦手な子にとっては一度に覚える範囲が少なくなった負担が減るといえるでしょう。もちろん，時間の確保，採点の仕方など継続するための工夫も求められます。

私の場合，漢字係を作ってテスト用紙を子どもが配るようにしたり，朝の会や国語の初めに行うと時間を設定してしまったりということで，継続できるようにしています。

〈字源を教える意義〉

ただし，漢字への興味という意味では，小テストの点数だけでは限界があります。小テストがなければ，漢字に全く興味を示さないということになりがちだからです。

私は，字源を教えることをお勧めしています。字源を教えることで，漢字の本質的な面白さを味わうことができます。また，漢字にはつながりがあることが理解でき，初めて見る漢字でも意味が予想できたり，覚えやすくなったりします。字源の話題もときおり入れていきたいものです。

字源の話をすることで間違いが減った例の1つに，「陽」があります。右側のつくりは，「日」の下に「一」があります。これを忘れる子が何人もいてなかなか直りませんでした。

そこで，「『日』は，玉です。『一』は，それをおいている台です。大切な玉の下の台を忘れたらどうなりますか。玉は落ちて，バリーン，と割れてしまいますよ。『一』は大切ですね」

まるごと授業
国語3年(上)

よく聞いて，じこしょうかい

全授業時間１時間

◉ 指導目標 ◉

・相手を見て話したり聞いたりするとともに，言葉の抑揚や強弱，間の取り方などに注意して話すことができる。
・話し手が伝えたいことや自分が聞きたいことの中心を捉えることができる。
・積極的に相手を見て話したり聞いたりし，学習課題に沿って，自己紹介をしようとすることができる。

◉ 指導にあたって ◉

① 教材について

「ことばのじゅんびうんどう」という，国語の学習に入る前の準備段階の教材です。扉の詩を読んだり，目次や「三年生の国語の学びを見わたそう」を見て国語学習の見通しを立てさせたりします。順番に自己紹介をしながら，話し方・聞き方で気をつける点や大事な点に目を向けさせる１時間の学習になります。楽しく同じクラスの友だちのことを知ることができる教材でもあります。

② 主体的・対話的で深い学びのために

初めての国語の授業の時間になります。「わかば」は，３年生で最初に目にする詩です。これから３年生の学習を始めようとする新鮮な意欲と共鳴するように読ませたいものです。自己紹介は，話すこと，聞くことに関する３年の国語教材として初めての活動となります。話すことの楽しさや聞くことの大切さに気づかせるために，楽しみながら話したり聞いたりすることができるようにします。

◎ 評価規準 ◎

知識 及び 技能	相手を見て話したり聞いたりするとともに，言葉の抑揚や強弱，間の取り方などに注意して話している。
思考力，判断力，表現力等	「話すこと・聞くこと」において，話し手が伝えたいことや自分が聞きたいことの中心を捉えている。
主体的に学習に取り組む態度	積極的に相手を見て話したり聞いたりし，学習課題に沿って，自己紹介をしようとしている。

◎ 学習指導計画　全１時間 ◎

次	時	学習活動	指導上の留意点
1	**1**	・扉の詩をみんなで読み，思ったことを話し合う。 ・目次や巻頭ページを見て，国語学習の見通しをもつとともに，学習の進め方を確かめる。 ・自分の「すきな○○」を１つ考える。 ・前の人の「すきな○○」を繰り返しながら，順番に自己紹介する。	・初めての国語の授業。期待感を大事にすることが第一となる。そのためにも扉の詩はみんなで読む楽しさに気づかせる。 ・聞く，話すといった学習習慣をつけていく第一歩でもある。あそびを通して，楽しく自己紹介をさせる。

よく聞いて，じこしょうかい

第1時（1/1）

本時の目標

相手に自分の好きなものを伝えたり，友達が何を伝えようとしているのかを聞いたりすることができる。

授業のポイント

話すこと聞くことを学ぶ初めての単元となる。話すこと，聞くことの基本的な学習を楽しく学べるようにする。

本時の評価

相手によく分かるように自分のことをはっきりと話している。友達の話のポイントを落とさず聞いている。

〈自己紹介〉人生の中で一番行うことは自己紹介です。自分をアピールする自己紹介をいくつか

板書例

☆ よく聞いて、じこしょうかいをしよう

・すきなものを二つ言う

〈じこしょうかいで気をつけること〉

聞くこと
・だいじなところをしっかり聞く
・しゅう中する
・あいてを見る

話すこと
・あいてを見る
・話すスピード
・声の大きさ
・短く話す

じこしょうかいの すすめ方

① 前の人が話したことをくりかえす
② 自分の名前、すきなものを言う

1 読む 対話する　扉の詩「わかば」を読んで，感想を出し合おう。

教科書の表紙を開き，「わかば」を範読する。

「この詩の中で，繰り返し出てくる言葉は何ですか。」
・晴れ晴れ　　・わかば

『晴れ晴れ』と『わかば』の２つの言葉から，どんなことを感じますか。
何か新しい，新鮮な感じがします。
何か，希望がわいてくるような感じ。
気持ちがいい，明るい感じがします。

「他に，この詩では，どんなことをいっていますか。」
・ぼくらは人間のわかば。天が見守っている。
「みんなが感じた気持ちを込めて，読んでみましょう。」

一斉読みをして，その後数人に読ませる。

次に，目次や巻頭ページを見て，国語学習の見通しを持たせるとともに，学習の進め方を簡単に確かめる。

2 交流する　自己紹介をしてみよう。

「新しいクラスの人と自己紹介をしましょう。自分の好きな○○を１つ紹介してもらいますね。紹介するものを何にするのかを考えましょう。」

話す人が誰になるのかを分かりやすくするため，人形やマイクなどの小道具を用意しておく。椅子を円形に並べ，順番に自己紹介をしていく。

「ルールがあります。前の人が言ったことを繰り返してから，最後に自分の名前と好きな○○を話します。」

ぼくは，ゲームが得意な梅田たいちくんの隣の，野球が好きな松本ゆうじです。
わたしは，野球が好きな松本ゆうじくんの隣の，ダンスが好きな竹山りさです。
じこしょうかい

順に自己紹介をしていく。ゲーム感覚で，楽しい雰囲気でできるようにする。

種類を作っておくと，生活でいかすことができます。

よく聞いて、じこしょうかい

め 三年生でどんな学習をするのか知ろう
よく聞いてじこしょうかいをしよう

〈とびらの詩〉
「わかば」「晴れ晴れ」
・気持ちがいい、あかるい感じ
・しんせんな感じ
ぼくらは人間のわかば
←
天が見まもって……

※ 児童の発言を板書する。

主体的・対話的で深い学び

・３年生の児童にとって，話すこと，聞くことについて初めての単元となる。話すことの楽しさや聞くことの大切さに気づかせるために，全員が楽しんで話したり聞いたりすることができるように配慮する。うまく言えない児童がいる場合は，ヒントを与えたり，どこまで分かっているのかを確かめたりする。
・展開４の振り返りでは，①各自が振り返りを書いてから全体に発表する，②ペアやグループで対話してから振り返りを書くなど，学級の実態に合わせて取り組ませるとよい。

準備物

・おもちゃのマイクなど話者の目印になるもの

3 対話する　自己紹介をするときに大切なことを考えよう。

「自己紹介をしてみて，これまでの自分たちの話し方や聞き方を見つめ直しましょう。」

わたしたちが上手くできていないことは何でしたか。どうすればよかったですか。
友達の好きなことを聞き逃して，うまく言えませんでした。
もう少しゆっくり話した方がよかったです。

「これから自己紹介をするときに，話すこと・聞くことの大切なことを出し合いましょう。」
・話す人は聞いてくれている人を見て，一人ひとりがどうしているかに気をつける。
・話すときは，大きな声でゆっくりと，短く話す。
・聞く人は，自己紹介をしている人の方を向いて聞く。
・大事なところを聞き逃さないよう，集中して聞く。

4 交流する 振り返る　もっと自己紹介をしよう。自己紹介をしたことを振り返ろう。

「『話すこと・聞くこと』のポイントを整理しました。では，この注意点に気をつけて自己紹介をしてみましょう。次は，好きな○○を２つ紹介します。紹介するものを何にするのかを考えましょう。」
・ぼくは，サッカーと野球が好きなことを紹介するよ。
・さっきと同じ水泳と，もう１つは，ケーキにしようかな。

好きなものを２個にして，１回目と同様に自己紹介をする。

友達が好きなものを聞いて，どんなことを考えましたか。
もっともっと友達のことを知っていきたいです。
同じ物を好きな人がいたので，嬉しかったです。もっと仲良くなりたいです。
友達のことをあまり知らないんだなあと思いました。

自己紹介を振り返り，感想を伝え合う。

どきん

全授業時間１時間

◉ 指導目標 ◉

・文章全体の構成や内容の大体を意識しながら音読することができる。
・文章を読んで感じたことや考えたことを共有し，一人一人の感じ方などに違いがあることに気づくことができる。
・文章を読んで理解したことに基づいて，感想や考えをもつことができる。
・積極的に文章全体の構成や内容の大体を意識しながら，学習課題に沿って，楽しんで音読しようとすることができる。

◉ 指導にあたって ◉

① 教材について

すべてひらがな表記された 10 行の詩です。この詩は，「…かなあ」「…ねえ」と母音で音を伸ばす文のあとに擬音語・擬態語を続ける表現を繰り返しています。この表現から詩のリズムを感じ取り，様子を想像して，それを音読で表現するのがここの学習です。音読が主体の学習なので，時間をかけて深く読み取ることはできませんが，擬音語・擬態語で表される様子や主体の対象への関わりが変化していく（さわってみよう… → もいちどおそう）などは読み取らせたいものです。それが音読の質にも関わってきます。

音読の際には，声の大きさ，強さ，速さ，抑揚，間の取り方など，読み取った，あるいは感じ取った内容に応じて工夫して読ませます。擬音語・擬態語からどのように様子が想像できるかがポイントにもなります。

３年生最初の国語学習ですので，楽しく音読することを大事にします。音読の形態も，時間があれば，個人，グループ，男女交互，分担を決めてなど，いろいろ変えて取り組ませることもできます。

② 主体的・対話的で深い学びのために

音読の前提として，一人一人の児童がどのように作品理解をするかが大切です。1 時間という限られた時間での学習ですが，感想や面白いと感じたところなどをできる限り意識させていきます。その際，隣どうしで援助し合ったり，グループでの話し合いを取り入れたりすることで，自分が気づかなかったことにも触れさせ，作品理解を広げていきます。

音読の工夫の基本（声の大きさ，強弱，速さ，抑揚，間の取り方など）は，グループで確認させ，それを共通の土台として音読の工夫をさせていきます。音読の練習や発表の時も聞き合って，相互批評を大切にしていきます。最後に，自分の音読表現の変化に気づくなど，学習の成果を少しでも認識させたいものです。

◎ 評価規準 ◎

知識 及び 技能	文章全体の構成や内容の大体を意識しながら音読している。
思考力，判断力，表現力等	・「読むこと」において，文章を読んで理解したことに基づいて，感想や考えをもっている。 ・「読むこと」において，文章を読んで感じたことや考えたことを共有し，一人一人の感じ方などに違いがあることに気づいている。
主体的に学習に取り組む態度	積極的に文章全体の構成や内容の大体を意識しながら，学習課題に沿って，楽しんで音読しようとしている。

◎ 学習指導計画　全１時間 ◎

次	時	学習活動	指導上の留意点
1	1	・範読を聞き，自分でも音読をしてみて，詩に表現された様子を想像する。 ・「おもしろい」「いいな」と思うところを見つける。 ・読み取ったことをもとに、工夫をして音読練習をする。 ・想像したことや,「おもしろい」「いいな」と感じたところを友だちに分かるように工夫して音読する。	・「詩を楽しむ」「音読する」学習であることに気づかせる。 ・伸ばす言葉や擬音語・擬態語を使った繰り返しの面白さに気づかせる。 ・詩のリズムも味わわせたい。 ・２年までの学習も振り返り，音読の際の注意点なども想起させる。 ・学習のはじめと終わりで自分の音読に変化があったかどうか振り返らせる。

どきん

第 1 時 （1/1）

本時の目標

想像した様子や「おもしろい」「いいな」と思ったところがよく分かるように工夫し，楽しんで音読することができる。

授業のポイント

擬音語や擬態語を使った繰り返しの表現の面白さに気づかせる。想像した様子やおもしろい・いいなと感じたところの表現を工夫させる。

本時の評価

自分が想像したことや感じたことがよく分かるように楽しんで音読している。

〈音読発表〉少し難しい課題かもしれませんが，展開４のようにはじめの音読と練習した後の音読が

板書例

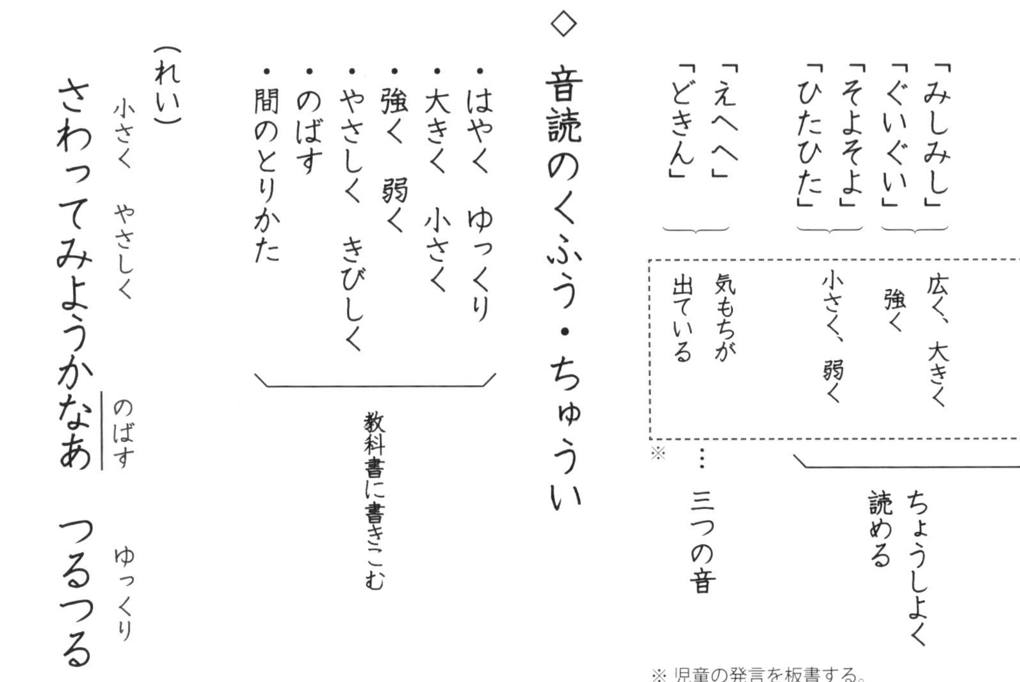

「みしみし」
「ぐいぐい」
「そよそよ」
「ひたひた」
広く、大きく
強く
小さく、弱く
ちょうしよく読める
「えへへ」
「どきん」
気もちが出ている
※…三つの音
◇音読のくふう・ちゅうい
・はやく　ゆっくり
・大きく　小さく
・強く　弱く
・やさしく　きびしく
・のばす
・間のとりかた
教科書に書きこむ
（れい）
小さく　やさしく　のばす　ゆっくり
さわってみようかなあ　つるつる
※児童の発言を板書する。

1 音読する 想像する　「どきん」の詩を読んで，様子を想像してみよう。

「どきん」の詩を範読する。

「今度は自分で音読して隣の人に聞かせましょう。」

どんな読み方をしたか，だいたい覚えておかせる。

この詩から，どんな様子が想像できますか？
はじめは，ちょっと触って，だんだん強く押して何かが倒れてしまいました。
後の方は，地球とか，風とかが出てきて，広くて大きな自然の感じがします。

「様子について思ったことを言ってもいいですよ。」

- 「えへへ」と「どきん」のところで，この人の気持ちが出ています。
- 「どきん」って びっくりした感じ。どうしてかな？と思いました。
- 最後で，急に「どきん」としています。

2 話し合う　「おもしろい」「いいな」と思ったところを 話し合おう。

音読した感想，魅力的なところ，音読の工夫などワークシートやノートに書き込ませる。

「『おもしろい』『いいな』と思ったところをグループで話しましょう。なぜそう思ったのかも言いましょう。」

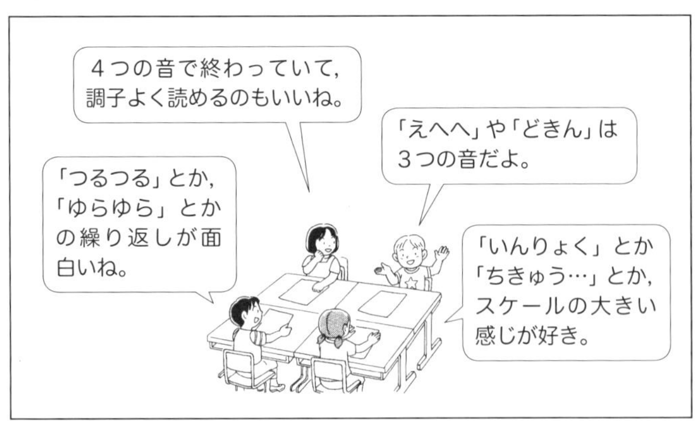

４つの音で終わっていて，調子よく読めるのもいいね。
「えへへ」や「どきん」は３つの音だよ。
「つるつる」とか，「ゆらゆら」とかの繰り返しが面白いね。
「いんりょく」とか「ちきゅう…」とか，スケールの大きい感じが好き。

- 「…かなあ」とか「…るう」とかいう表現がとてもおもしろいです。
- のんびりした感じが続いて，最後に「どきん」で，急にびっくりした感じになるところがいいです。
- 何を触ったり押したりしているのか，いろいろ想像できるところが面白いと思いました。

比較できれば，本時は大成功といえるでしょう。

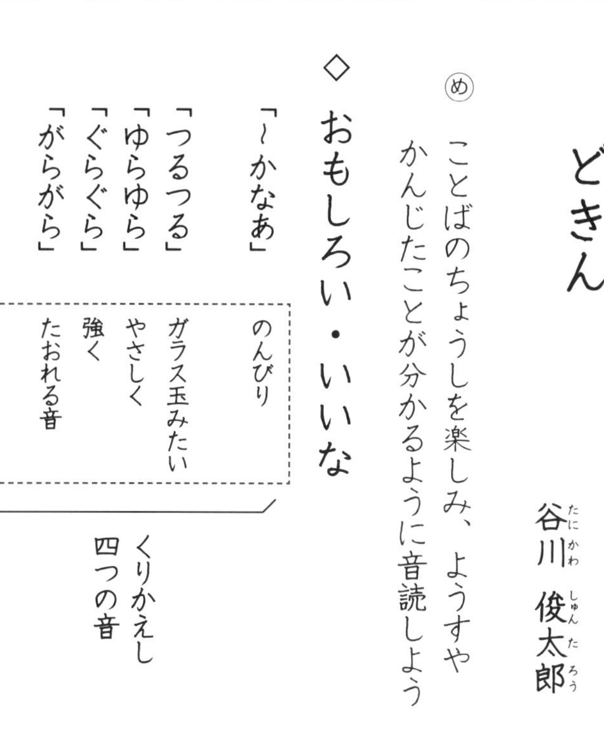

どきん
谷川俊太郎
め ことばのちょうしを楽しみ、ようすや
かんじたことが分かるように音読しよう
◇おもしろい・いいな
「〜かなあ」
のんびり
くりかえし
四つの音
「つるつる」
「ゆらゆら」
ガラス玉みたい
「ぐらぐら」
やさしく
強く
「がらがら」
たおれる音

主体的・対話的で深い学び

・詩を読んだ感想，魅力的なところ，音読の工夫についてまず自分の考えをノートに書くなどの方法でしっかりと持たせ，それをもとにして話し合わせる。音読発表は，先ず自分の音読のしかたが学習後に変わっているかどうかを確かめさせ，友だちどうしで感想を述べ合うようにさせる。

準備物

3 話し合う 音読練習　どんなことに注意や工夫をすればよいか考え，音読練習をしよう。

「音読するときの工夫や注意を話し合いましょう。」

- 「なあ」や「るう」はゆっくり読むのがいいです。
- 「がらがら」は大きく，「ひたひた」は小さくかな。
- 強く読んだり弱く読んだりするのも工夫です。
- 間の取り方も大事だと思います。

意見交流の中で読み方をイメージさせていく。

「自分はどこでどんな読み方の工夫をするか，黒板の例のように教科書に書き込みましょう。」

自分が想像した様子や，「おもしろい」「いいな」と感じたところがよく分かるように工夫して音読練習をしましょう。
「たおれちゃったよなあ えへへ」は照れくさそうに読みます。
ゆっくり読んで，最後の1行だけ 大きな声で読みます。

隣どうしで聞き合って，音読の練習をさせる。

4 音読発表　自分の変化を確かめ，音読発表をしよう。

「自分がはじめに音読した時と，今の練習と比べてどこか変わったところはありましたか。」

- 「つるつる」「ぐらぐら」など，最後のところがどこも工夫して読めるようになりました。
- 間をあけて読めるようになったと思います。

班の中で音読発表をし合い，感想を言いましょう。
「なあ」「かあ」のところが，声の調子を変えてだんだん強く押していく感じがよく出ています。
最後の行の読み方が急に速くなって，本当に急に振り向いたみたいでした。

次に，各班から１人ずつ，全体の中で発表させる。

「自分の音読か友だちの音読か，どちらかの感想をノートに書きましょう。」

きつつきの商売

全授業時間８時間

◎ 指導目標 ◎

・登場人物の行動や気持ちなどについて，叙述を基に捉えることができる。
・文章全体の構成や内容の大体を意識しながら音読することができる。
・進んで登場人物の行動や気持ちを捉え，学習課題に沿って，読んで想像したことを伝え合おうとすることができる。

◎ 指導にあたって ◎

①　教材について

１の場面は，きつつきと野うさぎ，２の場面はきつつきと野ねずみの家族が登場し，きつつきの「おとや」さんのメニューにある音を聞くというシンプルな物語です。この単元は，場面のようすや登場人物の心情を想像し，伝え合うことが主な目標となる教材です。会話や登場人物の行動，情景描写など手がかりになる言葉や文がいくつもあるので，それらから場面のようすや登場人物の心情を想像させます。ぶなの森という自然の中で静かに耳を澄ませて音を聞くという内容も，できる限りじっくりと味わわせ，心豊かな体験をさせたいものです。

②　主体的・対話的で深い学びのために

内容の読み取りや様子と気持ちを想像する学習活動が主となりますが，先ずは自分の力で課題をこなせるようにさせ，対話を通してそれを修正したり，さらに広げたり深めたりさせます。

コーン，シャバシャバなどの擬声語から，様子を想像させたり，「ぶなの森にこだましました」，「きらきらしたきれいな目を」，「雨の音につつまれて」など味わい深い表現や重要語句を見つけ，イメージを深めさせることも大切なことです。それらを音読に生かすことで，表現力を高めることにもつながります。

これらの活動を効果的に十分行うためには，可能なら第３時～第５時の学習内容にもう少し時間をかけたいところです。また，第８時の内容を圧縮し，空いた時間で，「3」の場面の文を実際に書かせることができれば，より主体的で深い学びにつなげることができます。

◉ 評価規準 ◉

知識及び技能	文章全体の構成や内容の大体を意識しながら音読している。
思考力，判断力，表現力等	「読むこと」において，登場人物の行動や気持ちなどについて，叙述を基に捉えている。
主体的に学習に取り組む態度	進んで登場人物の行動や気持ちを捉え，学習課題に沿って，読んで想像したことを伝え合おうとしている。

◉ 学習指導計画　全 8 時間 ◉

次	時	学習活動	指導上の留意点
1	1	・題名からどんな商売か想像する。 ・音読を聞き，学習のめあてを考え，見通しをもたせる。	・学習のめあては，自分の考えも持たせ，教科書と比べて確かめさせる。
2	2	・「1」と「2」の場面に書かれている内容を読み取り，表にまとめる。 ・心に残ったところを話し合う。	・導入としてきつつきのお店を想像する。 ・ワークシートの表に，登場人物，音，値段，天気，時間などを書かせる。
	3	・「1」の場面を読み取り，きつつきが聞かせた音や野うさぎの気持ちを想像する ・ようすを思い浮かべながら音読する。	・登場人物の行動や様子，周りの様子が分かる言葉や会話などを手掛かりにして，対話でイメージを広げ深める。
	4	・「2」の場面の前半を読み取り，特別メニューについてのきつつきや野ねずみの気持ちを想像する。	・主として野ねずみどうしやきつつきとの会話から様子や気持ちを想像する。
	5	・「2」の場面の後半を読み取り，音が聞こえる情景やきつつきと野ねずみの気持ちを想像する。 ・ようすを思い浮かべながら音読する。	・森の中の情景を想像させ，その中で雨の音を聞く野ねずみたちときつつきの気持ちを会話や行動などから想像する。
3	6・7	・物語の続きの「3」の場面の内容を考える。 ・考えた内容を紹介し合い，それに対する意見を伝える。	・まず，自力で内容を考え，対話をとおして内容を修正する。
	8	・学習を振り返り，自分たちの活動を確かめる。 ・読みたい本の見つけ方や読書記録の書き方を知る。	・教科書の「ふりかえろう」「たいせつ」「いかそう」などを活用する。 ・読書記録は「きつつきの商売」で書き方を練習し，次につなげる。

DVD **収録（イラスト，画像，児童用ワークシート見本）**※本書 P48，49 に掲載しています。

きつつきの商売

第1時 (1/8)

本時の目標

物語を読み，学習のめあてや計画をつかみ，学習の見通しを持つことができる。

授業のポイント

はじめに物語を読んで，どんな学習がしてみたいかを交流させる。扉のページや学習の流れを記した ページを読み，学習の目当てや見通しを確かめてゆく。

本時の評価

学習のめあてや計画を教科書から読み取り，見通しを持って学習に取り組もうとしている。

〈範読〉かなりゆったりと間をとって読むのでちょうどよいぐらいです。特に「おとや」の音の

板書例

〈登場人物〉

きつつき

野うさぎ

野ねずみの家族

「読んで，そうぞうしたことをつたえ合おう」

・音を聞いた，聞かせた気もち
・森の中のようす
・音読でつたえたい

※児童の発言を板書する。

◇見通しをもとう

・場面と登場人物のようすをせいりする。
・音をそうぞう，気もちを考える。
・「3」の場面を作る。

1 予想する　題名からきつつきはどんな商売をするのか想像してみよう。

教科書は開けず，題名だけを板書する。

「きつつきってどんな鳥か知っていますか。」

・知らない。
・知っているよ。木をつついて穴をあけるんだよ。
・木の中の虫を食べるのです。

キツツキの写真を見せて，簡単に説明する。（インターネットなどで入手しておくとよい）商売の意味も押さえておく。

きつつきの商売って何か予想してみましょう。
大工さんみたいな商売かな？
穴あけ屋さんかな。
虫を捕まえて，配達する商売！

「ここの勉強は，きつつきの商売を話し合うのかな？」

・題がそうだから，そう思います。
・わたしは，ちょっと違うと思います。

2 聞く　先生の範読を聞いて，感想を発表しよう。

「今から先生が読んでみます。どんな商売かよく聞いてください。後で聞いた感想も言ってもらいます。」

・楽しみ！どんな商売かな。

「どんな商売でしたか。」

・「おとや」です。
・木をたたいた音を聞かせる商売でした。

「登場人物は，誰でしたか。登場人物は，人間でなくてもいいのですよ。」

・きつつき，野うさぎ，野ねずみの家族。

では，聞いた感想を発表してください。
会話がいっぱいあって，様子や気持ちがよく分かります。
音を聞いているときの様子がいいなと思った。
音が思っていたのと違っておもしろかった。

描写の後などは，かなり間をとるとよいでしょう。

きつつきの商売

㋱ どんな学習をしていくのか、話し合ってたしかめよう

きつつきの商売

※ インターネットなどより画像を見せる。

おとや（できたての音）………

・木をたたいて音を聞かせる

主体的・対話的で深い学び

・はじめは教科書を開かせず，題名だけを提示して内容を想像させ，児童の興味を引き付ける。音読を聞いた感想の交流や，どんな学習がしたいか話し合わせ，児童の受け止めや考えを大切にしながら，学習課題を設定してゆきたい。

準備物

・きつつきの画像（インターネットなどより）
・きつつき，野うさぎ，野ねずみのイラスト
DVD 収録【3_03_01，3_03_02】

3 話し合う 学習のめあてを確認し，どんな学習がしたいか，意見を出し合おう。

「教科書の 15 ページの右上にこれからの学習の大きなめあてが書いてあります。読んでみましょう。」

・「読んで，想像したことをつたえ合おう」です。
・登場人物の気持ちも想像すればいいんだね。
・周りのようすの想像もあるんじゃないかな。

「このめあてで，これからどんなことを学習していきたいか，もう少し詳しくグループで話し合いましょう。」

きつつきや野うさぎなどの役を決めて，音読で伝え合うこともしたいな。
森の中の周りのようすも，いろいろな想像ができそうな気がする。
音を聞いてどう思ったのか，登場人物の気持ちを想像して話し合いたい。
音を聞かせているきつつきの気持ちも想像してみたいな。

4 確かめる 学習の見通しを確かめ合おう。

「教科書 26，27 ページも読んで確かめましょう。『見通しをもとう』をまず見てください。」

・「音読しましょう」と書いてあるから，音読もすればいいんだ。
・したことや言ったことから，気持ちを考えていくんだね。

「とらえよう」「ふかめよう」「まとめよう」「ひろげよう」のところも読みましょう。
音を聞いた気持ちを考えます。
物語の続きの「3」の場面を自分で考えるんだ！それを紹介もするんだ！
場面を表に整理したり，音を想像したり，音読もする。

「では，次の時間から，物語の内容を読んでいきましょう。」

きつつきの商売

第 2 時 (2/8)

本時の目標

「1」と「2」の場面の登場人物や書かれている内容を整理し，物語の概要をつかむことができる。

授業のポイント

登場人物とその行動，周りの様子などを表にまとめる。表を手掛かりにして，物語の内容や印象に残ったところについて自分の意見を持ち，話し合わせる。

本時の評価

「1」と「2」の場面の叙述をもとに内容を整理し，物語の概要をつかみ取っている。

〈表の活用〉 整理した表は，本時終了後も教室のどこかに掲示しておくとよいでしょう。第3時〜7時

板書例

場面	登場人物	おきゃく	ちゅうもんした音	ねだん	音の時間	場所	天気	そのた
1	きつつき 野うさぎ	野うさぎ	ぶなの音 四分音ぷ分 メニューにある	百リル	四分音ぷよりも うんと長い	ぶなの森の中	はれ	まっさきに やってきた
2	きつつき 野ねずみ (父・母・子10ぴき)	野ねずみ	とくべつメニュー 雨の音 メニューにない	ただ	ずっとずっと	ぶなの森の中	雨	家のしごとが できなかった

※１項目ずつ確かめながら板書していく。

1 想像する 話し合う　きつつきのお店について想像してみよう。

教科書 P17 の３行目まで黙読させる。

「教科書には，きつつきのお店は，どんなお店だと書いてありますか。」
- きつつきにぴったりのお店。
- えりすぐりの木で作られた看板がある。
- できたての音や，すてきな音を聞かせる。
- ４分音符１こがどれでも百リル。

みなさんは，どんなお店を想像しましたか。お店をだしたきつつきの気持ちも考えましょう。

「おとや」という名前がいい。お店が開けてうれしいだろうな。

森の中の小さなお店。早くお客が来てほしいと思っている。

看板が立派な店。みんなにいい音を聞かせようと張り切っている。

2 書く つかむ　「1」の場面の内容を表にまとめよう。

「1」の場面を黙読させ，ワークシートを配る。

みんなでワークシートに書いていきましょう。まず，登場人物は誰ですか。
きつつきと野うさぎです。
野うさぎは，音を注文したお客さんです。

「野うさぎは，どんな音を注文したのですか。」
- ぶなの音を，四分音符分注文しました。

「値段はいくらですか。」
- 百リルです。

１項目ずつ確認してワークシートに書かせていく。

「『1』の場面をまとめてみて，聞きたいことや言いたいことはありますか。」
- 朝の気持ちのよい時のことだと思う。
- 百リルって何円ぐらいかな？

の授業の展開でも活用できます。

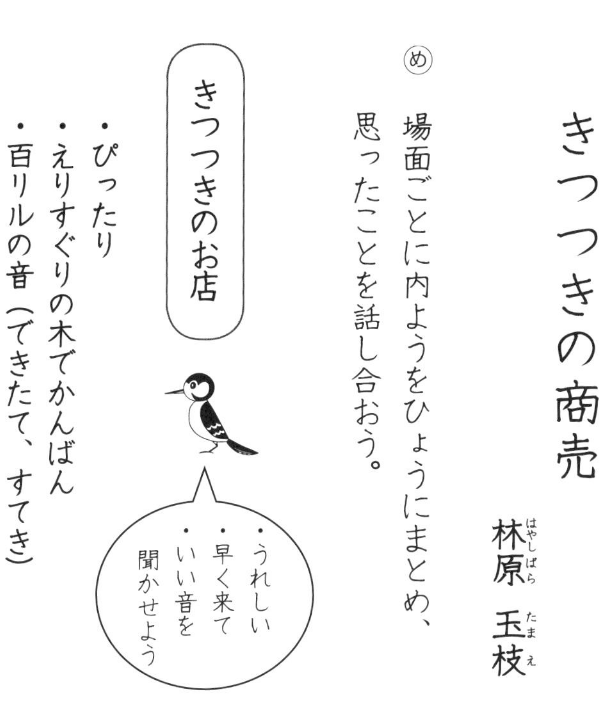

きつつきの商売
林原（はやしばら） 玉枝（たまえ）
め 場面ごとに内ようをひょうにまとめ、思ったことを話し合おう。
きつつきのお店
・うれしい
・早く来て
・いい音を聞かせよう
・ぴったり
・えりすぐりの木でかんばん
・百リルの音（できたて、すてき）

主体的・対話的で深い学び

・項目に分けた表に整理することで，誰がどこで，どんなことをしたのか，周りの様子はどうかということをつかみ取らせる。「1」の場面は，みんなで整理してゆき，表のまとめ方に慣れさせる。「2」の場面では，個々の力で主体的に整理させることに重点を置く。概要の整理・把握だけでなく，自分の意見を持たせ，話し合いもさせる。

準備物

・黒板掲示用イラスト（きつつき）（第1時使用のもの）
・黒板掲示用ワークシートの表
・ワークシート（内容を場面ごとにまとめる）
（児童用ワークシート見本 DVD 収録【3_03_03】）

3 書く つかむ 「2」の場面の内容を表にまとめよう。

「2」の場面を黙読させる。

今度は，全部自分でワークシートに書きこみましょう。隣どうしで相談してもいいですよ。
今度の登場人物は，きつつきと野ねずみだね。
野ねずみは，父さん母さんと子ねずみが10匹もいる。それも書こう。

「では，発表してください。他の人の意見につけ足しがあれば言ってもいいですよ。」
・とくべつメニューを注文した。
・雨の音って，つけ足した方がいいと思います。

1項目ごとに確認して板書をしていく。

「『2』の場面も，聞きたいことや言いたいことがあれば言いましょう。」
・たくさんお客が来たから，うれしかっただろう。
・雨のおかげで特別メニューが聞けてよかった。

4 対話する 心に残ったところ，いいなと思ったところを話し合おう。

「心に残ったことやいいなと思ったところを発表して，意見を出し合いましょう。」

特別メニューの雨の音がすごくいいなと思いました。
ブナの森の中だからきっといいんだね。ブナの森は知らないけど，とてもいいところのような気がする。
きつつきは，四分音符分より長く聞かせたり，特別メニューをただにしたり，もうけより音を聞かせることを楽しんでいるのがいい。

グループで話し合ったことを発表し，交流させる。

「物語のおよその内容がつかめましたか。次の時間からは，場面ごとに読んで，想像したことを伝え合いましょう。」

きつつきの商売

第 3 時 (3/8)

本時の目標

「1」の場面の音や登場人物の気持ちについて考えを伝え合い，様子を思い浮かべながら音読ができる。

授業のポイント

登場人物の行動，会話，音や周りの様子の叙述などをもとに，様子や気持ちを考えさせる。

本時の評価

叙述をもとに音の様子や登場人物の気持ちを考えについて意見を述べ，音読で表そうとしている。

〈対話〉展開２できつつきの音を想像して十分にイメージをふくらませておくと，展開３・４の

板書例

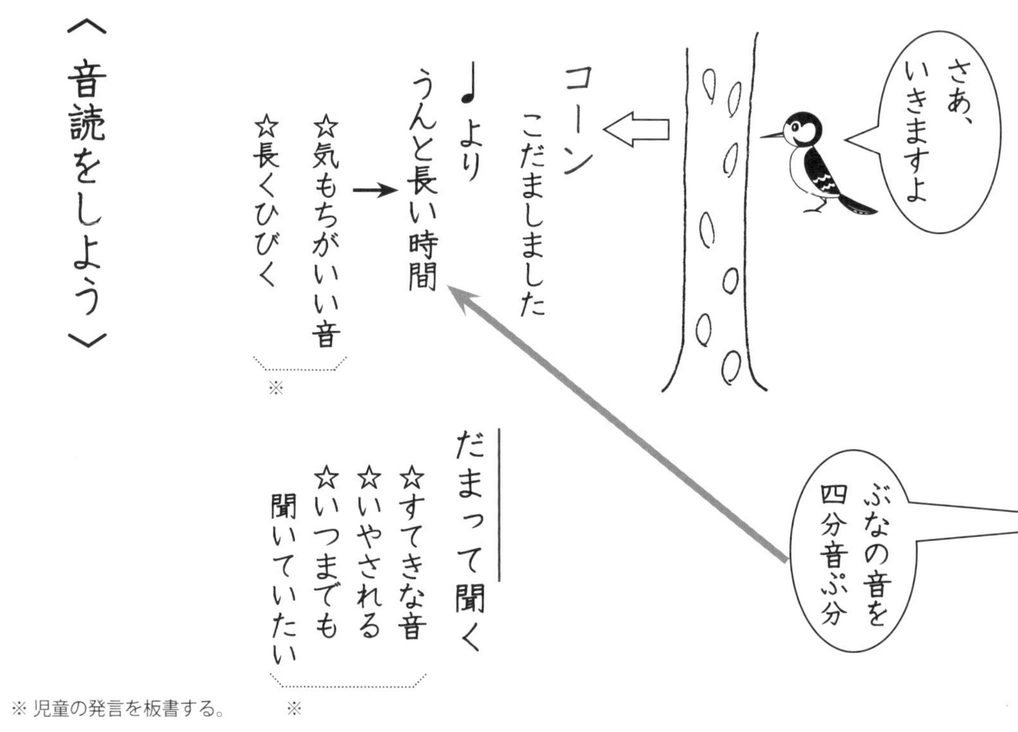

さあ，いきますよ
コーン
こだましました
♩より
うんと長い時間
☆気もちがいい音
☆長くひびく
※
ぶなの音を四分音ぷ分
だまって聞く
☆すてきな音
☆いやされる
☆いつまでも聞いていたい
※
〈音読をしよう〉
※ 児童の発言を板書する。

1 つかむ はじめに誰が何の音を注文したのだろう。

「きつつきのお店に一番にやって来たのは，誰？」
・茶色い耳をぴんと立てた野うさぎです。

教科書 P28 の「たいせつ」を参考にして，野うさぎの挿絵を見たり，会話や叙述をもとに以下の問いに答えさせる。

「野うさぎは，どんな気持ちでお店にやって来たのでしょう。」
・すてきな音が聞いてみたい。
・どんな音があるのか，興味があった。

メニューをながめている野うさぎの様子を想像しましょう。何の音を注文したのですか。
メニューの一番はじっこの音。ちょっと遠慮しているのかな？
ぶなの音を四分音符分注文した。
じっくりながめているから，どれを選ぼうかまよっていたのかな。

2 想像する 話し合う きつつきの聞かせた音はどのような音なのだろう。

「野うさぎを連れて行ったのは，どこですか。」
・ぶなの森です。森の中で音を聞かせるのです。

ぶなの木やぶなの森の画像を見せる。

「きつつきが音を出している様子を言いましょう。」
・大きなぶなの木のてっぺん近くの幹に止まった。
・「さあ行きますよ」とか，「さて」とか，もったいぶった感じがする。
・ぶなの木の幹をくちばしで力いっぱいたたいた。

ぶなの音は，どんな音か想像しましょう。それはどこから分かりますか？
とっても気持ちのいい音。「コーン」や「こだましました」から分かります。
とても長く響く音。「四分音符よりも，うんと長い時間」から分かる。
「コーン」や「こだました」からも長い音だと分かるよ。

対話が豊かになります。

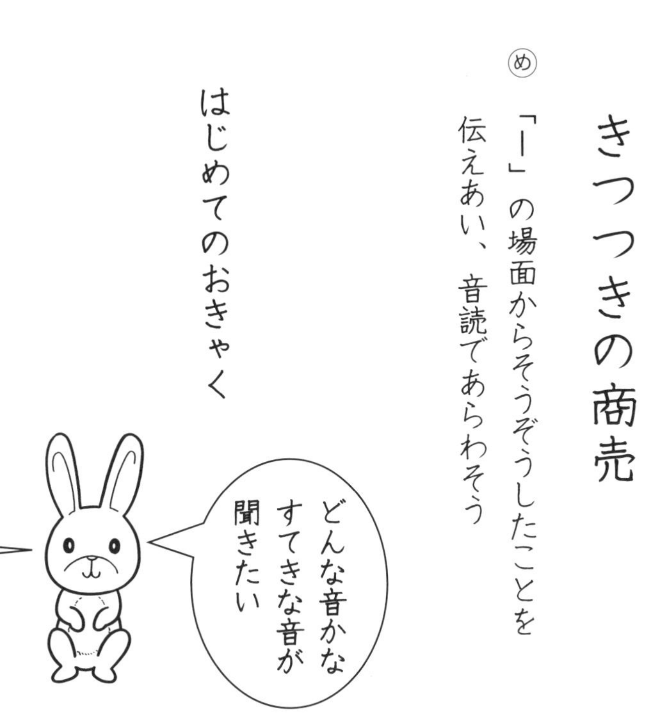
きつつきの商売
め 「一」の場面からそうぞうしたことを
伝えあい、音読であらわそう
はじめてのおきゃく
どんな音かな
すてきな音が
聞きたい

主体的・対話的で深い学び

・「どんな音だったか」「音を聞いた気持ち」を児童自身が想像し考える学習が中心となる。本文に書かれていることを手掛かりとして，1人ひとりの意見をできるだけ多く引き出し，交流させたい。児童どうしが読み取り想像したことを，最後のまとめとして音読で表現させる。

準備物

・板書用イラスト（野うさぎ，きつつき）（第1時使用のもの）
・ぶなの木や森の画像　DVD 収録【3_03_04，3_03_05】

3 対話する　音を聞いた野うさぎの気持ちを考えて話し合おう。

「ぶなの森にやってきた野うさぎの気持ちを想像しましょう。」
・もうすぐ音が聞けると，わくわくしている。
・どんな音が聞けるのか，楽しみだなあ。

「野うさぎは，どこでどのようにして聞いていたのですか。」
・大きなぶなの木の下に立って，聞いていました。
・きつつきを見上げたまま，黙って聞いていました。

音を聞いた野うさぎの気持ちを考えて話し合いましょう。
とってもいい音だ。癒される～！
静かな森の中にこだまして，気持ちがいい。いつまでも聞いていたい。
思っていたより，ずっとすてきな音だなあ。

4 対話する 音読する　様子を思い浮かべながら「1」の場面を音読しよう。

「『1』の場面の様子を思い浮かべながら音読してもらいます。どのように工夫して読めばよいか，グループで意見を出し合いましょう。」

最後のうっとりの感じをどうやって出そうかなあ…。
「コーン」のところを，こだまするように長く伸ばして読もうと思うの。
「うんと長い時間」のところは，ゆっくり読むのがいいと思う。
力いっぱいたたくのだから，「コ」を強く読むのがいいな。

「それでは，音読発表をしてもらいます。聞いた感想や意見も後で行ってもらいます。」

「1」の場面を３～４ぐらいに分けて，できるだけ多くの児童が音読発表できるようにする。

きつつきの商売

第 4 時 (4/8)

本時の目標

「2」の場面の前半を読み，登場人物のようすや気持ちを読み取り，伝え合うことができる。

授業のポイント

きつつきと野ねずみの会話から，それぞれの様子や気持ちを想像させる。

本時の評価

会話から，きつつきと野ねずみの様子や気持ちを読み取り，自分の意見を述べている。

板書例

〈表の活用〉展開１の黙読のあとに，第２時で整理した表を振り返っておくと，展開３・４の対話に

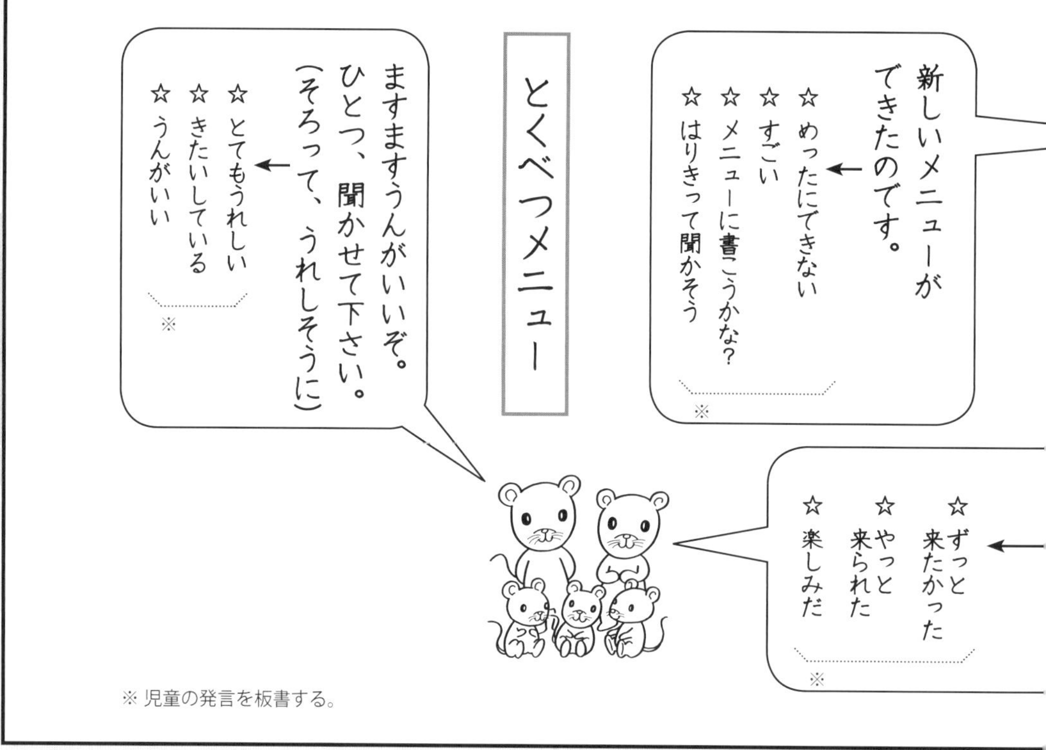

新しいメニューができたのです。
☆ めったにできない
☆ すごい
☆ メニューに書こうかな？
☆ はりきって聞かそう
※
とくべつメニュー
ますますうんがいいぞ。ひとつ、聞かせて下さい。（そろって、うれしそうに）
☆ とてもうれしい
☆ きたいしている
☆ うんがいい
※
☆ ずっと来たかった
☆ やっと来られた
☆ 楽しみだ
※
※ 児童の発言を板書する。

1 つかむ 「おとや」に次にやってきたのはどんなお客だろう。

「2」の初めから，「…うれしそうに言いました。」（教科書 P22，11 行目）までを黙読させる。

「森の中の様子は，どうなっていますか。」
- 雨が降り始めました。
- それほどきつい雨ではないかもしれない。

「次に『おとや』にやってきたのは誰ですか。」
- 野ねずみです。
- 母さんねずみと子どもたち。父さんねずみもいる。

野ねずみの家族の様子を言いましょう。
ぶなの木の下で，きつつきを見上げていた。子ねずみがかわいいね。
たちつぼすみれの葉っぱのかさをさしていた。
顔じゅうびしょぬれだけど，何だか楽しそう。

挿絵も活用してイメージを膨らませる。

2 想像する 対話する 特別メニューを作ったきつつきはどんな気持ちになったのだろう。

「きつつきは，新しいメニューはどんなメニューだと言っていますか。」
- 今朝，できたばかりのメニュー。
- 明日はできないかもしれない，特別メニュー。
- 百リルではなく，ただのメニュー。

「新しいメニューをつくったきつつきの気持ちを，きつつきの言葉や様子を手掛かりにして想像してみましょう。」

とくとく，とくべつと言ってるから，めったにできないすごいメニューだと思っている。
お客がきたので，特別メニューが聞かせられると張り切って頭をぶるんと振った。
あしたはできないかもしれないので，メニューに書きたいけどどうしようか迷っている。

十分な時間がとれます。

きつつきの商売

㋙ きつつきと野ねずみ家族の気もちをそうぞうしよう

ぶなの森に、雨がふりはじめます。

雨なのでなにもできない

主体的・対話的で深い学び

・会話文を中心に表現されているところなので，会話を手掛かりとして登場人物の気持ちや様子を考えさせる。児童は，全文を読んでいて「特別メニュー」の内容を既に知っているのでそれを予想させることはできない。特別メニューを作ったきつつきの気持ちと，特別メニューに期待している野うさぎ家族の気持ちに関心を向けさせ，対話で考えさせていく。

準備物

・板書用イラスト（きつつき，野ねずみ）（第1時使用のもの）

3 話し合う 読み取る　野ねずみたちは，なぜ，きょう「おとや」にやってきたのだろう。

「『おとや』にやって来た野ねずみの家族のことを，もう少し詳しく確かめてみましょう。」

野ねずみたちは，なぜ，きょう「おとや」にやって来たのですか。
ずっと来たいと思っていたので，雨でちょうどよい機会だから行こうと思った。
雨なので，おせんたくも，お庭の掃除もできない。遊べない。だから来ました。

野ねずみの家族の会話から，「おとや」にやってきた理由を確認させる。

「野ねずみたちは，どんな気持ちでやって来たのでしょう？」

・「おとや」のうわさは聞いていたので，ずっと来たいと思っていた。
・雨がふったおかげで，やっと来られた。楽しみだ。

4 対話する まとめ　特別メニューを聞くことになって野ねずみたちはどう思っただろう。

「野ねずみたちがどう思ったか，言葉や様子を手掛かりにして考えましょう。」

やっと来られた「おとや」で，できたての特別メニューが聞けるのでとてもうれしい。
「ますます運がいいぞ」から，特別メニューが，ただで聞けるなんてラッキーだと思ったことが分かる。
「そろって，うれしそうに言いました」から，とても期待している様子が分かります。

「みなさんは，野ねずみたちが特別メニューを聞けることになって，どう思いましたか。」

・雨のおかげで特別メニューがただで聞けて，とてもよかったと思います。
・野ねずみも喜んだけど，きつつきも嬉しかったと思います。

きつつきの商売

第 5 時 (5/8)

本時の目標

「2」の場面の後半を読み，情景や登場人物の気持ちを想像して伝え合い，様子を思い浮かべながら音読ができる。

授業のポイント

森の中の静けさとその中で聞こえる雨の音を想像させ，登場人物の心情を考えさせる。

本時の評価

森の中で聞こえる雨の音の情景と，それを聞くきつつきや野ねずみの気持ちを想像して伝え合い，様子を思い浮かべながら音読している。

板書例

〈板書〉黒板の上方に雨の音や雨粒をかき，その下にイラストなどを入れて，野ねずみの家族の

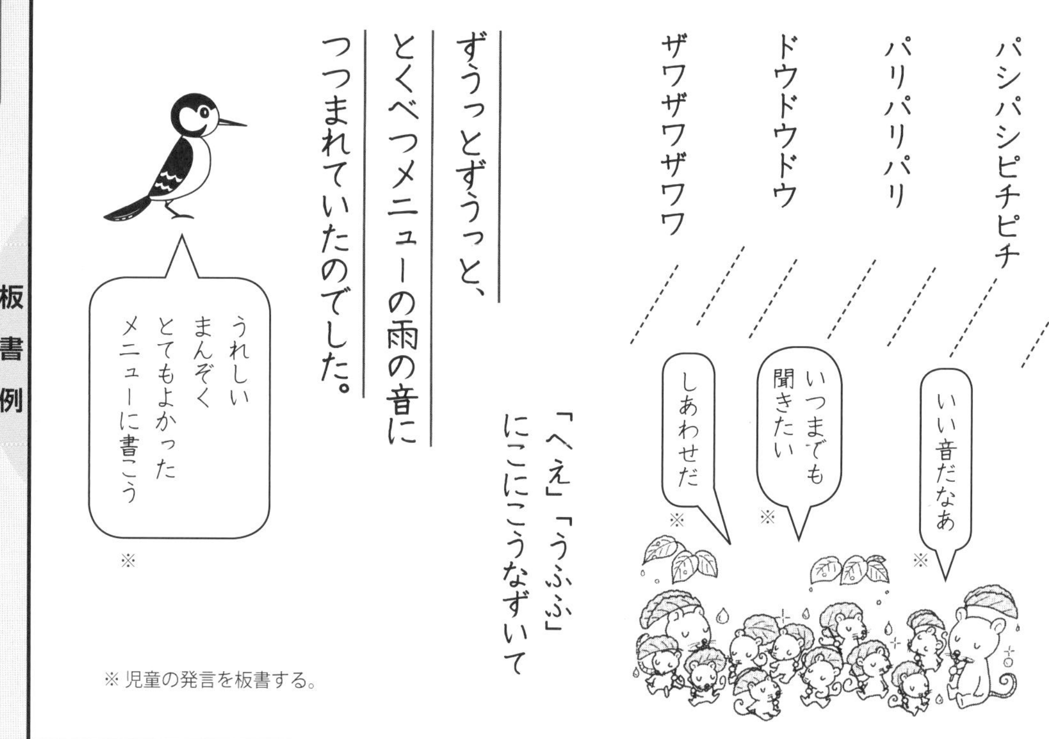

パシパシピチピチ
パリパリパリ
ドウドウドウ
ザワザワザワワ
いい音だなあ
※
いつまでも聞きたい
※
しあわせだ
※
「へえ」「うふふ」にこにこうなずいて
ずうっとずうっと，
とくべつメニューの雨の音に
つつまれていたのでした。
うれしい
まんぞく
とてもよかった
メニューに書こう
※
※ 児童の発言を板書する。

1 連想する　特別メニューの音が聞こえる情景を思い浮かべよう。

「2」の場面の後半を黙読させる。

「特別メニューはどんな音だったのですか。」

・森にふる雨の音でした。
・いろんな音が，一度に聞こえてきます。

「では，雨の音の部分だけ音読してもらいます。」

音ごとに分けて音読させ，目を閉じて聞かせる。

「今読んだところから，森の中に雨が降るどんな様子が目に浮かびますか？」

耳をすますと，近くにあるたくさんの木の葉に，雨粒が当たってはねている。
地面に当たった雨がはねて，土をとばしている。
とても深い森。静かな森の奥の方からも，雨の音が響いてくる。

2 想像する 対話する　雨の音を聞いている野ねずみ家族の様子や気持ちを話し合おう。

「雨の音をこれから聞こうとするときの野ねずみたちの様子が分かる文を見つけましょう。」

・きらきらしたきれいな目を…むけました。
・しいんとだまって，目をとじました。

「次は，雨の音を聞いている時の野ねずみたちの様子が分かる文を見つけましょう。」

・「ああ，きこえる…」～「うふふ」までの会話。
・みんな，にこにこうなずいて，のところ。
・ずうっとずうっと…つつまれていたのでした。

では，雨の音を聞いている野ねずみたちの気持ちを想像しましょう。
とても気持ちよく聞いている。いつまでも聞いていたい。
静かないい音だなあ。これなら，とくとく，特別メニューに違いないよ。
こんな音が聞けて幸せだなあ。今日来てよかった！

気持ちを書きましょう。

きつつきの商売

㋱ 雨のようすや、野ねずみときつつきの気もちをそうぞうして伝えあい、音読であらわそう

とくべつメニュー ＝ 森の中の雨の音

シャバシャバシャバシャバ

しいんとだまって目をとじました

主体的・対話的で深い学び

・はじめに，教科書の叙述と対話を通して雨が降っている森の情景ををイメージさせ，この場面の世界に児童を導いていく。その情景の中で雨の音を聞いている野ねずみたちと，それを見ているきつつきの気持ちを想像させるのが本時の中心となる。想像させるときは，文中の言葉やこれまでの展開など，何を手掛かりとするかを明確にさせておく。音読は，読み取りのまとめとして表現を工夫させる。

準備物

・板書用イラスト（きつつき，野ねずみの家族）

DVD 収録【3_03_06】（「きつつき」は第1時～使用のもの）

3 対話して深める　雨の音を聞く野ねずみ家族を見てきつつきはどんな気持ちだろう。

「雨の音を聞いている野ねずみたちを見ているきつつきの様子が書いてあるところがありますか。」

- ありません。
- 聞かせる前に，「お口をとじて，目をとじて聞いてください。」と，言っています。

「さあ，ここは，今までのように手掛かりになる会話や文がありません。雨の音を聞く野ねずみたちを見てきつつきはどう思ったか，予想してみましょう。」

みんな満足しているようなので，とてもうれしい。自分も満足だ。
この特別メニューを作って本当に良かった。とってもいいアイデアだった。
次の雨の日にも，特別メニューにしよう。メニューにも書いておこう。

時間があれば，全体で交流させてもよい。

4 音読する　「2」の場面のようすを思い浮かべながら音読をしよう。

「『2』の場面を音読します。どの部分を読んでみたいですか。」

- 子どもたちが口々に言っているところがおもしろそうだな。
- やっぱり，雨の音を聞いているところがいいな。
- 音を聞く前のところも，ちょっと緊張した感じでいいかもしれない。

様子を思い浮かべながら，音読を工夫して発表しましょう。
雨の音を，いろいろ読み方を変えてくふうしてみよう。
父さんねずみは低い声で，子ねずみは早口で甘えた感じにしよう。

「音読を聞いた感想も言いましょう。」

- 雨の音は，速さと強さを変えて工夫できていた。
- 最後が，幸せそうな感じがでていてよかった。

きつつきの商売

第6,7時（6, 7/8）

本時の目標

きつつきの商売の物語の続き「3」の場面の内容を考えて紹介し，意見を伝え合うことができる。

授業のポイント

「3」の場面の内容を，先ず自力で考え，次に友達との対話を通して内容を改良させていく。

本時の評価

「3」の場面について対話しながら内容を考え，紹介し合って意見を伝え合っている。

〈うまく書けない児童への対応〉「鳥は好き？」「小さい動物は？」と声かけしたり，友達の意見を

板書例

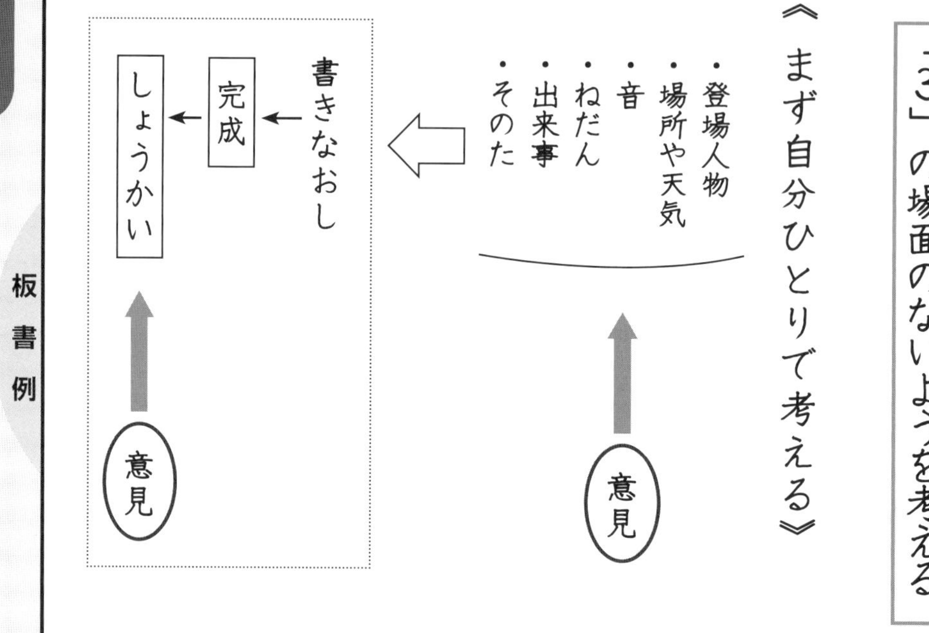

「3」の場面のないようを考える
《まず自分ひとりで考える》
・登場人物
・場所や天気
・音
・ねだん
・出来事
・そのた
意見
書きなおし
完成
しょうかい
意見

1 振り返る 話し合う　学習した内容を振り返り，よかったと思うことを交流しよう。

「学習した内容を振り返りながら，全文を音読しましょう。」

グループごとの群読など，これまでと違った読み方をさせるのもよい。

「2時間目につくったワークシートの表も見直しておきましょう。」

「いいな」「おもしろいな」と思ったことを発表しましょう。
「おとや」って，本当にきつつきにぴったり。うまく考えたなと思った。
自然の音を特別メニューにしたのがよかった。
おきゃくの野うさぎも野ねずみも，音を気に入ってくれてよかった。

・もう後は，お客が来なかったのかな？
・そんなことないよ。噂を聞いてまた誰かが来るよ。

2 創作する 書く　「3」の場面を自分で考えてみよう。

「次に来るお客は，どんなお客でしょうね。どんな音を注文するのかな？自分が，次の『3』の場面を作るなら，どのような物語にするか考えましょう。」
・おもしろそう！やってみたい！
・うまくつくれるかな…。

ワークシートを配り，先ず自分の力で登場人物や音などを書き込ませる。どうしても思いつかない場合は，隣どうしで相談してもよいことにする。

鳥の仲間がやって来ることにしよう。どんな音がいいかな。
軽くて楽しい音にしたいけど，どんな音がいいかな。
竹をつつく高い音はどうかな。
次のお客は熊さんにしよう。豪快な音がいいな。

うまく書き込めない児童には，机間指導でアドバイスをする。

聞いたりします。自分なりに少しでも書けたらほめましょう。

きつつきの商売

Ⓜ 物語の「3」の場面を考えてしょうかいし、いけんをつたえ合おう

学習のふりかえり → 「いいな」「おもしろい」
・「おとや」… よく考えた
・自然の音=とくべつメニュー… よかった
・おきゃくは音を気に入ってよかった

※ 児童の発言を板書する。

主体的・対話的で深い学び

・これまでの話の展開の続きとしての「3」の場面の内容をつくらせる。最初は，自力で場面の内容を考えさせるが，対話によって内容を修正させてゆく。最後は，本単元の目標にも含まれている「伝え合い」を行う。

準備物

・ワークシート（「3」の場面のないようを考えよう）
（児童用ワークシート見本 DVD 収録【3_03_07】）

3 対話する 考えた「3」の内容について意見を出し合い，見直そう。

「自分が考えた『3』の内容をグループの中で紹介して，感想や意見，直したらよいところなどを聞きましょう。」

りすがやってきて「どんぐりの音」を注文するお話です。場所は…。
ドングリを穴の中に転がすのは，いいアイデアだね。
場所はもっと工夫した方がいい。ドングリを落葉の上に落とす音は，どうかな？
りすは，1ぴきではなくて，兄弟にしても面白いかもしれないよ。

「グループの人から出た意見を参考にして，内容を直したいところがあれば直しましょう。」
・場所は，森のはずれのドングリの林にしよう。
・ぼくは，特に直したいところはないからこのまま。

4 伝え合う 完成した「3」の内容を紹介し，意見を伝え合おう。

展開３とはグループを変えて，考えた内容を紹介し合い，意見や感想を伝え合わせる。

「自分が考えた『3』の場面を紹介しましょう。聞いた人は，感想や意見を伝えましょう。」

雪が解ける音は，特別メニューと似ているけど，雪解けの頃の森にしたのは，よく考えたね。
登場人物は，きつつきときつねです。積もった雪が解けかけている春のはじめの森の中で…。
わたしは，きつねだったら，もっと違う音を注文したと思うけど…。

「最後に，友だちから出た意見を，ワークシートに書き込みましょう。」
・時間は朝にしたらいいという意見は書いておこう。

きつつきの商売

第 8 時 (8/8)

〈「たいせつ」「いかそう」の扱い〉本時では「手がかりにしたこと」を中心に，本文中の「言葉」を探し，

本時の目標

学習を振り返って，学べたことを確かめ，さらに本を読んでみようとする意欲を持たせる。

授業のポイント

自分たちが読み取ったり想像したことを，「たいせつ」や「いかそう」で整理して確かめる。「この本も読んでみたい」という新たな読書への意欲を引き出す。

本時の評価

自分たちの学習の仕方を確かめ，もっといろいろな本を読んでみようとしている。

板書例

○ 言ったことをあらわす言葉
・とくとく、とくべつメニュー

○ 気もちをあらわす言葉
・うれしそうに言いました。

○ ほかの手がかり
・だまって聞いていました。

〈つぎに読みたい本をさがそう〉

読んだ本のきろく

日づけ	読んだ本	書いた人
4月25日	きつつきの商売	林原 玉枝
《ひとこと》		
きつつきが、くふうしてすてきな音を聞かせてくれるところがすごくいい。		
おすすめ度 ★★★		

1 振り返る　どんなことに気をつけて，音読したり様子や気持ちを考えたのか。

「どんなことに気をつけて音読をしましたか。」

・場面の様子を思い浮かべながら，様子がつたわるように気をつけました。
・早口で読んだりゆっくり読んだり，強く読んだり優しく読んだりしました。
・間のあけ方にも気をつけました。

場面のようすや登場人物の気持ちを想像するときは，どんなことに気をつけてきましたか。
自分が勝手に想像しないように気をつけました。
文の中にあるヒントの言葉などをみつけて，想像しました。

「様子を想像しながらもう一度読みたい本は？」

・『白い帽子』が読んでみたい。
・スイミー！

2 確かめる まとめ　何を手掛かりにして，様子や気持ちを想像したのだろう。

教科書 P28「たいせつ」「いかそう」を読む。

「みんながいろいろ想像したときは，『たいせつ』の３つの言葉のどれを手掛かりにしましたか？」

「にこにこうなずいて」から気持ちを想像したけど，これは『したことを表す言葉』だったね。
「うれしそうに言いました」や「きらきらした目」や「うっとり」は『気持ちをあらわす言葉』かな？
「とくとく，特別メニュー」や「ますますうんがいいぞ」は，たぶん『言った言葉』だよね。

「どれに当てはまるかはっきりしなくても，こうした言葉を手掛かりにしましたね。『いかそう』に書いてあることはどうですか？」

・「だまって聞いていました」や「目をとじました」などが，気持ちを想像できる手掛かりだったと思います。

その「言葉」から様子や気持ちを想像させています。

きつつきの商売

㋱ 学習したことをふりかえり、
さらに本を読んでみよう

ようすや気もちをそうぞう

手がかりにしたこと

○ したことをあらわす言葉

・にこにこうなずいて

主体的・対話的で深い学び

・自分たちが様子や気持ちを想像する手掛かりとしてきたことを教科書の「たいせつ」「いかそう」などで確かめることで，自分たちの活動に確信を持たせる。
・読書記録は，先ず練習として「きつつきの商売」の記録を書かせ，何枚か記録用紙を渡しておくことで，主体的に読書をしていこうとする気持ちを促す。

準備物

・ワークシート（読んだ本のきろく）数枚
（児童用ワークシート見本　DVD 収録【3_03_08】）

3 さがす 広げる　読みたい本はどれだろう。

「今読んだ『きつつきの商売』から，次に読みたい本を見つけるきっかけになるのは何でしょう。教科書 28 ページの下を読んでみましょう。」

同じ登場人物が動物の本を見つける。なるほど！
同じようにお店をしているとか，場所が同じとか。
じゃあ，音楽や歌を聞かせる話とかもあるね。

「他に，動物が登場人物になる本を読んでみたいですか？」
・読みたい。
・おもしろい本なら読んでみてもいいな。
「教科書に載っている 4 つの本はどうですか？」
・『ウサギのなぞなぞ屋』が面白そう。なぞなぞ大好き！
・大当たりの大きな丸いつつみは何だろう。『キツネのまいもん屋』を読んでみたい。図書室にあるかな？

4 書く 広げる　読書記録をつけよう。

「読んだ本の記録をつけたことがありますか？」
・やったことあるかなあ。
・どんな記録をつけるのかな？

教科書 P29 の記録表を見させる。

・これぐらいなら，簡単につけられるね。
・ためていけば，自分がどれぐらいの本を読んだか分かるからいいね。

ワークシート「読んだ本のきろく」を数枚配る。

1 枚は，「きつつきの商売」の記録をつけてみましょう。残りは，これから読む本の分です。

書いた人は林原玉枝，おすすめ度は★★★で，ひとことは…。
早く次の本を読んで書きたくなった。休み時間に図書室へ行こう。

発表時間を設けたり，掲示場所をつくるなど，読書記録を紹介し合う場を設けるのも読書意欲につながる。

ワークシート　第2時

きつつきの商売

名前（　　　　）

場面	1	2
登場人物		
おきゃく		
ちゅうもんした音		
ねだん		
音の時間		
場所		
天気		
そのた		

きつつきの商売

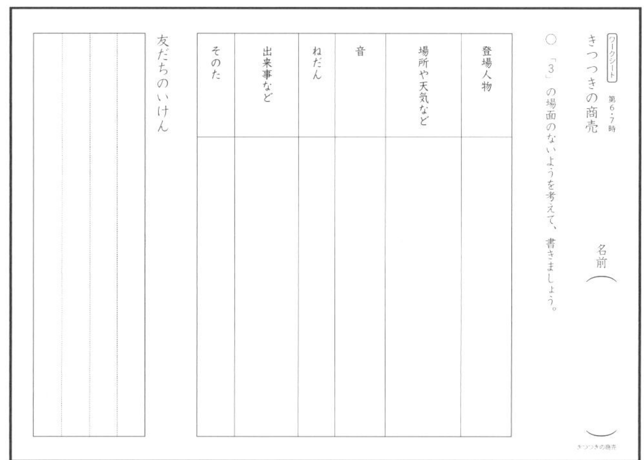

ワークシート　第6・7時

きつつきの商売

名前（　　　　）

○「3」の場面のないようを考えて、書きましょう。

登場人物	場所や天気など	音	ねだん	出来事など	そのた

友だちのいけん

きつつきの商売

ワークシート　第8時

読んだ本のきろく

名前（　　　　）

日づけ	読んだ本	書いた人

《ひとこと》

おすすめ度 ☆☆☆

読んだ本のきろく

名前（　　　　）

日づけ	読んだ本	書いた人

《ひとこと》

おすすめ度 ☆☆☆

きつつきの商売

図書館たんていだん

全授業時間１時間

◉ 指導目標 ◉

・読書が，必要な知識や情報を得ることに役立つことに気づくことができる。
・学習課題に沿って，図書館利用に関わることを進んで知ろうとすることができる。

◉ 指導にあたって ◉

① 教材について

図書館の本の分類が分かり，図書館で本が効率よく探せるようになることで，今後の様々な学習に役立てることができます。日本十進分類法の細部まで，ここでは教える必要はありません。０～９までの 10 のグループに分けて本が並べられていることが分かり，どこにどのような種類の本があるのか，実際に図書館で調べて分かれば十分です。

調べたいことがあれば，進んで図書館を利用しようとするきっかけを作ること，それをこの学習では大事にしたいところです。

② 主体的・対話的で深い学びのために

実際に図書館内を調べたり，図書館の中で本を探したりする活動が入ってきます。何のために図書館に来たのかという目的をしっかり持たせつつ，楽しく活動させることも大事なことです。そのためには，まず，自分が今までに読んだ本の中で好きな本の名前をいくつかノートに書かせます。そして，その本がどの分類になるのか探すところから始めましょう。機械的に十分類させるだけの授業から始めても楽しくありません。児童の興味のある本から分類を探させましょう。「図書館に行くのはいや」ではなく「図書館に行きたい」と児童が思えるような学習にしていくことを心掛けたいものです。

ここでは，児童１人ひとりの主体的な活動を基本にして，グループで経験交流をしたり，予想をたてたり，相談したりできる場面を意図的につくっていきます。

◉ 評価規準 ◉

知識及び技能	読書が，必要な知識や情報を得ることに役立つことに気づいている。
主体的に学習に取り組む態度	学習課題に沿って，図書館利用に関わることを進んで知ろうとしている。

◉ 学習指導計画　　全1時間 ◉

次	時	学習活動	指導上の留意点
1	1	・図書館で本を探した経験から，本のならべ方に目を向ける。 ・0～9までの本の分類のしかたを，具体例を通して知る。 ・図書館の地図を作る活動を通して，図書館の本の配置を確かめる。 ・図書館で実際に本を探してみる。	・グループで話し合いながら予想や見通しをたて，実際に図書館へ行って確かめさせる。 ・はじめから図書館で授業をするのも1つの方法である。

DVD 収録（児童用ワークシート見本）

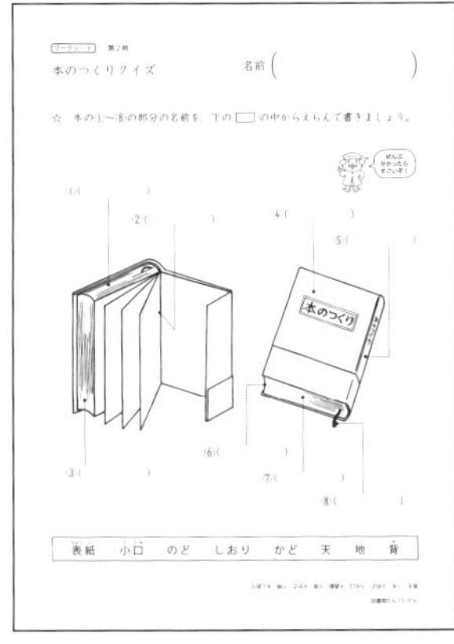

ワークシート　第2時
本のつくりクイズ
名前（　　　　）
☆　本の①～⑧の部分の名前を，下の□の中からえらんで書きましょう。
本のつくり
表紙　小口　のど　しおり　かど　天　地　背

図書館たんていだん

第1時（1/1）

本時の目標

図書館での本のならび方を知り，目的の本を探すことができる。

授業のポイント

図書館の本は，内容ごとに番号で並べられていることを理解させ，それをもとにすれば本が効率的に見つけられることに気づかせる。

本時の評価

図書館の本は内容ごとに番号でまとめて並べられていることを知り，それを生かして本を探すことができる。

〈作って調べる〉本時は展開３が大切です。簡単な図書館の地図をグループで対話しながら作ると，

板書例

図書館の地図をつくろう

3・・・教いく　お金のこと
4・・・生きもの　うちゅう　天気
5・・・エぎょう　きかい
6・・・のうぎょう　ほうそう
7・・・スポーツ　音楽　絵
8・・・言葉　えい語　中国語
9・・・物語　詩　絵本

※児童から出た，好きな本などの具体例を板書する。

1 めあてつかむ　図書館で本を探した経験を交流して，本時のめあてを確かめよう。

「学校の図書館で本を探したことがありますか。」
・はい，あります。
・読みたい本を借りに行ったことがあります。
・行ったことがありません。

見つけたい本はどのように探しましたか？
図書館の人に本の場所を教えてもらいました。
同じような本は，同じ場所に置いてありました。
いろいろ探しているうちに見つかりました。

・どうしたら，うまく見つけられるのかな…。
・何か本を並べる決まりのようなものがあるのかな？

「見つけたい本を自分で早く見つけるには，どうしたらよいか，これから勉強してみましょう。」

2 話し合う　図書館の本のならべ方の決まりを知ろう。

「図書館の本は，どのように分類されているのか，教科書で調べましょう。」
・０から９までの番号で分けています。
・０は『調べるための本』です。

「自分の調べたい好きな本をノートに書いてみましょう。それから，<u>１～９の中で，自分が何番の本を読みたいか見つけましょう。</u>」

ぼくは，理科で生き物のことなどを調べたいから４番だね。
わたしは，絵本や物語が好きだから，９番の本。
ぼくは，お金持ちになりたいから，３番を探せばいいね。

０～９の各分類について，自分の好きな本，興味のある本などから具体例を出し合わせる。資料「日本十進分類法」と照らし合わせ，確かめてもよい。

学びが深まるでしょう。

図書館たんていだん

㋱ 本のならべ方のきまりを知って、図書館で本を見つけよう

《本の分類のしかた》

0…辞典　年かん

1…道とく　神話

2…れきし　国や土地

主体的・対話的で深い学び

・まず図書館に本を探しに行った経験を想起させ，本の分類に目を向けさせる。ならべ方の決まりは，好きな本や興味のある本から始めて，どんな本が該当するのか具体例をあげながら話し合わせる。その後の図書館の地図作りで話し合った結果の，確認をさせていく。本を探す活動では，事前にグループで予想を話し合い，見通しを持って本を探させ，また予想を実際に検証させる。

準備物

・ワークシート「本のつくりクイズ」
（児童用ワークシート見本 DVD 収録【3_04_01】）

・参考資料「日本十進分類法」
（国立国会図書館キッズページより，
https://www.kodomo.go.jp/kids/research/use/use_01-07.html）

3 作って調べる　図書館の地図を作り，本のならべ方を調べよう。

「学校の図書館では，本がどのように分けて並べられているのか，図書館の地図を作って調べましょう。」

学校図書館の簡単な平面図を渡し，グループで協力して，どこにどんな種類の本があるか書き込ませる。

分類のしかたの０番のところだね。子ども新聞も置いてある。
４番はやっぱり，生き物の本がある。宇宙とか天気の本もあるよ。
入り口を入ったところに辞典などが置いてある。
分かった場所は，地図に書き入れていこう。

「大体，予想していたような分け方で並べてありましたか？」

・はい。でも，予想外の本もありました。
・番号で仲間分けをして並べてあるので，探す時に便利だと思いました。

4 話し合う確かめる　本の置き場所を予想し，図書館で本を見つけよう。

「『詩の本』『サッカーのルールが分かる本』『草花のそだて方をしらべられる本』が好きな人がいます。どの棚にあるか予想しましょう。」

まず，「詩の本」を予想してみましょう。
「１ものの考え方や心についての本」のような気もするなあ…。
物語と同じところで「９文学の本」のところだと思う。
詩だから「８言葉の本」かな？

・「サッカーのルールが分かる本」は，「７げいじゅつやスポーツの本」に間違いないよ。
・「草花の…」はきっと「４しぜんにかかわる本」だ。

「では，予想した棚に本があるか確かめましょう。」

「最後に，『本のつくりクイズ』をしてみましょう。」

時間がなければ，時間外の課題にしたり，別の時間にさせてもよい。

国語辞典を使おう

全授業時間２時間

◉ 指導目標 ◉

・辞書の使い方を理解し使うことができる。
・様子や行動，気持ちや性格を表す語句の量を増し，話や文章の中で使い，語彙を豊かにすることができる。
・学習課題に沿って，進んで辞書の使い方を理解し使おうとすることができる。

◉ 指導にあたって ◉

① 教材について

国語辞典の使い方を知り，使いこなせるようになるための教材です。「ふかい」という語を例にして，見出し語の並ぶ順番と探し方を学んでいきます。

国語辞典は，これからの国語学習で何度も活用していくものです。使い方を十分理解させ，意味の分からない言葉があればすぐに辞典を活用して調べようとする姿勢・意欲を育てることが大切です。辞典を活用することで，“知る楽しみ”が味わえることを実感できるようにします。

② 主体的・対話的で深い学びのために

国語辞典の使い方を学んでいく第１時では，必ず自分の国語辞典を実際に使わせて，１つ１つ確かめさせていきます。長音や拗音が含まれた語の順，どの意味が当てはまるかなどを考えるときは，対話を通して協働解決をさせます。

国語辞典の使い方が理解できたら，できるだけ多くの言葉を調べさせ，国語辞典の使い方に慣れさせます。この場合もまず自力解決をさせ，グループの話し合いで確認をさせていきます。機械的に調べていくだけの無味乾燥な授業にならないような配慮が必要です。そのためには，身近な事象や物事などに関する言葉なども調べさせ，辞典を活用すれば知らなかった言葉が分かっていくという体験をさせていきます。

◉ 評価規準 ◉

知識及び技能	・様子や行動，気持ちや性格を表す語句の量を増し，話や文章の中で使い，語彙を豊かにしている。 ・辞書の使い方を理解し使っている。
主体的に学習に取り組む態度	学習課題に沿って，進んで辞書の使い方を理解し使おうとしている。

◉ 学習指導計画　全２時間 ◉

次	時	学習活動	指導上の留意点
1	1	・「意味の分からない言葉はどうしたら分かるか」という課題から，国語辞典の必要性に目を向けさせる。 ・見出し語の見つけ方を調べる。 ・清音，濁音，半濁音，の並ぶ順を調べる。 ・長音を含む言葉の並ぶ順を調べる。	・国語辞典の内容や使い方（言葉の並び方のきまり）を，自分の辞典を開いて１つ１つ実際に確かめさせていく。
	2	・動詞，形容詞，形容動詞の国語辞典での記載の形を確かめる。 ・表記が異なるよく似た言葉の記載順や当てはまる意味の選択について話し合う。 ・関心のある言葉や身近なことについて国語辞典で調べてみる。	・ワークシートも活用して，できるだけ多くの言葉を国語辞典で調べさせる。 ・教科書に載っている言葉だけでなく，興味のある事柄や身近なことなども調べさせる。

DVD 収録（児童用ワークシート見本）

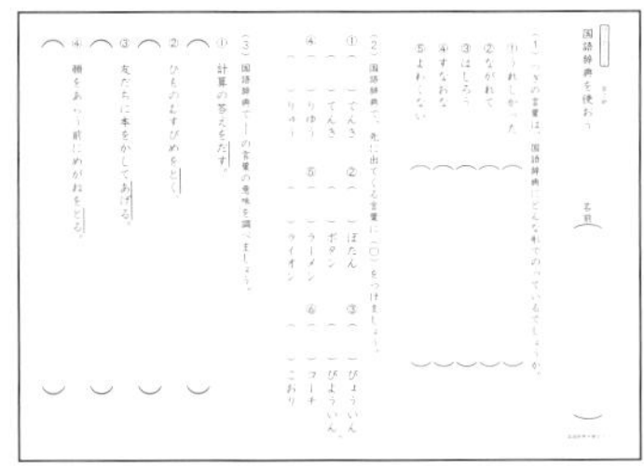

国語辞典を使おう

第1時（1/2）

本時の目標

国語辞典の仕組みや使い方がわかる。

授業のポイント

実際に国語辞典を使って確かめながら，国語辞典の使い方を学ばせる。

本時の評価

国語辞典の仕組みや使い方を理解している。

〈予想〉どの順番に並んでいるかを予想します。その後，国語辞典を使って調べることによって，

板書例

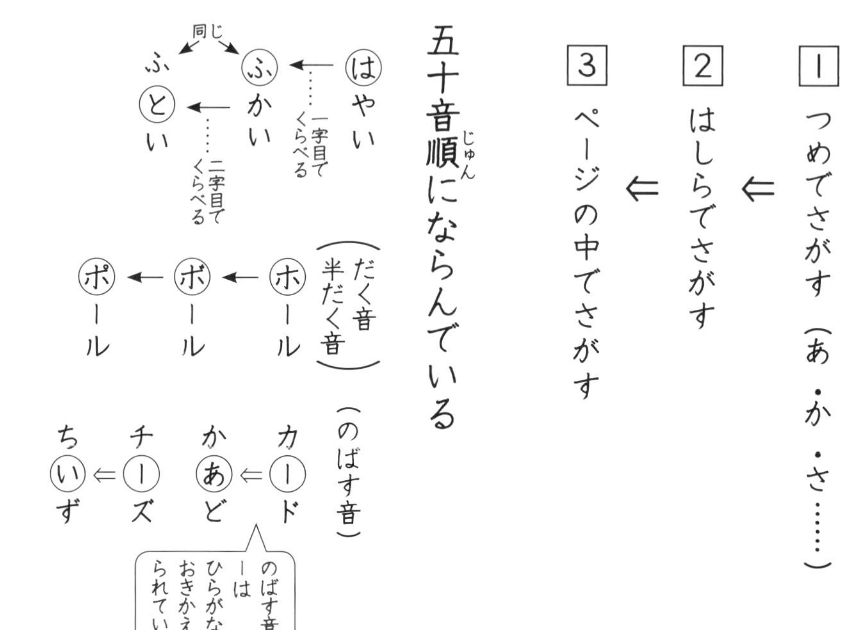

見出し語のならび方
1 つめでさがす（あ・か・さ……）
⇐
2 はしらでさがす
⇐
3 ページの中でさがす
五十音順にならんでいる
じゅん
はやい
ふかい
ふとい
一字目でくらべる
二字目でくらべる
同じ
（だく音 半だく音）
ホール
ボール
ポール
（のばす音）
カード
かあど
チーズ
ちいず
のばす音ーはひらがなにおきかえられている

1 つかむ　国語辞典には何が書かれているのか確かめよう。

「深い青」と板書する。

「この『深い』の意味はどういうことですか。」
・分かりません。色に深いや浅いがあるのかな？
「では，どうしたら分かるでしょう。」
・国語辞典で調べます。

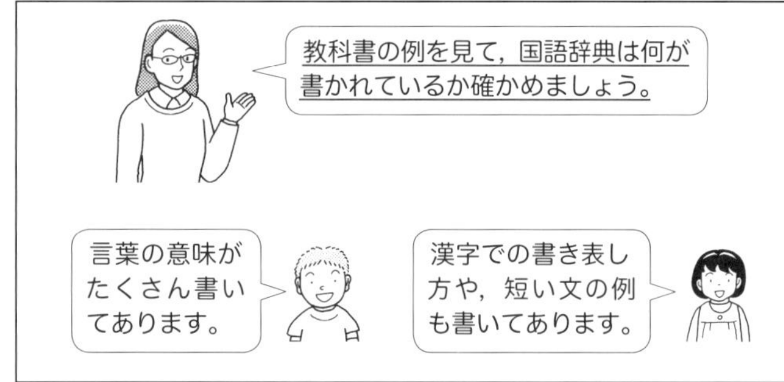

教科書の例を見て，国語辞典は何が書かれているか確かめましょう。
言葉の意味がたくさん書いてあります。
漢字での書き表し方や，短い文の例も書いてあります。

「『深い青』の『深い』の意味は，どれでしょう。」
・③の「色がこい」だと思います。

「つめ」「はしら」「見出し語」とは何か確かめる。

「『つめ』はどんな順に並んでいるか確かめましょう。」
・あ→か→さ→た→な…の順です。

2 対話する 調べる　見出し語が並ぶ順を調べよう。

「では，自分の国語辞典で『深い』を探して，意味を確かめてみましょう。隣どうしで協力してください。」

「深い」という見出し語は，どうしたら見つけられますか。
まずはじめに，「つめ」の「は」のところを探せばいいんだね。
そうね。「ふかい」が入っている「はしら」でページを見つけて，その中で探せばいい。

教科書で見出し語の見つけ方を確かめながら相談させる。

「見つけ方が分かったら，自分の国語辞典で『深い』を調べましょう。教科書に書いてあるように，ほんとうに五十音順になっているかも確かめましょう。」
・本当だ「ふかい」より「はやい」が先に出てくる。
・「は」で始まる言葉が並んで，その後で「ふ」だね。
・「ふかい」を見つけたよ！

国語辞典の仕組みを理解することができます。

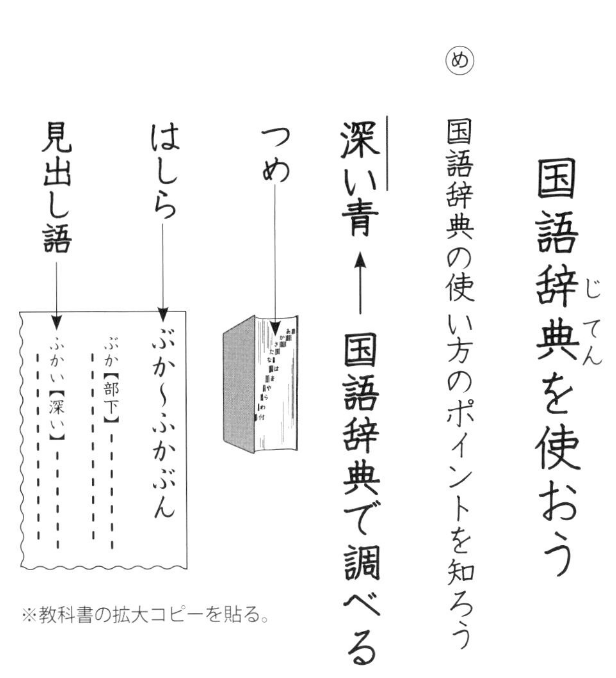

国語辞典（じてん）を使おう
め 国語辞典の使い方のポイントを知ろう
深い青 ← 国語辞典で調べる
つめ
はしら
見出し語
ぶか～ふかぶん
ぶか【部下】
ふかい【深い】
※教科書の拡大コピーを貼る。

主体的・対話的で深い学び

・本時では，国語辞典の使い方を理解させ，今後の学習で国語辞典が活用できるようにさせることが目標になる。「見出し語」の見つけ方や見出し語のならび順を確認するときは，必ず自分の国語辞典で実際に確かめさせ，国語辞典の使い方に慣れさせていく。特にグループで討議をする場面はないので，隣どうしの対話で相互に助け合わせていきたい。

準備物

・国語辞典（児童各自）
・教科書より国語辞典の「つめ」の拡大図（黒板掲示用）
・教科書より国語辞典のページの拡大図（黒板掲示用）

3 調べる　清音，濁音，半濁音の並ぶ順を調べよう。

「ホール, ボール, ポールはどの順番に並んでいるのでしょう。」
・「ホ」と「ぼ」と「ぽ」の違いですね。
・「ホール」「ボール」「ポール」の順です。

清音，濁音，半濁音の違いを教科書で確かめる。

「濁音には，他にどんな音がありますか。」
・が，ぎ，ぐ，げ，ご。
・ざ…，だ…，ば…もそうです。
「半濁音には，他にどんな音がありますか。」
・ぱ，ぴ，ぷ，ぺ，ぽ，だけです。

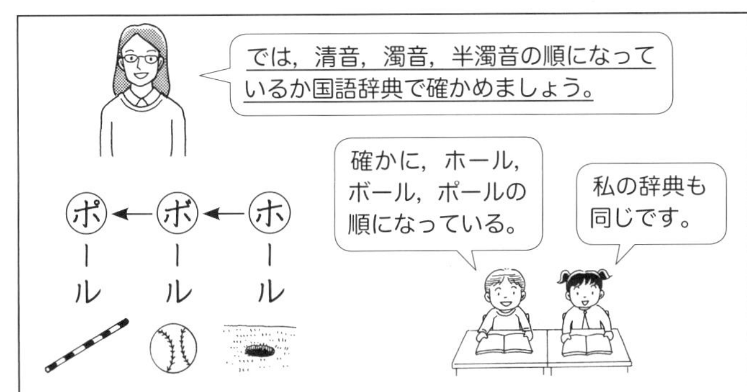

では，清音，濁音，半濁音の順になっているか国語辞典で確かめましょう。
確かに，ホール，ボール，ポールの順になっている。
私の辞典も同じです。
ポール ← ボール ← ホール

ひざ，ビザ，ピザでも同様に確かめさせる。

4 調べる　長音がある言葉の並び方を調べよう。

「『ボール』の伸ばすところを，長～く伸ばすとどんな音になりますか。」
・ボ ――― ル。「オ」になります。
「シール, プールも同じように長く伸ばして確かめましょう。」
・シ ――― ブ。「イ」になりました。
・プ ――― ル。今度は「ウ」になりました。

では，カードという見出し語は，どこに並んでいるのでしょう。
「かあど」の場所に並んでいます。
「げーむ」は「げえむ」。「ゴール」は「ごおる」です。

「では，国語辞典で確かめましょう。他の言葉も確かめてもいいですよ。」
・スプーンを確かめてみよう。

国語辞典を使おう

第  時　(2/2)

本時の目標

国語辞典を使って，言葉の意味を調べることができる。

授業のポイント

教科書に出てくる言葉だけでなく，自分の関心がある言葉や身近な事柄についても調べさせ，辞書で調べる楽しさに触れさせる。

本時の評価

国語辞典を使って，いろいろな言葉を調べている。

〈活用〉児童が興味のある言葉を調べる活用場面を大切にします。そうすることで，言葉に対する

板書例

かくもの
かけば
かこう
うなずきました→うなずく でのっている

たのしい
ながめる
あるく
すてき
おもい

〈どちらが先？〉
〔○じゆう　じゅう〕
〔○くらす　クラス〕
〔バレー　○バレエ〕

〈どの意味があてはまる？〉
問題をとく
1 むすんであるものを　ほどく
② 答えを出す
3 心の中で気になっていることを取りのぞく

※簡単に，意味を書いてあてはまるものに○をつける。

1 調べる　形を変える言葉は，どんな形が見出し語になっているのだろう。

国語辞典で，きつつきの商売に出てきた『うなずきました』という言葉を調べましょう。
「うなずきました」は，載っていません。
「うなずく」だったら載っています。違うのかな？

「『うなずく』は『うなずかない』『うなずきます』のように形が変わっていきます。形が変わる言葉は，どんな形で辞典に出ているか教科書で確かめましょう。」
・形が変わる言葉は，１つだけが載っています。

自分の国語辞典で，実際に「かく」「ふかい」「しずか」で出ていることを確かめさせる。

「ワークシートの問題（1）で練習しましょう。」
・「たのしければ」は「たのしい」で載っています。
・「ながめて」は「ながめる」でした。

2 対話する 調べる　国語辞典でどちらが先に出ているか話し合い，調べよう。

教科書の問題1の「じゆう」「じゅう」はどちらが先ですか。
じゆう　じゅう
ぼくは「じゅう」の方が先だと思うけど…。
わたしは「じゆう」が先だと思います。「ゆ」が大きいから。

「『くらす』と『クラス』はどちらが先でしょう。」
・ひらがなが先で，カタカナの方が後だと思います。
「『バレー』と『バレエ』はどちらが先でしょう。」
・うーん，どちらもカタカナだなあ…。
・伸ばす「ー」とか小さい「ゃ」とかは後だと思うからバレエが先だと思います。

自分の国語辞典で調べて確認させる。

「ワークシートの問題（2）で練習しましょう。」

ワークシートの（1）（2）（3）の問題は必要に応じた分だけ選択して活用してもよい。

児童の興味関心を高めることができます。

国語辞典(じてん)を使おう

㋱ 国語辞典に出てくる形やじゅんばんを知り、意味を調べよう

〈言葉の形〉

かかない
かきます
かく ←この形でのっている

主体的・対話的で深い学び

・基本的な国語辞典の引き方を学習した前時に続き、動詞や形容詞のように活用形のある語、長音や拗音など、様々な形態の言葉の見つけ方を学習する。この場面では、ワークシートも活用して数多くの言葉を見つけさせる。見つけた言葉の中で、どの意味が該当するかについては、グループで話し合わせる。国語辞典で言葉の意味を調べることに慣れさせ、今後、進んで辞典が活用できるように意識づけておきたい。

準備物

・ワークシート（児童数）
（児童用ワークシート見本 DVD 収録【3_05_01】）

3 対話する 国語辞典に出ている言葉は，どの意味があてはまるか調べよう。

「算数の問題をとく」の「とく」について国語辞典で意味を調べてみましょう。」

・「とく」で調べても，いろいろな意味があります。

この場合は，どの意味があてはまるか考えましょう。
とく
「解く」という漢字が書かれている言葉だね。
「算数の問題をとく」だから，「ほどく」とか「とりのぞく」とかの意味じゃないよ。
答えを出すとか，明らかにするとかいう意味だね。

教科書の問題②の残りも調べて発表させる。

「問題③の間違いや□に入る言葉もどれか，話し合いましょう。」

・「合いに行きました」は「会いに…」です。
・□には「なだらか」です。

時間があればワークシートの（3）をさせる。

4 広げる 関心のある言葉や，身近にあるものの意味を国語辞典で調べよう。

興味のあることや言葉について，時間の許す限り多く調べてノートに書かせる。

・わたしは，ひな祭りについて 調べてみたいと思います。
・ぼくは，サッカーのオフサイドの意味がよく分からないので調べてみよう。

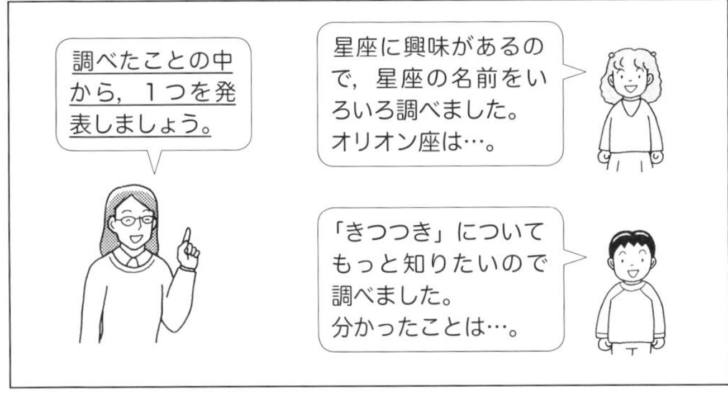
調べたことの中から，１つを発表しましょう。
星座に興味があるので，星座の名前をいろいろ調べました。オリオン座は…。
「きつつき」についてもっと知りたいので調べました。分かったことは…。

「国語辞典の使い方が分かったので，これからもいろいろと調べていきましょう。」

漢字の広場 1

全授業時間２時間

◉ 指導目標 ◉

・第２学年までに配当されている漢字を書き，文や文章の中で使うことができる。
・間違いを正したり，相手や目的を意識した表現になっているかを確かめたりして，文や文章を整えることができる。
・積極的に第２学年までに学習した漢字を確かめ，今までの学習をいかして，漢字を適切に使った文を作ろうとすることができる。

◉ 指導にあたって ◉

① 教材について

前学年の配当漢字を与えられた条件で使うことで漢字の力をつけようとする教材です。「漢字の広場１」では，動物園の場面がとりあげられています。絵を見て，動物園の様子を想像し，提示された漢字を使って文を作ります。動物園に行ったことのある児童も多いでしょう。その体験も様子を想像するときに生かせるでしょう。

ここでは，書いた文章の間違いを見つけ，よりよい表現に書き直す活動にも取り組ませています。ただし，この単元のねらいは，前学年の配当漢字の復習です。このねらいを忘れずに，あまり高度な要求にならないように気をつけたいところです。３年生になって１回目の「漢字の広場」の学習なので，動物園の様子を想像させ，楽しく漢字の復習や文作りをさせましょう。

② 主体的・対話的で深い学びのために

イラストからお話を考えたり，想像を膨らませたりすることは，どの児童にとっても，楽しく活動することができるでしょう。想像を膨らませて，考えたお話を友達と交流することによって，文章作りがスムーズになります。また，グループで対話し，よい文を検討する活動を取り入れることで，友達の作品のよさや自分の作品のよさにも気づくことができます。

◉ 評価規準 ◉

知識及び技能	第2学年までに配当されている漢字を書き，文や文章の中で使っている。
思考力，判断力，表現力等	「書くこと」において，間違いを正したり，相手や目的を意識した表現になっているかを確かめたりして，文や文章を整えている。
主体的に学習に取り組む態度	積極的に第2学年までに学習した漢字を確かめ，今までの学習をいかして，漢字を適切に使った文を作ろうとしている。

◉ 学習指導計画　全2時間 ◉

次	時	学習活動	指導上の留意点
1	1	・教科書P35を見て，2年生で習った漢字の読み方を確かめる。 ・絵を見て，動物園の様子を想像し，話し合う。 ・漢字の書き方を確認する。	・絵や提示された漢字から，動物園の様子のイメージを対話しながら広げるようにする。
	2	・教科書の例文を読んで，文の作り方を考える。 ・主語と述語のある短い文作りをする。 ・書いた文を友達と読み合い，交流する。	・主語と述語が正しく入るように気をつけて，文作りをさせる。 ・友達どうしで書いた文を交換し，間違いさがしをさせる。

DVD **収録（漢字カード，イラスト）** ※本書P66，67に掲載しています。

漢字の広場１

第１時 (1/2)

本時の目標

動物園の様子に関係のある，２年生で習った漢字を正しく読み，書くことができる。

授業のポイント

想像を膨らませてお話を考えるとともに，最後の書く時間をしっかりと確保したい。

本時の評価

教科書に出てくる漢字を読み，ノートに正しく書くことができている。

〈漢字カードの使い方〉まず，イラストの上に漢字カードを貼り，読み方を確かめます。次に，

板書例

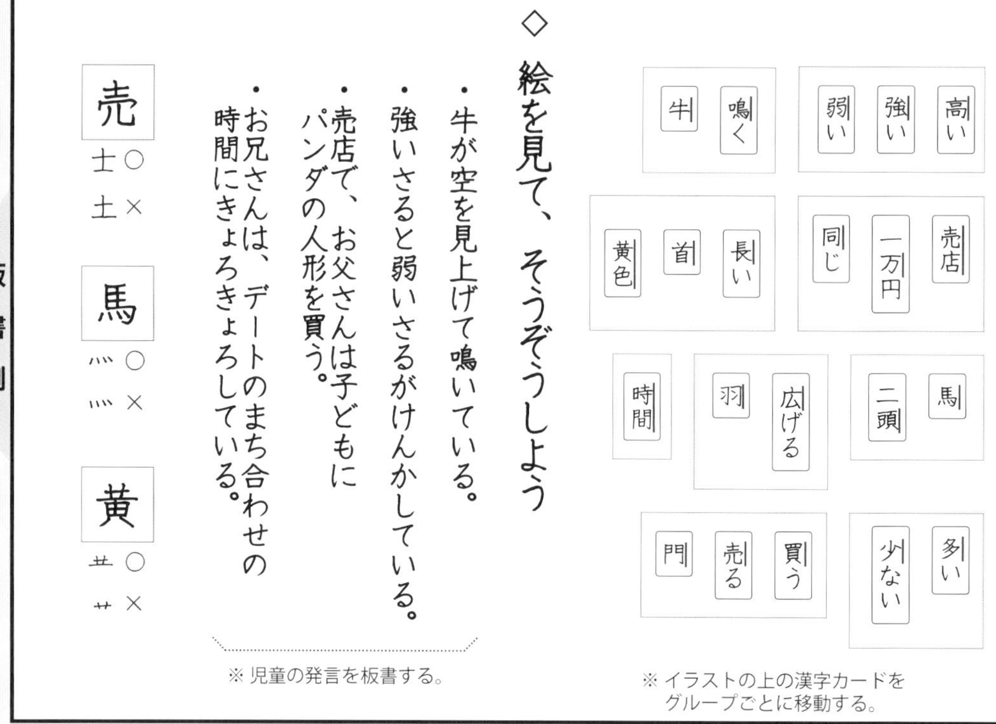

◇絵を見て、そうぞうしよう
・牛が空を見上げて鳴いている。
・強いさるると弱いさるがけんかしている。
・売店で、お父さんは子どもにパンダの人形を買う。
・お兄さんは、デートのまち合わせの時間にきょろきょろしている。
売 士○ 土×
馬
黄
※児童の発言を板書する。
高い 強い 弱い
鳴く 牛
売店 一万円 同じ
長い 首 黄色
馬 二頭
広げる 羽
時間
多い 少ない
買う 売る 門
※イラストの上の漢字カードをグループごとに移動する。

1 読む 確かめる　２年生の漢字を声に出して読もう。

教科書 P35 を開かせる。

「２年生で習った漢字が出ています。読み方を確かめましょう。」

牛，鳴く
売店，一万円
高い，強い，弱い
馬，二頭，時間

漢字が苦手な児童は，２年生の配当漢字で間違いが増え出す場合が多い。３年生の間に，きちんと復習させて完全に身につけさせたい。読みの段階から丁寧に進めていくことが大切である。

「みんなで，どの漢字の読み方も確かめられましたね。」

2 出し合う 対話する　教科書の絵を見て，見つけたことを話し合おう。

「ここは，○○動物園です。○○動物園の様子で分かることを友達と話し合いましょう。この絵を見て，どんな動物がいますか。その動物は何をしていますか。」

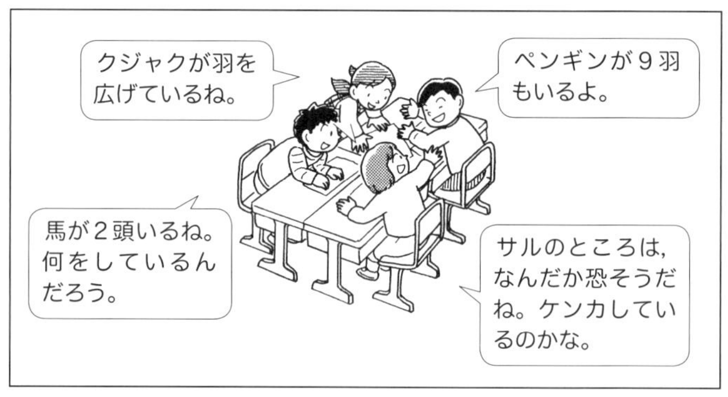

クジャクが羽を広げているね。
ペンギンが９羽もいるよ。
馬が２頭いるね。何をしているんだろう。
サルのところは，なんだか恐そうだね。ケンカしているのかな。

「動物の他はどうかな。」
・動物を見に来たお客さんもいる。
・お店があって，何か売っています。
・お土産になるものかな。

ここでは，絵を見て気がついたことを，たくさん出し合わせる。

カードをグループごとに黒板の左に移し，板書として使います。

漢字の広場 ー

Ⓜめ 二年生で習った漢字をふく習しよう

動物園の絵からそうぞうしたことを発表しよう

強い
弱い
高い
同じ
鳴く
牛
長い
首
売店
一万円
黄色
馬
時間
広げる
二頭
羽
多い
動物園
門
少ない
買う
売る

※ イラストの上に漢字カードを貼る。

主体的・対話的で深い学び

・イラストからお話を考えたり，想像を膨らませたりすることは，どの児童にとっても，楽しく活動することができるだろう。想像を膨らませて，友達と考えたお話を交流することによって，次時の文章作りがスムーズになる。

準備物

・漢字カード　DVD 収録【3_06_01】

・教科書 P35の挿絵の拡大コピー（黒板掲示用イラスト　DVD 収録【3_06_02】）

3 想像する 対話する　動物園での様子を，絵から想像して話し合おう。

では，今見つけたことから想像を膨らませてみましょう。
牛だから，モーって鳴いているのかな。
牛が空を見上げて，鳴いています。

「他はどうですか。」

・売店でお土産を買っている人はお父さんで，連れている女の子にパンダの人形を買ってあげています。

「なるほど，よく想像したね。」

・ペンギンの前のお兄さんはきょろきょろしている。
・時計を目印にして待ち合わせをしているんだよ。
・きっと３時に約束したんだね。デートかな。

いろいろな想像をさせて，次時の文作りへつなげる。

慣れてきたら，隣どうしなど２人組で想像したことを交流させる。よい内容は取り上げて，全体で共有する。

4 書く 確かめる　２年生で習った漢字をノートに正しく書こう。

「次の時間，この漢字を使って文を書いてもらいます。」

このページの漢字を正しく書けるように練習しておきましょう。
２年生の漢字だから，間違えないように書こう！
「羽を広げる。」よし，書けた！

教師が言った言葉をノートに書かせたり，１つの言葉を３回ずつ写したりするなど，児童の実態に合わせて，やり方はいろいろと工夫できる。

机間巡視などで漢字が苦手な児童を把握して，必要であれば個別指導する。漢字が苦手な児童は，教科書を見ても自分では間違いが分からない場合も少なくない。

今回の字では，「売」の「士」が「土」になる，「馬」の点が全て同じ向きになる，「黄」の４画目が抜けて「くさかんむり」になるといった間違いが多い。

漢字の広場１

第２時（2/2）

本時の目標

提示された漢字を使って，動物園の様子を表す文を作ることができる。

授業のポイント

ペアやグループの人と間違いがないかを確かめ合い，間違った字があれば書き直しをするようにする。

本時の評価

主語・述語に気をつけ，提示された漢字をできるだけたくさん使って文を書いている。

〈漢字カードの使い方〉まず，イラストの上に漢字カードを貼っておきます。児童が使用したカードを

板書例

主語（しゅご）と述語（じゅつご）のかんけいを正しく書こう

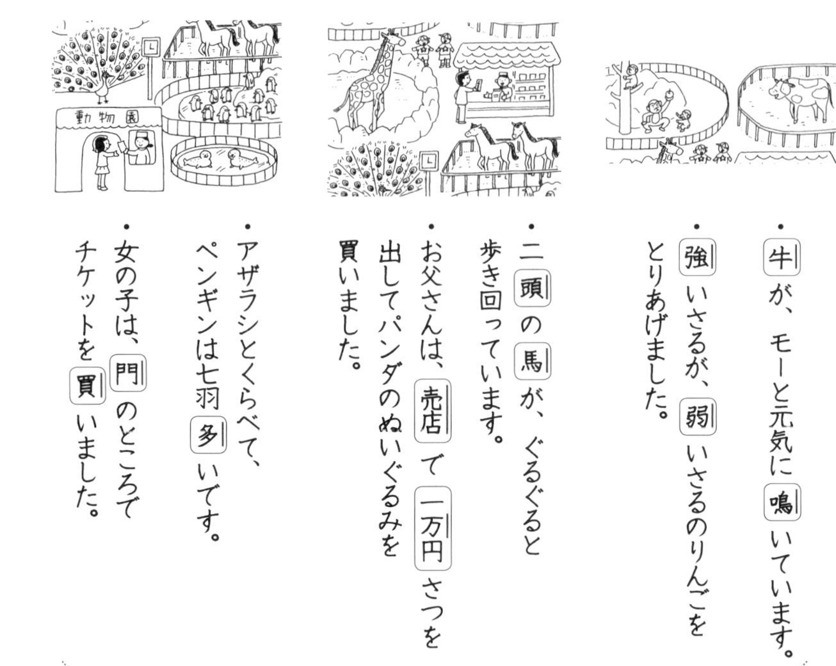

・牛が、モーと元気に鳴いています。
・強いさるが、弱いさるのりんごをとりあげました。
・二頭の馬が、ぐるぐると歩き回っています。
・お父さんは、売店で一万円さつを出してパンダのぬいぐるみを買いました。
・アザラシとくらべて、ペンギンは七羽多いです。
・女の子は、門のところでチケットを買いました。

※児童が作った文を板書する。

1 めあてつかむ　教科書の例文を読んで，文作りの仕方を確かめよう。

「『れい』の文を読みましょう。この文には，『羽』と『広』が使われていますね。このように教科書の漢字を使って文を作ります。」

文作りに入る前に，教科書の漢字の読み方を確認する。

「では，文を考えられた人，言ってみましょう。」

アザラシとくらべて，ペンギンの方が七羽多いです。
二頭の馬がぐるぐる歩き回っています。

「よくできましたね。みんなも文作りの仕方が分かったかな。」

共通理解できるまで，何人かを指名してもよい。

2 書く　主語と述語のある短い文づくりをしよう。

では，考えた文をノートに書きましょう。
「牛がモーと元気に鳴いています。」２つの漢字が使えた。
１つの文に漢字をたくさん使えるかな。

「使った漢字は，○で囲んでおくと分かりやすいですよ。教科書の漢字が全部使えたらすごいね。」

文の始まりは中点（・）で始めることや箇条書きという言葉も教えておくと，様々な場面で活用できる。

書くことが遅い児童もいるので15分は時間を取りたい。早い児童には，２回目の文を作らせたり黒板に書かせたりする。また，困っている友達のサポートに回らせるのもよい。

「主語と述語が正しく書けているかも確かめましょう。」

移動させると，使用していない残りの漢字がすぐに分かります。

漢字の広場 一
め 二年生の漢字を使って、動物園のようすを文に書こう
強い
弱い
高い
同じ
鳴く
牛
長い
首
売店
一万円
黄色
馬
広げる
時間
二頭
羽
多い
動物園
門
買う
売る
少ない
(れい) くじゃくが、きれいな羽を大きく広げています。
主語
述語

※ イラストの上に漢字カードを貼る。
児童が使用した漢字のカードを移動する。

主体的・対話的で深い学び

・イラストからお話を考えたり，想像を膨らませたりすることは，どの児童にとっても，楽しい活動である。また，その膨らませた想像から文を作ることも，友達と交流する活動を通して，おもしろいと感じさせたい。
・グループでよい文を検討することで，友達の作文のよさを見つけ合わせる。

準備物

・漢字カード（第1時使用のもの）
・黒板掲示用イラスト（第1時使用のもの）

3 対話する 確かめ合う　考えた文をグループで交流しよう。

隣どうしやグループで交換して間違い探しをさせる。

「間違いを言うだけではなく，もっとこうしたらよくなる，ということを言いましょう。」

・「弱いさるが，強いさるにりんごをとりました。」は，おかしい。弱いサルが主語だったら，述語は「とられました。」にするといいよ。

「確かめ合えたら，グループの中で最もよいと思う文を選びましょう。」

さるの絵の文を選ぼう。
それなら，竹田さんの文がいいよ。
強いさると弱いさるの文だね。
様子がよく分かるし，主語と述語も正しく書けている。

どの絵の文を選ぶか各グループに割り振って，最もよいと考える文を選ばせる。

4 交流する　それぞれのグループで選んだ文を交流しよう

考えた文を発表してもらいましょう。
4班の文を発表します。
「強いさるが、弱いさるのりんごをとりあげました。」です。

グループで選んだ文を黒板に書かせたりホワイトボードに書かせたりして，発表させる。

ここでは，グループでよい文を選ばせ発表させているが，短い文がほとんどのはずなので，できるなら全員に１つずつ発表させるのもよい。黒板を全面使って，８人程度ずつ前に出て順に書かせる，などの方法も考えられる。児童の実態と残り時間に合わせて取り組ませる。

「漢字を全部使って文を作れた人，10個より多く使えた人はいますか。」

最後に，文作りで使えた漢字数を確かめるとよい。

DVD 収録（漢字カード，イラスト）

牛
高
首
羽
鳴
弱
長
広
同
強
馬
多
売
門
黄色
二頭
買
一万円
時間
売店
少

L
動物園

春のくらし

全授業時間２時間

◉ 指導目標 ◉

・語句の量を増し，話や文章の中で使い，語彙を豊かにすることができる。
・経験したことや想像したことなどから書くことを選び，伝えたいことを明確にすることができる。
・積極的に語句の量を増やし，学習課題に沿って，その季節らしさを表現した文章を書こうとすることができる。

◉ 指導にあたって ◉

① 教材について

生活の中から春らしさが感じられるものを見つけ，文に表現するという学習をします。「みどり」の詩は，「みどり」という言葉の繰り返しがあるリズミカルな詩なので，音読で詩のリズムを楽しませながら春の風景を感じ取らせます。

第２時は，食べ物から春らしさに迫っています。日常生活の中で，それと知らず見ていたり食べていたりするものもあるでしょう。「こんなところからも春が感じられるのか」と再認識できる学習でもあります。

② 主体的・対話的で深い学びのために

今は，１年中様々な野菜類が出回り，食べ物や草花などから「旬」を感じることが少しずつ難しくなってきています。子どもたちの感覚も季節を敏感に感じ辛くなっているかもしれません。そうした体験の不足を補うために，体験の交流や対話を活用し，みんなで「春」らしさが共有できるようにします。教師が，画像などで補足していくことも必要に応じて取り入れた方がよいかもしれません。

一人一人の児童が，「春らしさ」のイメージをより豊かに描けるようにしてから，春を感じたものについて書かせます。詩と例文は，どのような文を書けばよいかのモデルとなりますので，音読や感想交流などで一定の時間をかけましょう。

◉ 評価規準 ◉

知識 及び 技能	語句の量を増し，話や文章の中で使い，語彙を豊かにしている。
思考力，判断力，表現力等	「書くこと」において，経験したことや想像したことなどから書くことを選び，伝えたいことを明確にしている。
主体的に学習に取り組む態度	積極的に語句の量を増やし，学習課題に沿って，その季節らしさを表現した文章を書こうとしている。

◉ 学習指導計画　全２時間 ◉

次	時	学習活動	指導上の留意点
1	1	・「みどり」の詩を音読し，感想や思い浮かぶ様子を交流する。 ・絵をもとにして，春になってすることを話し合う。 ・身の回りから，春を感じるものを探す。 ・春の行事から，言葉を連想する。	・教科書の詩や挿絵から始め，春の情景をイメージさせる。 ・身の回りにあるものや行事から「春」を見つけさせる。 ・ゲーム感覚で楽しみながら，春の行事から言葉を広げていく。
	2	・春を感じた例文を読み，感想を出し合う。 ・春が感じられる野菜や山菜などについて話し合う。 ・春が感じられるものについて文を書く。	・食べ物という身近なものを取り上げるので，できる限り生活経験とつなげて考えたり話し合ったりさせる。 ・最後の表現活動は，２時間の学習のまとめとして，春を感じるものを書かせる。

DVD 収録（児童用ワークシート見本）

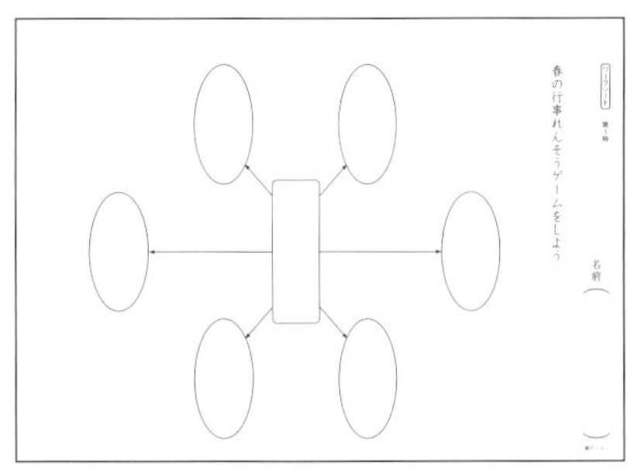
ワークシート
第１時
春の行事れんそうゲームをしよう
名前

春のくらし

第 1 時 (1/2)

本時の目標

身の回りで春らしいものを見つけ，春が来ていることを感じ取ることができる。

授業のポイント

友だちとの意見や体験を通して，生活の中にある春に目を向けさせる。写真などの補助資料を使うのもよい。

本時の評価

身の回りで春らしいものを見つけ，春について自分が感じたことを表現している。

〈楽しむ〉展開４で春の行事の連想ゲームにぜひ取り組みましょう。楽しみながら学びが広がります。

板書例

《何をしている》
・たねまき　・なえうえ
・めばえを見る
・花うえ　・虫さがし

※ 教科書 P37 の挿絵
（拡大コピーを貼るか，投影する。）

《みのまわりの春》
・さくら　・なの花
・チューリップ　・たんぽぽ
・おたまじゃくし　・てんとうむし

《春の行事》
・入学式
・クラスがえ
・ひなまつり
・プロ野きゅうのオープンせん

遠足 ― 草あそび／リュック／おべんとう／虫とり／たんぽぽ ― くれんげのかざり／（空欄）

1 音読する 連想する　「みどり」の詩を音読し，その詩から，思い浮かべることを出し合おう。

「みどり」の詩を範読する。

「では，みんなも音読しましょう。」

全員で音読した後で，何人かを指名して読ませる。

「音読してみた感想を言いましょう。」
・リズムに乗って読める感じがします。
・「みどり」が何回も出てくる。覚えやすそうだよ。
・「よりどりみどり」「さがせど～」とかが面白い。

「詩を読んで，どんな様子が浮かんできますか？」

緑の鳥が見つからないくらい，山は緑で覆われているようです。
「よりどりみどり」だから，いろいろな緑があります。新緑もあるのかな？
だから，声だけ聞こえて姿が見つからない。

「春の緑の野山の様子が浮かんできますね。」

もう一度「みどり」の詩を音読させる。

2 対話する　絵の中で何をしているのか考えよう。

教科書の上の絵を見て話し合う。

「前にしゃがんでいる２人は何をしていますか。」

種まきをしているね。何の種だろう？
お父さんと子どもが一緒で楽しそうだね。どんな花がさくのかな。
苗も植えるんだよ。春にはいろいろな花を植えるからね。

「奥の女の子は何をしているのでしょう。」
・木の枝をつかんで何かしている。
・「めばえ」って何？
・木の芽から葉っぱが出てくることだよ。
・じゃあ，その「めばえ」を見ているんだね。

「みんなも，春になると何かすることがありますか？」
・わたしは，お母さんと植木鉢に花を植えます。
・ぼくは，虫探しに行きます。

春のくらし

め 生活の中から春を感じよう

「みどり」の詩から

・みどりがいっぱいの野山
・木の葉のいろいろなみどり
・みどりの小鳥が、声だけ聞こえて見つからないくらい、山はみどり

※ 児童の感想

～春の野山～

主体的・対話的で深い学び

・教科書の詩や挿絵から自分たちの生活経験と結びつけながらイメージを広げていく。友だちと交流や話し合いをすることで。春のイメージの輪をさらに広げていけるだろう。様々なものから春を感じ取り，春に関係する語彙を豊かにさせていくと同時に，対話を通して身の回りの「春」に改めて目を向け，感性を豊かにさせていきたい。

準備物

・ワークシート「春の行事連想ゲームをしよう」（児童用ワークシート見本 DVD 収録【3_07_01】）
・春の草花や，春になると見られる虫などの写真があれば準備しておく。

3 対話する 身の回りから，春を感じるものを探そう

「先生は，つくしを見つけた時に春が来たなあと感じます。みんなは，どんな時に春だなあと感じますか。」
・桜の花がさくと春を感じます。
・お花見ができるね。ぼくは花より団子だよ。

教師の感じた春や児童から2～3の例を発表させて，春を感じるイメージをもたせてから，グループで経験交流をさせる。

「身の回りで春だなあと感じるものを見つけましょう。」

菜の花がいっぱい咲いているのもそうだよね。
チューリップが咲いているのを見た時に感じた。
２年で習ったタンポポもある！
おたまじゃくし，てんとうむし，あおむし…。

食べ物に関係するものは次時で取り上げる。

4 広げる 春の行事から連想してみよう。

「春の行事といえば，どんなことがありますか？」
・入学式，クラス替え。春の遠足。
・ひなまつり。
・プロ野球のオープン戦！

意見が出にくければ「学校では？」「お祭りやお祝いの行事は？」「家ですることは？」などのヒントを出し，内容を絞って考えさせてもよい。

「春の行事から思いつく言葉を出し合いましょう。」

春の行事連想ゲームです。
草あそび，虫取り。
じゃあ，「春の遠足」でいくよ。お弁当。
たんぽぽ，リュック。
タンポポから連想した。レンゲのくびかざり。

ノートに書いて，他のグループと発表し合う。

春のくらし

第 2 時 (2/2)

本時の目標

食べ物から春らしいものを見つけ，春を感じたものについて書くことができる。

授業のポイント

「春」や「新」がつく野菜や春らしい食べ物について，見たり食べたりした経験を十分交流させ，最後に春を感じたものについて文章を書かせる。

本時の評価

食べ物の中から春らしいものを見つけ，短い文章にして表している。

板書例

〈生活の中から〉食べ物・生き物・草花など，身近な生活の中から春をグループで見つける活動では，

◇新玉ねぎ　新じゃが　春キャベツ
・じゃがバターで食べた。
・春キャベツのサラダ。
・スーパーで売っていた。

※ 児童の発言を板書する。

◇山さいや野原の草
・ふき　・たけのこ
・わらび　・ぜんまい
・たらのめ　・よもぎ

→ 調べよう

※ インターネットなどより画像を見せる。

春をかんじた文を書こう

1 読む つかむ　春を感じた例文を読んでみよう。

教科書の例文を音読させる。

「『さくらゆ』って，どんなものか知っていますか？」
・知らない。飲んだことがない。
・さくらのお茶みたいなものかな？
・お茶の葉のかわりに桜の花びらが入っている。

（できれば）「さくらゆ」の実物か画像を見せる。

「この文を読んだ感想を言いましょう。」

桜の花が咲いたみたいに浮いているきれいな「さくらゆ」に春を感じた。
どんな時に飲んだのかな？ぼくも飲んでみたいな。
桜の花と，ほんのりいい匂いで，春だと思ったんだね。

「この時間の終わりには，みなさんも春を感じた文を書きましょう。」

2 対話する　「新」や「春」がつく野菜を見たり食べたりした経験を出し合おう。

「『新』や『春』がつく野菜を教科書で見ましょう。」
・新玉ねぎ，新じゃが，春キャベツ。
「どんな特徴があると書いてありますか。」
・みずみずしくて，やわらかい。
「どれかを見たり食べたりしたことがありますか？」

新じゃがで，じゃがバターを作ってもらった。すごくおいしかった。
スーパーで，新玉ねぎを売っていたよ。
春キャベツのサラダは，やわらかかったよ。

「他に，『新』や『春』のつく食べ物はありませんか。」
・お母さんが『新しょうが』を買ってきていました。
「新にんじん，新ごぼうなどもあります。新や春がつかなくても，春に出てくる野菜は他にもあります。」
・新茶もあるよ。調べたら，いろいろありそうだね。

「20 個以上探そう」など目標を立てて取り組ませてもよいでしょう。

春のくらし

ⓜ みの回りの食べ物から春をかんじとろう

土曜日に、家でさくらゆを…………
…………して、春だなあと思いました。

※ 教科書の例文

・さくらゆ ……… きれいなのみもの
・「さくらの花」「いいにおい」↓ 春

※ 児童の感想

主体的・対話的で深い学び

・春の野菜や山菜から春を感じ取る学習になる。親と買い物に行ったときに見たり，食卓に上ったものもあるかもしれないが，すべての児童が体験したり，意識していたかどうかは分からない。みんなで体験を交流したり，辞書で調べたり，教師が画像を準備することで，春の体感を共有させ，最後の表現活動につなげたい。

準備物

・春の野菜や山菜の画像を，インターネットから見つけて準備しておく。
・できれば，さくらゆ（塩づけにした桜の花びらをお湯に浮かせたもの）を準備しておくとよい。なければ，画像を準備する。

3 調べる 春の山や野原で見られる食べ物を知ろう。

教科書の絵を見て話し合う。

「この中で知っているものはありますか。」
・たけのこは，食べたことがあります。
・わらびは，春にハイキングに行ったときに，おじいちゃんに教えてもらって採りました。
・よもぎ饅頭は食べたことがあるけど，どんな草なのか分かりません。緑色の草かな。
・たらのめやぜんまいは見たことも食べたこともありません。ふきも生えているのは見たことがない。

分からないものは，国語辞典で調べてみましょう。
わらびもシダの仲間の新芽だ！わらび粉もとれるんだって。
ぜんまいって，シダの仲間の若い芽なんだって！

インターネットの画像も見せるとよい。

4 書く 春が感じられるもののことを書こう。

「もう一度教科書の例文をみんなで音読しましょう。」
・土曜日に，家でさくらゆを…。（全文読む）

では，春を感じた文を書きましょう。
道端でタンポポが咲いているのを見つけたことを書こう。
おかあさんがよもぎもちを買ってきました。これが春の味かなと…。

前の時間を思い出させて，食べ物以外でもよい。前時と本時の学習のまとめとして，春を感じたものについて書かせる。

「書けたら，発表しましょう。」
・日曜日の朝，早く起きて犬の散歩に行きました。歩いていると，道ばたにタンポポの花が１つさいていました。ああ，もう春が来たのだと思いました。

漢字の音と訓

全授業時間２時間

◉ 指導目標 ◉

・第３学年までに配当されている漢字を読むことができる。
・今までの学習をいかして，進んで漢字の音と訓という考え方に関心をもち，よりよく漢字を学ぼうとすることができる。

◉ 指導にあたって ◉

① 教材について

これまでの学習で，同じ漢字でも２つ以上の読み方があったり同じ読み方であっても意味や使い方が違ったりすることに気づいている児童も多いでしょう。ここでは，そうした気づきを整理し，漢字には音訓２種類の読み方があることを理解させます。また，「音には送り仮名がつかないが，訓には送り仮名のつく字がある」，「辞書では音の読み方はカタカナで表記し，訓の読み方はひらがなで表記される」，「音の読み方を聞いただけでは意味が分かりにくいが，訓の読み方は聞いただけで意味の分かるものが多い」など音と訓の特徴にも気づかせます。

漢字は，ただ読み方が分かるだけではなく，文の中で使えてこそ意味があります。音訓の漢字を使った文作りをしたり，教科書教材文の中から，音と訓の例を探すなどの活動も有効です。教科書巻末の１年２年で習った漢字表は，今後も度々活用してゆくことになるので，使い方に十分慣れさせておきます。

② 主体的・対話的で深い学びのために

児童が，漢字の学習に負担を感じることのないように，クイズやゲーム感覚で授業に取り組ませるなど楽しく学習できるように工夫したいものです。教科書巻末の「これまでに習った漢字」の表から漢字を調べたり探したりする場面が多くあります。先ずは，自力で解決をさせてゆきますが，グループや周りの友達との対話を通しての相互援助も取り入れ，どの児童も分かることを大切にしてゆきます。

漢字の由来については，３年生には難しい内容なので，深入りはせず，児童の知的好奇心をくすぐる程度に抑えておきます。漢字は中国から伝わった文字であることと，「音＝中国，訓＝日本の読み方」が分かれば十分です。音訓の識別は，時間をかけて多くの漢字を習う中で少しずつ慣れさせてゆきます。

◉ 評価規準 ◉

知識 及び 技能	第３学年までに配当されている漢字を読んでいる。
主体的に学習に取り組む態度	今までの学習をいかして，進んで漢字の音と訓という考え方に関心をもち，よりよく漢字を学ぼうとしている。

◉ 学習指導計画　全２時間 ◉

次	時	学習活動	指導上の留意点
1	1	・教科書の例字から，漢字には音と訓の読みがあることを知る。 ・音と訓の由来を知り，特徴を見つける。 ・今までに習った漢字で，音訓を確かめ，言葉づくりをする。	・由来は，教科書の説明を読ませるが，「音は中国から伝わってきた読み方」「訓は日本の言葉にあてはめた読み方」程度の簡単な理解にとどめて，深入りはしない。 ・できる限り，自力で教科書を活用させ，自力で解決できないときや確かめの時にグループで活動させる。 ・訓の特徴は，児童に発見させる。 ・本時は，文字や言葉としての音訓の理解に重点を置く。
	2	・クイズで前時の復習と本時の導入をする。 ・教科書の問題を使って，文の中の音訓の判別や，音訓を使った文をつくる。 ・多くの読み方がある漢字や，読み方によって意味が変わる漢字を見つける。	・ゲームかクイズ感覚で楽しく音か訓かを見つけたり，文を作る学習に取り組ませる。 ・本時は，文の中での音訓の理解に重点を置く。

DVD 収録（文字カード，児童用ワークシート見本）

朝

生

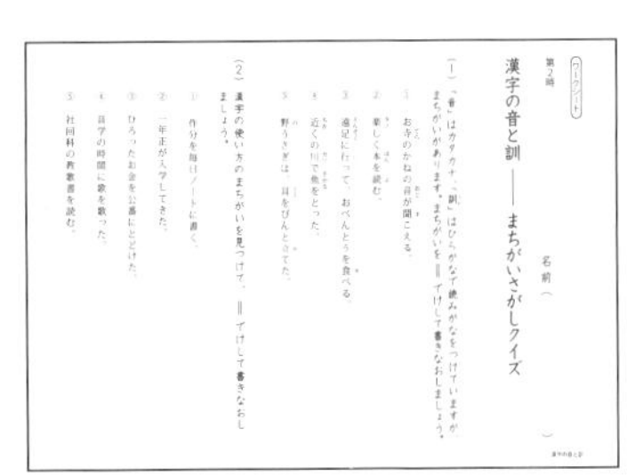
ワークシート
第２時
漢字の音と訓 ―― まちがいさがしクイズ
名前（　　　　）
（１）「音」はカタカナ，「訓」はひらがなで読みがなをつけていますが，まちがいがあります。まちがいを＝でけして書きなおしましょう。
（２）漢字の使い方のまちがいを見つけて，＝でけして書きなおしましょう。

漢字の音と訓

第 1 時 (1/2)

本時の目標

漢字の読み方には音と訓があることを知り，それぞれの特徴が分かる。

授業のポイント

音と訓の由来については教科書を読んで簡単に説明するにとどめる。特徴は，対話を通して児童に発見させる。

本時の評価

漢字の音と訓に興味をもち，それぞれの特徴が理解できている。

〈教科書の活用〉教科書の「これまでに習った漢字」は，今後も活用する場面が何度も出てきます。

板書例

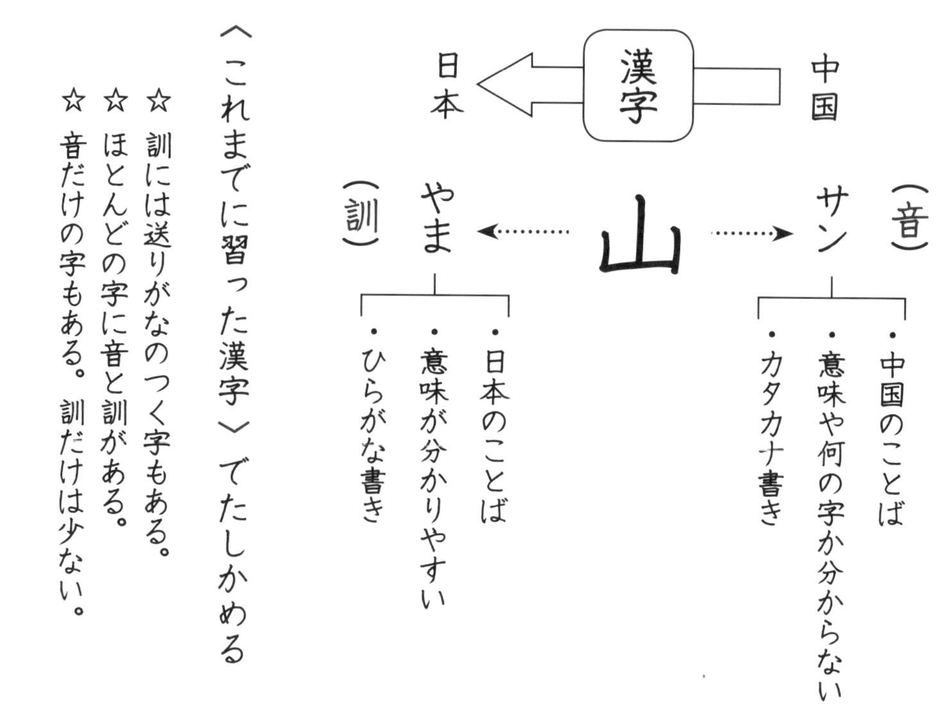

中国
漢字
日本
（音）
サン
山
やま
（訓）
・中国のことば
・意味や何の字か分からない
・カタカナ書き
・日本のことば
・意味が分かりやすい
・ひらがな書き
〈これまでに習った漢字〉でたしかめる
☆ 訓には送りがなのつく字もある。
☆ ほとんどの字に音と訓がある。
☆ 音だけの字もある。訓だけは少ない。

1 つかむ　漢字には「音」と「訓」の２つの読み方があることを確かめよう。

「チョウという漢字を書いてください。」

黒板に書きに来させる。「町」「長」「朝」など。

「実は今日使うのはこの字です。」

「朝」のカードを黒板に貼る。

「チョウの他に読み方はありませんか？」
・「あさ」と読めます。

『チョウ』と『あさ』のどちらの読み方をした方が意味が分かりやすいでしょう。
「あさ」の方が，聞いただけで意味が分かります。
「チョウ」では，いろいろあるから，どの字か分かりません。

「『チョウ』のような読み方を『音』，『あさ』のような読み方を『訓』といいます。」
・漢字には２通りの読み方があるんだ！
・訓の方が意味が分かりやすいね。

2 調べる　漢字はどのようにしてできたのだろう。

「漢字は，どこで生まれたのでしょう。教科書で調べましょう。」
・中国で生まれました。
・日本には，文字がなかったのです。

なぜ音と訓があるのか，教科書で調べて，班で確かめ合いましょう。
中国の漢字の読み方と同じ読み方をしていた。
漢字を，日本の言葉でも読んでいた。だから中国読みと日本読みの２つができたのだね。
文字がなかったから，中国の漢字を使って，日本の言葉を書き表したのか。

「中国から伝わった読み方が『音』，日本の言葉での読み方が『訓』といいます。漢字の読み方は，１つではない理由が分かりましたか。」

使い方や見方に慣れさせておきましょう。

漢字の音と訓
おん くん

㋱ 漢字の音と訓について知ろう

チョウ

⇩

町　朝　鳥　長

朝

（音）チョウ
（訓）あさ

主体的・対話的で深い学び

・漢字の成り立ちや特徴を，教科書を活用して，児童に「発見させる」展開で，興味を持ちながら学習させてゆきたい。「発見」したことは，発表させ合うことで，学びの共有，学びの広まりや深まり，学びへの新たな意欲につなげてゆく。教科書の「これまでに習った漢字」は，今後も活用させる場面が何度もあるので，使い方や見方に慣れさせておく。

準備物

・黒板掲示用「朝」文字カード　DVD 収録【3_08_01】

3 見つける　音と訓にはどのような特徴があるだろう。

「漢字の音と訓の見分け方を，教科書の「朝」の音と訓から見つけましょう。」

意味が分かるのが訓，分かりにくいのが音です。
朝
（音）チョウ　朝食　早朝
（訓）あさ　朝　朝顔
音の読み方はカタカナ，訓の読み方はひらがなです。
音は漢字２文字で書くけど，訓は１文字もあります。
音は，漢字３文字や４文字の言葉になるときがあるかもしれないね。

「みんなから出た意見を，教科書の後ろに載っている“これまでに習った漢字”で確かめましょう。」

・ひらがなとカタカナで書いてある読み方がある！
・カタカナはその字だけでは意味が分からない。
・一，二，三…は例外かな？これで分かるよ。
・訓には送り仮名のつく字もあるよ。引く，遠い…。

4 確かめる 発表する　今までに習った漢字は，音と訓のどちらか確かめ，言葉を作ろう。

「“これまでに習った漢字”の中から10文字選んで，音と訓を確かめ，ノートに書き出しましょう。」

・「花」は，音が「カ」，訓が「はな」…。
・「王」は音の「オウ」しかない。他にもあるかな？
・「貝」は訓の「かい」しか読み方がない。

確かめをして，気づいたことがあれば発表しましょう。
ほとんどの字が，音と訓の両方ありました。
訓だけの字は，「貝」だけでした。
音だけしかない字も，時々ありました。

「では，確かめた字で言葉を作って発表しましょう。」

・夏で「夏休み」を作りました。
・雨で「雨」の１文字です。
・社で「社長室」の３文字の言葉ができました。

漢字の音と訓

第 2 時 (2/2)

本時の目標

文の中で，音と訓の読み方の区別ができ，漢字の意味に合わせた文を作ることができる。

授業のポイント

音か訓かを教科書の既習漢字一覧表を使って見分けることに慣れさせる。読み方や意味の違いを理解して文の読み書きをさせる。

本時の評価

音か訓かの区別をして，文を読んだり書いたりできる。

〈漢字の音と訓〉音と訓を見分けられるようになるのは，早くても6年生ぐらいでしょう。3年生

板書例

教科書 1
・県道ぞいに、有名な公園がある。 ↑音
・氷がとけて水になる。 ↑訓

教科書 2
・かいだんを下がると地下室があった。

生
セイ
ショウ
いきる
うまれる
はえる
なま

読み方で意味が変わる

1 おさらい練習する　クイズで間違い探しをしよう。

ワークシート「漢字の音と訓―まちがいさがしクイズ」を配る。

教科書の後ろの漢字表で調べて答えましょう。先ずは自分でやってみて，分からなければグループの人と相談をしてもかまいません。
えっ，「本」って…ぼくは意味が分かるのだけど，訓かな？
漢字表にはカタカナで書いてあるから音だよ。
「聞こえる」は，訓だからひらがなに直したらいいね。

「では，書けたら答えをみんなで確かめていきましょう。」
・①は，「聞こえる」のキをひらがなに直します。
・②は，「楽しく」のタノをひらがなにして，本はカタカナに直します。

ワークシートの問題（1）（2）の答え合わせをしていく。

2 練習問題をする　文の中の漢字が音か訓かを見分けよう。

「教科書 P39 の1の問題に答えます。まず，手を挙げて 1 つずつ文を読んでもらいます。」

1 文ずつ音読させ，読みをみんなで確認させておく。

はじめは，漢字表を見ないで自分の力で答えましょう。全部書けたら，教科書の漢字表で確かめましょう。
公も園も1字では意味が分からないから音だと思う。
近道は，音だと思ったけど，どちらも訓だった。キン，ドウが音の読み方だった。

「では，書けたら発表してもらいます。みんなで合っているか確かめていきましょう。」
・「水」は訓です。
・一分はどちらも音でした。

「では，音の入っている文と訓の入っている文を 1 つずつ選んでノートに書き写しましょう。」

では漢字クイズなどで楽しく学習させるようにしましょう。

漢字の音(おん)と訓(くん)

㋱ 音と訓に気をつけて、文を読んだり書いたりしよう

（ワークシート）

音と訓　まちがいさがしクイズ

（1）② 楽(たの)しく本(ほん)を読(よ)む。

（2）⑤ 社~~回~~会科の教~~歌~~科書を読む。

主体的・対話的で深い学び

・前時で，音と訓の違いを学習したので，本時はそれを使って文中の音や訓を見分けたり，文の読み書きを中心に学習する。ここでは，クイズや教科書の問題に「挑戦しよう」という姿勢で取り組ませることで意欲的に活動させたい。先ずは自力で取り組み，教科書を見たり友だちと対話を通して確認させてゆく。最後は，漢字を調べることの面白さに触れさせて，今後の学習への意欲を植え付けておきたい。

準備物

・黒板掲示用「生」文字カード　DVD 収録【3_08_01】

・ワークシート「漢字の音と訓―まちがいさがしクイズ」（児童用ワークシート見本　DVD 収録【3_08_02】）

3 練習問題をする　音と訓のどちらも使って文を作ろう。

「教科書の2の例文を読みましょう。」
・小学校の「小」が音で，「小さな」が訓だから，音と訓のどちらも使った文になっている。

例を参考にして，まず下，回，切，楽のどれか１つを選んで文を作り，グループで交流しましょう。
回を使った文で，「鉄棒で，２回連続の後ろ回りができた。」
できた！「音楽の授業は，いつも楽しみです。」

つくった文はノートに書かせる。

「1つ目ができたら，他の文字も使って，2つ目，3つ目…の文を作っていきましょう。できたら発表してもらいます。」
・階段を下がると地下室がありました。
・大切にしていたベルトが切れてしまった。

4 対話する深める　読み方がたくさんある漢字や，意味が変わる漢字を探してみよう。

「音や訓の読み方がたくさんある漢字を，漢字表の中から見つけてみましょう。」
・生は，セイ，ショウ，いきる，うまれる…
・上は，ジョウ，うえ，あげる，のぼる…

「生」という字は，読み方がたくさんありますが，みんな同じ意味でしょうか？
生
似ているような気もするけど，「いきる」と「うまれる」は，違うよね。
「はえる」や「なま」も意味が違うと思う。

「他にも，同じ字なのに読み方で意味が変わる字がないか，教科書の漢字表で探してみましょう。」
・「空」の「そら」と「あける」も違う。
・「角」の「つの」と「かど」も違う。
・「行」の「いく」と「おこなう」も違うね。

「漢字も，いろいろ調べてみると面白いですね。」

もっと知りたい，友だちのこと
〔コラム〕きちんとつたえるために

全授業時間６時間

◎ 指導目標 ◎

- 必要なことを質問しながら聞き，話し手が伝えたいことや自分が聞きたいことの中心を捉え，自分の考えをもつことができる。
- 相手を見て話したり聞いたりするとともに，言葉の抑揚や強弱，間の取り方などに注意して話すことができる。
- 日常生活の中から話題を決め，伝え合うために必要な事柄を選ぶことができる。
- 積極的に質問しながら聞くことで話し手が伝えたいことや自分が聞きたいことの中心を捉え，学習の見通しをもって，知らせたいことを話したり，知りたいことを質問したりしようとすることができる。

◎ 指導にあたって ◎

① 教材について

本単元は，主に聞き手に視点をあてた教材です。質問の仕方や種類を学ぶことができます。それらを活用して，友達のことをたくさん引き出し，他の人に紹介します。1 学期前半で，児童どうしがつながるよい機会を与える教材です。

聞き手は，話し手がいちばん伝えたいことは何なのかを考えながら聞くことが大切です。聞き方の学習ですが，自分が質問したいことや感想が相手に正確に伝わるためには，適切な表現で話すこと，伝えたいことの中心を意識して話すことも必要になってきます。この単元の学習のときだけでなく，日頃から話し手の伝えたいことは何か，自分は何を伝えたいのかを意識しながら会話をすることも大切です。

② 主体的・対話的で深い学びのために

主体的・対話的な学びを生かすために，「学級あそび」を多く取り入れます。「学級あそび」活動では，児童も失敗感を感じにくく，楽しく学ぶことができます。活動の後には，振り返りも行います。質問することが楽しいことだと，児童は実感を伴って学ぶことができるはずです。

◉ 評価規準 ◉

知識及び技能	相手を見て話したり聞いたりするとともに，言葉の抑揚や強弱，間の取り方などに注意して話している。
思考力，判断力，表現力等	・「話すこと・聞くこと」において，日常生活の中から話題を決め，伝え合うために必要な事柄を選んでいる。 ・「話すこと・聞くこと」において，必要なことを質問しながら聞き，話し手が伝えたいことや自分が聞きたいことの中心を捉え，自分の考えをもっている。
主体的に学習に取り組む態度	積極的に質問しながら聞くことで話し手が伝えたいことや自分が聞きたいことの中心を捉え，学習の見通しをもって，知らせたいことを話したり，知りたいことを質問したりしようとしている。

◉ 学習指導計画　全６時間 ◉

次	時	学習活動	指導上の留意点
1	1	・「友だちの話を聞いて，さらにききたいことを考えてしつもんしよう」という学習課題を設定し，学習計画を立てる。 ・「友達紹介質問ゲーム」を通して，質問することのよさについて考える。	・友達のことで知っていることを出し合わせる。 ・ゲームを通して，質問することの楽しさを体感できるようにする。
	2	・友達と話を聞き合うために，自分が話し手として知らせたいことを決めて，ノートに書く。	・クラス全体でそれぞれの話題を共有し，話題を決めにくい児童の参考にさせる。
	3	・教科書 P41 の表を参考に，「質問名人」になるために，どのような質問の種類や話の聞き方があるのかを整理する。	・ゲームを通して，質問名人になるためのポイントを考えるようにする。
2	4	・友達の話を聞いて，質問をする。 ・聞き手は，もっと知りたいことを考えながら聞き，話が終わったら，質問したいことをカードに書く。その中から，特に知りたいことを質問する。	・どのようにやりとりをするのか，活動の前に見本を見せる。残りの全員が見て学び，ポイントを見つけられるようにする。
	5	・友達の話や質問とその答えを聞いて，心に残ったことを伝え合う。	・前時で聞き出した友達のことを引用して，他のグループの仲間に紹介する。
3	6	・教科書 P44「きちんとつたえるために」で大事にすることを考える。 ・学習を振り返る。	・知りたいことがうまく引き出すことができなかった２つの場面の人にアドバイスを考えさせ，自分のこととして問題場面に向き合うことができるようにする。

もっと知りたい，友だちのこと

第  時　（1/6）

〈質問〉 質問することを恥ずかしいことと思っている児童もいます。質問することは楽しいことで

本時の目標

学習の見通しと学習課題をもち，友達に尋ねたいことを考えて，友達のことをもっと知るための質問ができる。

授業のポイント

「考えを広げる話し合い」で大切にしたいことは，互いの意見を認め合う雰囲気づくりである。「いいね」を合い言葉に，いろいろな意見や考えを出し合えるように声かけする。

本時の評価

学習の見通しと学習課題を知り，友達のことを知るよさに気づいている。

板書例

3 話を聞いて、しつもんする
4 友だちの話で心にのこったことを、つたえ合う

友だちしょうかいしつもんゲーム　1回2分

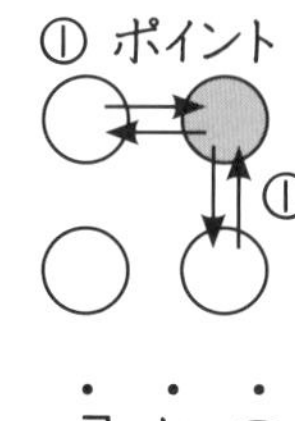

① ポイント
①

・（しつもん→答え）で①ポイント
・れんぞくしつもんは二回まで
・「〜ですか」「〜です」

	1回目	2回目
1ぱん	18	24
2ぱん	23	28
3ぱん	14	32
4ぱん	7	17
5ぱん	10	21
6ぱん	11	31
7ぱん	13	28
8ぱん	15	20

しつもんすることのよさ

☆あい手のことが分かる、知ることができる
① どんな人かが分かる
② もっと知りたくなる
③ なかよくなる

「しつもんすることは楽しいこと」

1 めあてつかむ　友達のことで，知っていることについて話し合おう。

「隣の人のことで，どのようなよいところを知っていますか。知っていることを出し合いましょう。」

いつも元気に挨拶していることは知っているよ。

いつも授業中に発表を頑張っています。

そう言われてみたら，あまり思いつかないなあ。

では，もっと隣の人やグループの人のことを知っていきましょう。

「これから『友だちの話を聞いて，さらにききたいことを考えてしつもんしよう』を学習課題として，学んでいきましょう。」

教科書 P40「学習のすすめ方」を読み，どのような流れで学習するのか，見通しをもたせる。

・友達からたくさんの話を引き出すために，質問や話の聞き方について勉強するんだね。

2 対話する　「友達紹介質問ゲーム」をしよう。

「では，『友達紹介質問ゲーム』をしましょう。質問をして友達のことを知る楽しさを味わいましょう。」

グループでじゃんけんをして，質問に答える人（1 人）を決める。質問と回答の応答があって 1 ポイントとすること，連続質問は 2 回までとする，丁寧な言葉を使うなど，ルールを確認する。2 分間で何ポイント獲得できるかを競う。

ラーメンは好きですか？
はい，大好きです。
カレーも好きです。
カレーは好きですか。

それぞれのグループのポイントを記録していく。めざす数値を示すと，目標達成に向けてさらに児童の活動が活発になる。

あると，ゲームを通して学ぶ時間にしましょう。

もっと知りたい、友だちのこと

㋱ 学習の見通しをもとう
しつもんをして，友だちのことをもっと知ろう

〈学習かだい〉
友だちの話を聞いて、さらにききたいことを考えてしつもんしよう

○ 学習のすすめ方
1 友だちに知らせたいことを決める
2 しつもんや、話の聞き方について整理する

主体的・対話的で深い学び

・展開2の活動で，友達紹介質問ゲームをする。ゲームを取り入れることによって，児童が主体的に活動する。また，作戦タイムを取り，どうすれば回数を増やすことができるのかを考えさせることによって，自然と話し合う姿が見られるようになる。

準備物

3 書く 交流する　質問することのよさを見出そう。

「『友達紹介質問ゲーム』を通して，質問は楽しいことだと分かりましたね。では，質問することのよさをみんなで考えましょう。」

質問することのよさについて，考えたことをノートに箇条書きで書かせる。書く時間に制限を設け，書く量の目標を数値で示すと，児童も活動しやすくなる。

「質問することのよさ」について，ノートに書いたことを発表しましょう。

あまり話したことがなかったけど，仲よくなりたいなあと思いました。

質問をすると，友達の好きなことをたくさん知ることができました。

「質問することで，相手のことを知り，つながることができますね。質問することは，楽しいことですね。」

4 振り返る 書く　キーワードを使って，振り返ろう。

「いろいろな考えが出ましたね。では，『質問することは楽しいこと』というキーワードを使って，今日の学習の振り返りをノートに書いて発表しましょう。」

ゲームが終わったら，体が熱くなっていました。だから，質問することは楽しいことです。

チームのみんなと質問し合ったり，答えたりして，質問することは楽しいことだと分かりました。

ゲームで終わっては，質問することのよさ（価値）の共有はできない。必ず振り返りを行い，児童一人ひとりに質問することの大切さを考えさせる。

「質問することのよさが確かめられましたね。では，次の時間から質問や話の聞き方について勉強していきましょう。」

もっと知りたい，友だちのこと

第  時 （2/6）

本時の目標

友達と話を聞き合うために，自分が話し手として知らせたいことを決めて，必要なことをノートに書くことができる。

授業のポイント

どの児童も自分が伝えたいことが準備できるように，導入として，どんな話題があるか話し合わせ，全体で出し合わせたい。

本時の評価

日常生活の中から話題を決め，伝え合うために必要な事柄を選ぶことができる。

板書例

〈相手意識〉誰に伝えるのかといった相手意識をもつことで，児童は主体的に学ぶ姿勢になります。

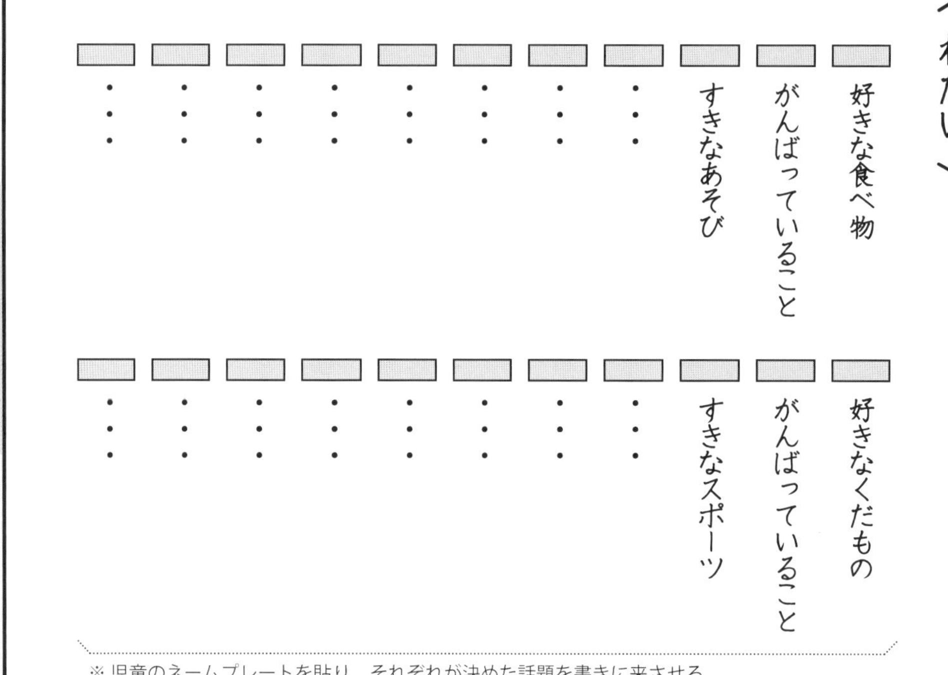
〈わだい〉
好きな食べ物
がんばっていること
すきなあそび
好きなくだもの
がんばっていること
すきなスポーツ
※ 児童のネームプレートを貼り，それぞれが決めた話題を書きに来させる。

1 めあて 対話する　友達に知らせたいことはどんなことかを出し合おう。

「友達に知らせたい話題として，どんなものがあるでしょうか。」

どんなものがあるのか，隣の人と話し合ってみましょう。
好きな動物やスポーツも話題にしやすいね。他にもないかな。
わたしだったら，好きな食べ物について，話がしたいな。

他にも，「好きな乗り物」「好きなお菓子」「大切にしているわたしの宝物」などが考えられる。児童から意見が出にくい場合は，教師から提示してもよい。

「今，みんなから出た意見の中に，自分の話題にしやすいものはありましたか。今日は，話題の準備をしていきましょう。」

2 書く　友達に知らせたいことを決めよう。

「では，自分の話題の準備をしましょう。」

- ぼくは，やっぱり好きなスポーツだな。今がんばっているサッカーのことを話したい。
- 話がいっぱいできそうなのは，ペットのことかな。

児童が話しやすいものや考える準備がしやすいものを選ぶようにする。手が止まってしまう児童には，選択肢を与えて決めるなどの個別の支援をする。

「自分の考えが決まった人は，黒板のネームプレートの下に自分の話題を書きましょう。」

わたしは，「今がんばっていること」の「ピアノ」について，話すことにしよう。どんなことを話そうかな。

山田りな
ピアノ

どんなことを知らせたいのかを考えさせましょう。

もっと知りたい、友だちのこと

㋱ みんなに知らせたいことを用意しよう

〈友だちに知らせたいこと〉

・好きな○○

・動物　・スポーツ　・食べ物

・あそび　・習いごと　など

・学校の思い出 … 運動会、音楽会　など

・家での思い出 … 旅行

・今、がんばっていること

主体的・対話的で深い学び

・本時は，友達に知らせたいことを準備する時間となる。自分の考えをまとめるときに，友達と相談する時間を設定している。

準備物

・ネームプレート

3 対話する　友達とのやりとりを通して，理由を考えよう。

「黒板にそれぞれの話題が出そろいました。これから，友達とそれぞれの話題について，どんなことを話すのか，質問をしてみましょう。」

学級の実態に合わせて，活動を取り入れる。隣や前後の人との交流，立ち歩いて自由に意見交流など，様々な交流の仕方がある。

「どうしてその話題を選んだのか，そのわけも尋ねるようにしましょう。」

好きな食べ物は何ですか。どうして，それを選んだのですか。
ぼくが好きな食べ物は，ラーメンです。おいしいラーメン屋さんが近所にあって，家族でよく行くからです。

4 書く　友達に知らせたいことの理由を書いて準備しよう。

「友達との交流を通して，理由がはっきりしてきましたか。交流の準備のために，ノートにまとめましょう。」

自分が話すときの内容を，教科書 P41 の例を参照させ，かんたんなメモで書かせる。

「教科書のように箇条書きで短く簡単に書くと，長い文にして書くよりも，話す力もつきます。」

・メモは簡単に書くだけで話せるように頑張ろう。

「ケーキ」を選んだのは，お父さんがケーキ好きで，よくおいしいお店のケーキを買ってきてくれるからです。

ぼくは，好きな乗り物の「○○電車」です。いつもお出かけするときに乗る電車です。一番前に座って，景色を見るのが好きだからです。これで，みんなに伝わるかな。

交流をした後でも，書きにくそうにしている児童がいたら，教師が個別に支援するか，早く終わった児童にサポートに回ってもらうようにする。

もっと知りたい，友だちのこと
第 3 時 (3/6)

本時の目標
質問名人になるために，質問の仕方や話のよい聞き方を考えることができる。

授業のポイント
学習ゲームを取り入れることで，児童は楽しみながら質問することのポイントを考えることができる。

本時の評価
友達の話を積極的に聞き，質問の仕方を試行錯誤しながら，自分の聞きたいことを引き出そうとしている。

〈関連質問〉関連した質問を繰り返すことで，相手のことをさらに深く知ることができます。

板書例

〈「どんどんほり下げろ」つながるしつもんゲーム〉

ルール
① しつもんは，前の人の答えにつながるしつもんをする
② しつもんをしたら，れつの後ろにならぶ
③ 三人がしつもんしたら一ポイント

答え　① しつもん　②

しつもん名人になるために

〈聞き方・話し方〉
・よく聞いて
・考えながら
・「なぜ」ばかりは話しにくい
・言ったことをくりかえす

〈たいど〉
・あいづち，うなずき
・えがおで

1 めあてつかむ　質問の仕方について確かめよう。

「質問するときに，どんな言葉を使いますか。」

使う言葉によって，聞きたいことが変わってきます。どのような意味があるのかを確認しましょう。
よく使うのは，「いつ」，「だれが」，「何」かな。
他にも，「なぜ」「どのように」「どこで」なんかもあります。

「『いつ』『どこで』『誰が』『何を』は，知らないことや分からないことを尋ねるときに使います。また，『どのように』は，様子や方法を詳しく尋ねるとき，『なぜ』『どうして』は，理由を尋ねるときに使います。」
・質問の種類は3つあるんだね。
・今まで，そんな違いなんて考えたことがなかったな。

教科書 P41 の表を使って，くわしく確認していく。

「では，これらを使って質問名人になりましょうね。」

2 学習あそび　「どんどん掘り下げろ つながる質問ゲーム」をしよう。

「では，質問名人になるために，『どんどん掘り下げろつながる質問ゲーム』をしましょう。」

板書に図を描きながら，ゲームの説明をする。
①4人グループのうち，1人が質問に答える役，残りは質問をする役となる。
②答える人と質問する人は向い合って立つ。質問する人は，質問が終わったら列の後ろに並ぶ。
③3人が質問をしたら1ポイント。
④2分間で何ポイントを取れたかを競う。
質問は，前の人の質問の答えにつなげるようにする。

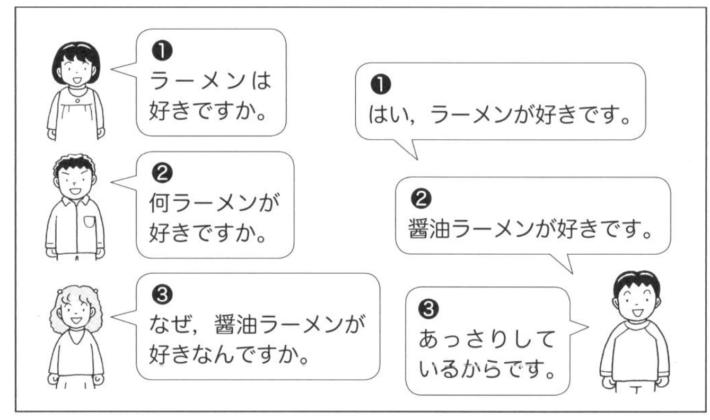
❶ ラーメンは好きですか。
❶ はい，ラーメンが好きです。
❷ 何ラーメンが好きですか。
❷ 醤油ラーメンが好きです。
❸ なぜ，醤油ラーメンが好きなんですか。
❸ あっさりしているからです。

活動を通して，質問名人のポイントを見つけましょう。

もっと知りたい、友だちのこと

(め) しつもん名人になろう

〈しつもんのしゅるい〉

しつもん	何をたずねるときに使うか
「いつ・どこで・だれが・何を」	知らないことや、分からないこと
「どのように」	物事のようすや、方法をくわしく（たずねるとき）
「なぜ（どうして）」	したことや考えたことなどの理由

※ 教科書 P41 の表の拡大コピーを貼る，または，簡略化して板書する。

主体的・対話的で深い学び

・展開2の活動で「どんどん掘り下げろ質問連鎖ゲーム」を取り入れる。ゲームを通して，グループの人と楽しみながら，質問を体験することができる。そこでの気づきを自然と交流する姿も見られる。

準備物

・教科書 P41の表の拡大コピー

3 書く 交流する　質問名人になるポイントを出し合おう。

「ゲームを通して，質問名人になるためのポイントは，見つかりましたか。全体で確認していきましょう。」

ポイントとなると考えたことを，ノートに箇条書きで書かせた後，全体で意見を出し合わせる。

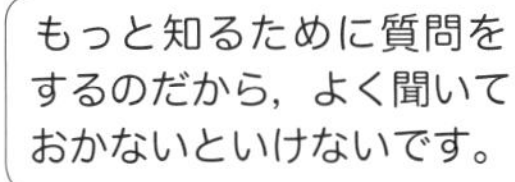
もっと知るために質問をするのだから，よく聞いておかないといけないです。

先生がよく言うあいづちやうなずきをしてもらうと，とても話しやすかったよ。

「話し方や聞き方の他に，態度の部分も質問名人になるポイントのようですね。」

板書する際は，「話し方・聞き方」と「態度」に分類しながら整理するとよい。出てきにくい場合は，よい例と悪い例を示して，児童と確認していくのもよい。

4 書く 振り返る　質問名人になるポイントを書き，今日の学習を振り返ろう。

「今日の学習を振り返り，気づいたことや考えたことをノートにまとめましょう。」

質問するときに，あいづちを打つことが大事だと思いました。自分もしてもらうと，とても話しやすかったからです。

ぼくは，よく聞くことを大切にしていきたいです。今までは全然できていなかったからです。よく聞くと，楽しく質問できました。

振り返りを書かせる際は，質問名人になるポイントの中から，「これから自分が意識していきたいものはどれか」，「一番大切なものはどれか。なぜそう思うのか」などの条件を与えるとよい。

「質問の種類や仕方が分かって，質問名人になれそうですか。次の時間は，友達の話を聞いて質問してみます。」

もっと知りたい，友だちのこと

第 4 時 （4/6）

本時の目標

友達の伝えたいことに対して質問し，さらに詳しく話を聞くことができる。

授業のポイント

友達が話したいことをよく聞いてメモを取り，さらにくわしく質問をしていかせる。

本時の評価

友達の話を積極的に聞き，質問のしかたを試行錯誤しながら，自分の聞きたいことを引き出そうとしている。

〈気づき〉活動したら，うまくいったこと，うまくいかなかったことへの気づきを共有します。

板書例

〈活動のしかた〉

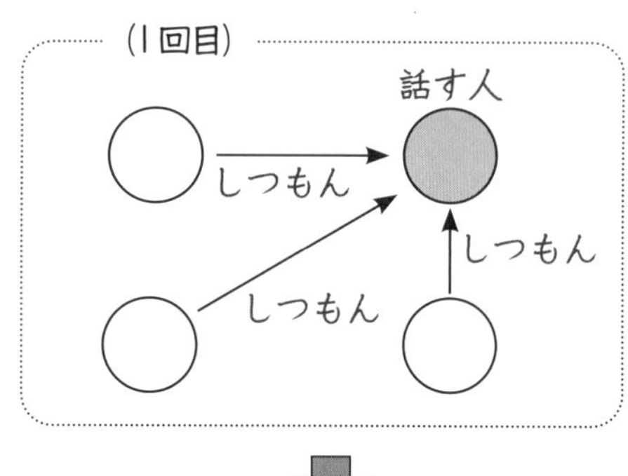

(1回目)
話す人
しつもん
しつもん
しつもん

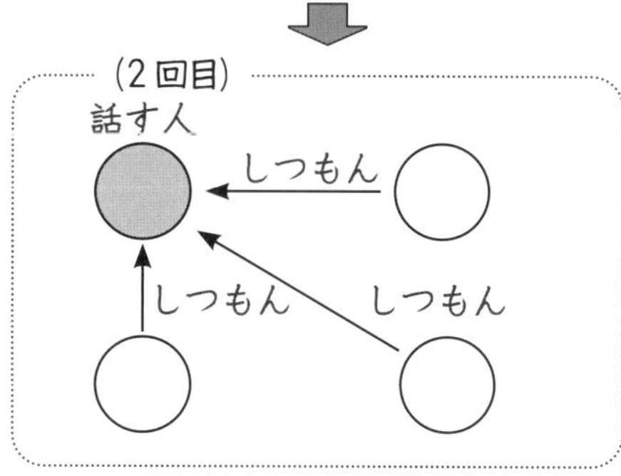

(2回目)
話す人
しつもん
しつもん
しつもん

◇気をつけよう

・話をよく聞いて、しつもんする

・前の人のしつもんにつなげると
もっとよく分かる

1 めあて つかむ　活動の流れを確認しよう。

「今日は，友達の話を聞いて，質問をしてみましょう。」

めあてを確認し，教科書 P42 の活動の流れをおさえる。

「グループになって，1 人ずつ話します。聞く人は，次のことに気をつけて話を聞いて，質問しましょう。」
①もっと知りたいことを考えながら聞く。
②話を聞き終わったら，質問したいことをカードに書く。
③特に質問したいことを選んで尋ねる。

友達の話をもとにして，質問をします。そのためには，メモを取りながら聞くことも大切ですね。
よし，友達の話を聞きながら，メモを取るぞ。
できるだけしっかり聞いて，友達の話をもっと聞いてみたいな。

2 知る 対話する　活動の仕方を知ろう。

「それでは，グループで順番を決めて，活動を始めましょう。」

わたしが大切にしているのは，クマのぬいぐるみです。クマのぬいぐるみは…
そのぬいぐるみは，いつ，誰に買ってもらったのですか。
ぬいぐるみの名前はどうして「らん」ちゃんなんですか。
クマのぬいぐるみとどんなお話をするのですか。
話す人

図を描きながら，やりとりの説明をする。

実際に活動する前に，どこかのグループに見本になってやってみてもらう。

「やってみてもらったグループの様子を見て，気づいたことを出し合いしょう。」
・話をしたことにつなげて質問できていました。
・質問すると，くわしく知ることができています。

共有したことを実践し，活動のレベルアップを図ります。

もっと知りたい、友だちのこと

㋱ 友だちに伝えたいことを聞いて、もっと知るためにしつもんをしよう

〈活動のながれ〉

① もっと知りたいことを考えながら聞く
② 話を聞き終わったら、しつもんしたいことをカードに書く
③ とくにしつもんしたいことをえらんでたずねる

※ 教科書 P42 の拡大コピーを貼る。

主体的・対話的で深い学び

・展開2の活動で，モデルを示して活動の流れを共有する。そこで気づいたことを出し合うことで，展開3の活動を有意義なものにしたい。これまでの経験を生かして，友達の話題を掘り下げる質問がたくさん出てくることが期待できる。

準備物

・教科書 P42の活動の流れ①～③の拡大コピー

3 話す・聞く 対話する　話を聞いて，質問してみよう。

「それでは，グループで順番を決めて，活動を始めましょう。」

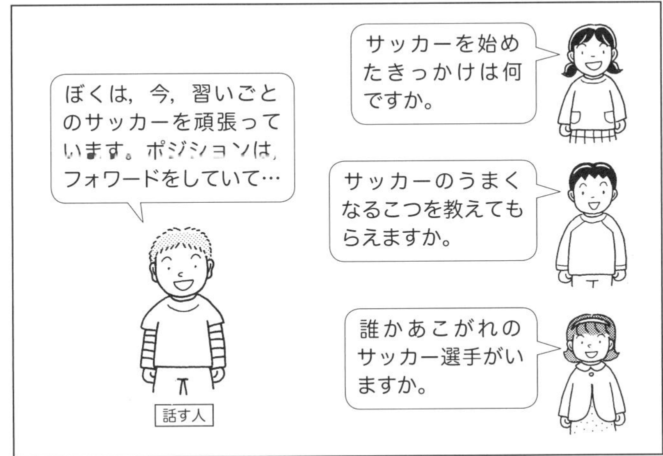
ぼくは，今，習いごとのサッカーを頑張っています。ポジションは，フォワードをしていて…
サッカーを始めたきっかけは何ですか。
サッカーのうまくなるこつを教えてもらえますか。
誰かあこがれのサッカー選手がいますか。
話す人

1回目のやりとりが終わったら，振り返りの時間を取る。活動の仕方についてどうすればよりよくなるのか，改善するところを出し合わせたい。

「2人目の話を聞いて，質問をしてみましょう。1回目よりうまく質問できるように，注意点に気をつけてよく聞きましょう。」

4 振り返る　話を聞いて質問したことを振り返ろう。

「話を聞いて，質問をした活動を通して，どのようなことができるようになったか，気づいたことなどをノートに書きましょう。」

ノートに振り返りを書き終わった人から，立ち上がって発表させる。

話をする人の話をよく聞いて，質問を考えられるように気をつけました。
前の人の質問につなげると，友達の話がもっと分かりやすかったです。
友達に質問すると，友達のことをもっと知ることができて，とても嬉しかったです。

「話を聞いて質問をすることで，友達のことをもっと知ることができますね。ぜひ，普段の生活の中でも，今日のように質問をして，友達とつながりを強くしていきたいですね。」

もっと知りたい，友だちのこと

第5時（5/6）

本時の目標

友達の話や質問とその答えを聞いて，心に残ったことを伝え合うことができる。

授業のポイント

前時に聞いた友達の話を使い，その友達になりきって他己紹介（友達になりきって自己紹介）をさせる。

本時の評価

友達の話を積極的に聞き，質問のしかたを試行錯誤しながら，自分の聞きたいことを引き出そうとしている。

〈見て学ぶ〉研究授業のように，１つのグループの活動を全員で見て学びます。見学することで，

板書例

②友だちの話を聞いて、心にのこったことをつたえ合う
・グループで
・クラス全体で

③ふりかえり

友だちのことをもっと知るために

・もっと話をしたり、話を聞いたりする
・しつもんして、もっとくわしく聞く
・分からないことはしつもんしてたしかめる

→ あいてのことを知ると、もっとなかよくなれる

1 めあて つかむ　活動の流れを確認しよう。

「今日は，前の時間に聞いた友達の話を交流する時間です。でも，今日はいつもとは違う交流の仕方をします。まずは，この時間のめあてと活動の流れを確認しましょう。」

めあてを確認し，活動の流れをおさえる。

①友達なりきり自己紹介質問ゲームをする。
②友達の話を聞いて心に残ったことを伝え合う。
③振り返りをする。

前の時間に友達の話のメモを取りましたね。そのメモを使って，友達になりきって「自己紹介」をします。
わたしは，田中さんのことを紹介する。みんなにうまく伝わるといいな。
じゃあ，グループの谷口さんのことを紹介しよう。

2 話す・聞く 交流する　話を聞いて質問してみよう。

「それでは，グループで順番を決めて，活動を始めましょう。」

図を描きながら，やりとりの説明をする。

「メンバーを１人ずつ入れ替えて，他のグループの人に友達になりきって自己紹介しましょう。」

わたしが好きな果物は，びわです。家の裏にびわの木があって，いつも夏に食べます。
わたしはびわが苦手なんだけど，どこが好きなんですか。
家族の人で他にびわが好きな人がいるのですか。
びわをどうやって食べたらよいか，教えてください。
話す人

実際に活動する前に，どこかのグループに見本になってもらい，それを全体で共有するとよい。

時間があれば，入れ替わるグループやメンバーを変えて，何度か繰り返すとよい。

活動のポイントを洗い出し，自らの活動に生かします。

もっと知りたい、友だちのこと

㋱ 友だちの話を聞いて、心に残ったことをつたえ合おう

〈活動のながれ〉

①「友だちなりきり」じこしょうかいしつもんゲーム

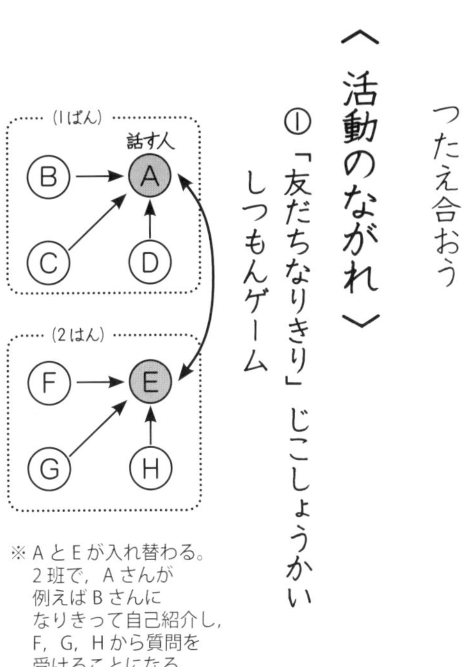

（1ぱん）
話す人
A
B
C
D
（2はん）
E
F
G
H
※ A と E が入れ替わる。2 班で，A さんが例えば B さんになりきって自己紹介し，F，G，H から質問を受けることになる。

主体的・対話的で深い学び

・展開2では，「なりきり他己紹介（友達なりきり自己紹介）質問ゲーム」で，友達になりきって，友達のことを紹介する活動をする。なりきることで，その人のことをもっと知ることができる。また，話を聞く人にもその人のよさを伝えることができる。よりよい関係づくりのきっかけとなる活動である。

準備物

3 対話する 交流する　心に残ったことを伝え合おう。

「それぞれのグループの友達の話を聞きました。心に残ったことをグループの人と交流してみましょう。」

中川さんは，本が好きで，特に「ルドルフとイッパイアッテナ」が大好きなんだって。ぼくも読んでみようかな。
谷口さんは，ピアノを3歳から習い始めて，今ではコンテストで優勝もしているんだって。すごいね。
へえ，わたしもあとで谷口さんに話を聞いてみよう。

「それぞれのグループで出たことを紹介しましょう。」

・わたしたちのグループで特に心に残ったのは，原田さんの話です。旅行が好きで，もういろいろなところに行っているそうです。その土地のおいしいものを食べるのが楽しみだそうです。
・岡崎さんの自転車の話が印象に残っています。山登りをするそうで，坂道を一生懸命漕いで上った後がとても気持ちがよいそうです。

4 振り返る　「友達のことをもっと知るために」大切なことをまとめよう。

「今日の学習を振り返り，『友達のことをもっと知るために』大切なこととして，気づいたことや考えたことをノートにまとめましょう。」

話をよく聞くと，相手のことがよく分かりました。今まではそれほど話をしていなかった人も，仲良くなれそうな気がしてきました。
今まで仲良くなれないと思っていたような人も，みんなよいところがあることが分かりました。だから，これからはもっと話をしていこうと思います。

「書いた人から発表しましょう。」

・質問の仕方が分かったから，友達のことを知るために，これからはもっと質問をするようにしたい。
・分からないことがあったら，質問して確認したいです。

「相手のことを知ると，もっと仲良くなれますね。」

もっと知りたい，友だちのこと
第 6 時 (6/6)

〈助言〉児童は他人のすることに助言したがります。何が問題で，どのようにすればいいのかを

本時の目標

日常生活の中から話題を決め，伝え合うために必要な事柄を選ぶことができる。

授業のポイント

２つのうまくいかない話題に，アドバイスをする形で改善点を考えるようにさせる。

本時の評価

日常生活の中から話題を決め，伝え合うために必要な事柄を考えている。

板書例

・「何が」かわいいのかをはっきりつたえる
・「何が」かわいいのか、たずねる

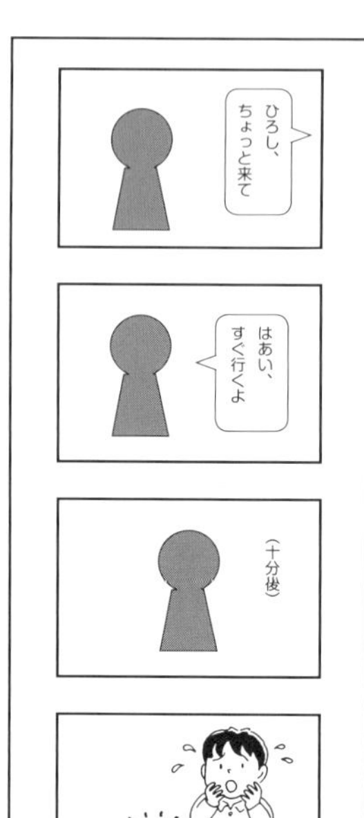
ひろし、ちょっと来て
はあい、すぐ行くよ
（十分後）

※ 教科書 P45 の 4 コママンガ

どうすればよかったのか

・母　…なぜ来てほしいのかをくわしく言う
・ひろし…よばれた理由をたずねるすぐに行く

きちんと伝えるために

・あいてに分かるように、くわしくつたえる
・大事なことは落とさずに言うようにする
・よく分からないことはその場でたずねる

1 めあて 対話する　2 人の話が食い違った原因を考えよう。

「今日は，２つの困った場面を紹介します。みんなだったら，どのように言えばよいか，アドバイスを考えましょう。では，１つ目の場面です。どのように言えばよかったのかをアドバイスしてあげましょう。」

４コママンガを１コマずつ貼りながら，状況を確認していく。すべてを貼り終わったら，ノートにアドバイスを書かせる。その後，ペアで意見交流をする。

２人にどのようなアドバイスをしますか。隣の人と話し合いましょう。
何がかわいいのかをちゃんと言わないと，分かりにくいよ。
何がかわいいのかを聞いてから，話を進めた方がいいと思う。

「どのようなアドバイスをしますか。発表しましょう。」

ペアで話し合ったことを交流する。

2 対話する 交流する　ひろしさんとお母さんにアドバイスをしよう。

「それでは，次の場面はどうすればよいでしょうか。どのように言えばよかったのかをアドバイスしてあげましょう。」

最初の４コママンガと同様に進める。

お母さんは，ひろしさんになんでちょっと来てほしいのかをちゃんと言わないといけないね。
ひろしさんも呼ばれたときに「なんで呼んだの？」と尋ねたり，すぐに行ったりした方がよかったよね。

「どのようなアドバイスを２人にしますか。」

・お母さんが「ひろし，アイスを用意したから，すぐに食べに来てね」と言ったら，伝わったと思います。
・ひろしさんも，「すぐ行くよ」と言わずに，「工作が終わってから行く」と言えばよかったと思います。

助言するようにすれば盛り上がります。

もっと知りたい、友だちのこと

㋱ きちんとつたえるために大切なことは何かを考えよう

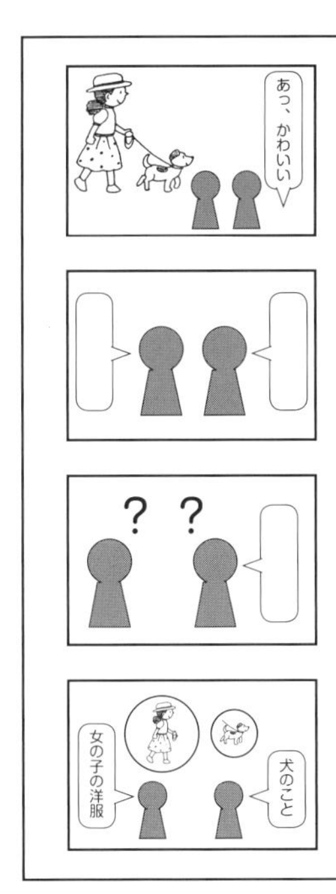

あっ、かわいい
？ ？
犬のこと
女の子の洋服

※教科書P44の4コママンガ

どうすればよかったのか

主体的・対話的で深い学び

- 2つの場面について，自分だったらどうするのかを考え，アドバイスを考える場を設定している。ここでは，ペアでの対話によって新たな気づきが生まれることを目指す。
- 展開3の活動では，2つの場面の共通点について，グループでの対話から考えをまとめさせたい。

準備物

- 教科書P44，45の4コママンガの拡大コピー

3 対話する 交流する　どちらにも共通することを考えよう。

「2人の話が食い違った場面と，ひろしさんとお母さんのうまく伝わらなかった場面の2つに共通していることは何でしょうか。グループで考えましょう。」

どちらにも共通していることってどんなことかな？
自分が分かっていることでも，相手には分かっていないと思って話せていないね。
「何が」というところがはっきり言えていないことかな。
聞いた方もちゃんと確認した方がいいんじゃないかな。

グループで話し合い，考えをまとめさせた後，全体で交流する。

「きちんと伝えるためには，どのようにすればよいのでしょうか。」
- 相手が分かるように，詳しく伝えることが大切です。
- 正しく伝わったか，確認した方がいいです。

4 まとめ 振り返る　「きちんと相手に伝えるために」大切なことをまとめよう。

「今日の学習を振り返り，『きちんと相手に伝えるために』大切なこととして，気づいたことや考えたことをノートにまとめましょう。」

相手に伝えるときは，できるだけ詳しく話すようにします。自分で分かっているだけの話し方はよくないと思いました。

自分が話すときも，友達に質問してもらって相手に分かりやすくなりました。聞かれなくてもすぐに分かってもらえるように話したいと思いました。

書いたことを数人に発表させる。

「書いた人から発表しましょう。」
- 大事なことを落とさないように言うようにしたいです。
- よく分からないことがあったら，質問して確認したいです。

漢字の広場 2

全授業時間 2 時間

◎ 指導目標 ◎

・第 2 学年までに配当されている漢字を書き，文や文章の中で使うことができる。
・間違いを正したり，相手や目的を意識した表現になっているかを確かめたりして，文や文章を整えることができる。
・積極的に第 2 学年までに学習した漢字を確かめ，今までの学習をいかして，漢字を適切に使った文を作ろうとすることができる。

◎ 指導にあたって ◎

① 教材について

全学年の配当漢字を，与えられた条件で使うことで漢字の力をつけようとする教材の 2 回目です。「漢字の広場 2」では，宝探しに出かけた男の子の話が 12 の場面で表されています。その中の 2 つの場面をとりあげ，提示された漢字と接続語を使って文を書かせます。

宝探しという楽しい場面設定とその中の絵からイメージを膨らませて，お話を作らせます。2 枚の絵のつなぎに接続語を上手に使って，文の表現力を高めることを目指します。

② 主体的・対話的で深い学びのために

イラストからお話を考えたり，想像を膨らませたりすることは，どの児童にとっても，楽しく活動することができるでしょう。今回の課題では，宝探しに出かけて様々な冒険をする話を作ることになります。児童がワクワクする話です。想像を膨らませて，考えたお話を友達と楽しみながら交流することによって，文章作りがスムーズになります。また，グループでよい文を検討する活動を取り入れることで，友達の作品のよさや自分の作品のよさにも気づくことができます。

◎ 評価規準 ◎

知識及び技能	第2学年までに配当されている漢字を書き，文や文章の中で使っている。
思考力，判断力，表現力等	「書くこと」において，間違いを正したり，相手や目的を意識した表現になっているかを確かめたりして，文や文章を整えている。
主体的に学習に取り組む態度	積極的に第2学年までに学習した漢字を確かめ，今までの学習をいかして，漢字を適切に使った文を作ろうとしている。

◎ 学習指導計画　全2時間 ◎

次	時	学習活動	指導上の留意点
1	1	・教科書P46を見て，2年生で習った漢字の読み方を確かめる。 ・絵を見て，宝物を探しに出かけた男の子の話を簡単に考える。 ・漢字の書き方を確認する。	・児童どうしの話し合いを通して，各場面のイメージを十分膨らませる。
	2	・教科書の例文を読んで，「そこで」「けれども」など接続詞の使い方を確認し，文の作り方を考える。 ・教科書の漢字を使って，文を書く。 ・書いた文を友達と読み合い，交流する。	・12の場面の中から，2つの場面を選ばせ，どんな接続語を使えばよいか考えて文を作らせる。

DVD **収録（漢字カード，イラスト）** ※本書 P100，101 に掲載しています。

漢字の広場２

第１時（1/2）

本時の目標

宝探しの場面に出てくる，２年生で習った漢字を正しく読み，書くことができる。

授業のポイント

ペアやグループの人と宝探しの様子を想像する部分では，話し合いでイメージを十分膨らませる。書く時間も十分取って，漢字の定着を図る。

本時の評価

積極的に文を作り，漢字を文の中でより適切に使おうと工夫しながら，第２学年までに学習した漢字を確かめようとしている。

〈漢字カードの使い方〉まず，イラストの上に漢字カードを貼り，読み方を確かめます。次に，

板書例

1 地図（ちず）
2 家（いえ） 行（い）く
3 一本道（いっぽんみち） 元気（げんき） 方角（ほうがく）
4 親友（しんゆう） 会（あ）う
5 太（ふと）い
6 心細（こころぼそ）い 立（た）ち止（と）まる
7 通（とお）る 谷（たに）
8 弓矢（ゆみや） 当（あ）たる 天才（てんさい）
9 岩（いわ）戸（と） 丸（まる）い
10 引（ひ）く
11 光（ひか）る
12 帰（かえ）る

※イラストの上の漢字カードを１～12の番号ごとに移動する。

◇どんなお話かな？

・ひろったたからの地図を見て，お母さんにないしょでたからさがしへ
・とちゅうでたくさんのハプニング
・親友と二人で力を合わせる
　→そうだん・きょうりょく
・たから物を手に入れることができた
　→しあわせ

※児童の発言を板書する。

1 読む 確かめる　２年生の漢字を声に出して読もう。

「２年生で習った漢字が出ています。ペアの人と読み方を確かめましょう。」

２年生で覚えられなかった児童，一度覚えても忘れてしまった児童がいると考えられる。読みの段階から，丁寧に取り組んでいく。

「地図」「行く」「家」は読めるぞ。でも，「方角」は「ほうかど…？」
「ほうがく」って読むんだったね。頑張って！

「全体で漢字の読み方を確認します。声に出して読みましょう。」

・「ちず」「いく」「いえ」…

はじめから１つずつ漢字の読みを確認していく。

2 出し合う 対話する　絵に番号を振り，どのようなお話なのか，順番に確認しよう。

「教科書の絵に１～12の番号を書きましょう。」

「順に，12枚の絵を見ていきましょう。どのようなお話ですか。」

１の場面では，男の子が宝の地図を拾っています。
それで，２の場面では，宝物を探しに，男の子が旅に出るんだね。

順番に絵にどのようなものが出てくるかを，簡単に確認していく。

「宝探しのお話になっているのですね。」

確認した内容は，次時の文作りにつなげる。そのためにも，まず絵をよく見ることから始める。

カードを番号ごとに黒板の左に移し，板書として使います。

め

漢字の広場　2

二年生の漢字をふく習しよう

絵からそうぞうをふくらませよう

1
地図
2
家
行く
3
元気
一本道
方角
4
会う
親友
5
太い
6
心細い
立ち止まる
7
通る
谷
8
当たる
天才
弓矢
9
丸い
月
10
引く
11
光る
12
帰る

※ イラストの上に漢字カードを貼る。
※ 1～12の番号をイラストに書く。

主体的・対話的で深い学び

・イラストからお話を考えたり，想像を膨らませたりすることは，どの児童にとっても，楽しく活動することができるだろう。想像を膨らませて，友達と考えたお話を交流することによって，次時の文章作りがスムーズになる。

準備物

・漢字カード　DVD 収録【3_10_01】

・教科書 P46の挿絵の拡大コピー
（黒板掲示用イラスト　DVD 収録【3_10_02】）

3 想像する 対話する　1～12の場面を想像し，どのような場面なのかを話し合おう。

「では，1～12の絵からみんなで見つけたことをもとに，お話の絵を見て，もっと想像してみましょう。」

2の場面は，お母さんには宝探しの話は内緒にしていると思う。
分かる。きっと心配かけたくないから，うそをついて家を出発したよね。

・いろいろとハプニングが起こる話だね。
・9の場面は，大きな石でふさがれているから，2人でどうやって石を動かすかを相談していると思います。
・2人が協力したから，宝物を見つけることができた。
・12の場面の2人は，宝物を手に入れて，幸せになったと思います。

2人組で思いついたことを全体で交流する。

4 書く 確かめる　2年生で習った漢字をノートに正しく書こう。

「2年生で習った漢字を正しくノートに書く練習をしましょう。」

次時の文作りで，この漢字を使って正しく書くために練習することを共通理解させ，目的意識を持たせる。

次の時間に，これらの漢字を使って，文作りをします。正しく書く練習をしましょう。
よし，間違えないように頑張って書こう！

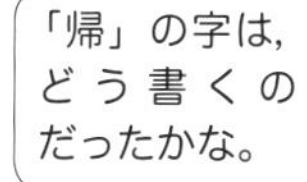

「帰」の字は，どう書くのだったかな。

書いた漢字を隣の人と確認し合ったり，自ら確かめたりする時間も大切にする。

「帰」「家」「通」などの漢字は，高学年でも間違えやすい。丁寧に確認していく。

漢字の広場 2

第 2 時 (2/2)

本時の目標

提示された漢字を使って，宝探しの旅の様子を表す文を作ることができる。

授業のポイント

ペアやグループの人と間違いがないかを確かめ合い，間違った字があれば書き直しをさせる。

本時の評価

間違いを正したり，相手や目的を意識した表現になっているかを確かめたりして，文や文章を整えている。

〈漢字カードの使い方〉まず，イラストの上に漢字カードを貼っておきます。児童が使用したカードを

板書例

（れい）まなぶくんは、たから物のある場所がかかれた地図を見つけました。そこで、ぼうけんに行くことにしました。

〈つなぎことば〉

だから　そして　また　けれども　しかし

さらに　なぜなら　さて　それから　など

◇ 文をつないで、たからさがしのお話をつくろう

3 そして、方角をたしかめながら、一本道を元気に歩いて行きました。

4 すると、親友のたけしくんにばったり会いました。

5 さて、二人が進んでいくと、木の上に大きくて太いへびがあらわれました。二人はびっくりしました。

……

11 そして、とうとう二人は、たからばこの中できらきらと光るたから物を見つけました。

12 二人はたからばこをもって帰ることにしました。それから、二人とその家族はしあわせにくらしました。

1 めあて つかむ　教科書の例文を読んで，文作りの仕方を考えよう。

「『れい』の文を読みましょう。この文にはどの場面のどの漢字が使われていますか。」

・1と2の場面で，『地図』と『行く』です。

「文と文をつなぐ言葉に，何が使われていますか。」

・「そこで」です。1と2の場面をつないでいます。

「このように，2つの場面をつなぎ言葉を使って文を作ります。誰か文を考えられた人，言ってみましょう。」

『れい』の続きを考えました。「そして，方角をたしかめながら，一本道を元気に歩いて行きました。」
それから，4の場面で，「すると，親友のたけしくんに会いました。」

「上手です。みんなも文作りの仕方が分かったかな。」

共通理解できるまで，何人かを指名してもよい。

2 書く　つなげる言葉を使って，主語と述語のある短い文作りをしよう。

「他にどのようなつなぎ言葉があるかな。」

発表させ，必要に応じて付け加えて板書する。

これらのつなぎ言葉を使った文をノートに書きましょう。
どの場面を選ぼうかな？
6と7の場面を，「けれども」を使って文を作ろう。

「使った漢字は，○で囲んでおくと分かりやすいですよ。教科書の漢字が全部使えたらすごいね。」

文の始まりは中点（・）で始めることや箇条書きという言葉も教えておくと，様々な場面で活用できる。

書くことが遅い児童もいるので 15 分は時間を取りたい。早い児童には，2つ目の文を作らせたり，困っている友達のサポートに回らせたりする。

「主語と述語が正しく書けているかも確かめましょう。」

移動させると，使用していない残りの漢字がすぐに分かります。

Ⓜめ

漢字の広場 2

二年生の漢字を使って、たからさがしのようすを文に書こう

元気
一本道
方角
家
行く
地図
心細い
立ち止まる
太い
会う
親友
丸い
当たる
天才
弓矢
谷
通る
引く
光る

※ イラストの上に漢字カードを貼る。
※ 1～12の番号をイラストに書く。

主体的・対話的で深い学び

・イラストからお話を考えたり，想像を膨らませたりすることは，どの児童にとっても，楽しい活動である。また，その膨らませた想像から文を作ることも，友達と交流する活動を通して，おもしろいと感じさせたい。
・グループでよい文を検討することで，友達の作文のよさを見つけ合わせる。

準備物

・漢字カード（第1時使用のもの）
・黒板掲示用イラスト（第1時使用のもの）

3 対話する 確かめ合う　考えた文をグループで交流しよう。

「隣どうし（グループ）で交換して，間違いや『もっとこうしたらよくなる』ということを伝え合いましょう。」

交換して読み合い，文字・文・接続後の間違いや，直せば文がよりよくなるところがないか確かめ合わせる。

【11の場面についての話し合い】

つなぎ言葉は，「そして」でいいね。
「宝箱の中で光る」のところに，「きらきらと」を入れたらどうかな？
「二人は」の前に「とうとう」って入れるといい。
分かりやすい文になったね。

絵が 12 場面あるので，グループなどで全場面を分担して文章化させ，ストーリーを完結させるのもよい。

「確かめ合えたら，グループの中で最もよいと思う文を選びましょう。」

4 交流する　それぞれのグループで選んだ文を交流しよう。

「グループで考えた文を発表してもらいましょう。」

わたしたちが考えた5の文を発表します。
「さて，二人が進んでいくと，木の上に大きくて太いへびがあらわれました。二人はびっくりしました。」

場面の順に，グループで選んだ文を黒板に書かせたりホワイトボードに書かせたりして，発表させる。

グループごとに発表させてから，時間があれば，各場面で作った他の文も発表させていくことも考えられる。

「漢字を全部使って文を作れた人，10 個より多く使えた人はいますか。」

最後に，文作りで使えた漢字数を確かめるとよい。

DVD 収録（漢字カード，イラスト）

家	太	通	戸	光
行	会	止	当	引
丸	岩	谷	帰	
地図	方角	元気	弓矢	親友
一本道	心細い	立ち止まる	天才	

2　段落とその中心をとらえて読み，かんそうを伝え合おう

〈れんしゅう〉言葉で遊ぼう／こまを楽しむ
〔じょうほう〕全体と中心

全授業時間８時間

◉ 指導目標 ◉

・段落の役割について理解することができる。
・全体と中心など情報と情報との関係について理解することができる。
・段落相互の関係に着目しながら，考えとそれを支える理由や事例との関係などについて，叙述を基に捉えることができる。
・目的を意識して，中心となる語や文を見つけることができる。
・進んで段落相互の関係に着目しながら内容を捉え，学習課題に沿って，読んで考えたことを文章にまとめようとすることができる。

◉ 指導にあたって ◉

①　教材について

児童にとって身近な言葉遊びやこま回しという「遊び」をとりあげた説明文であり，興味，関心をもたせやすい教材です。文章の組み立てだけでなく，書かれている内容もしっかりと読み取らせたいものです。

文章の組み立ては，「言葉で遊ぼう」「こまを楽しむ」の２教材ともに「はじめ＝問い」「中＝問いの答え」「おわり＝まとめ」という構成になっており，説明文の文章構成を学ぶには適した教材だといえます。本単元で，初めて段落についても学びます。形式的な特徴だけでなく「ひとまとまりの内容が書かれている（教科書“たいせつ”）」ところからも，理解させておきます。

②　主体的・対話的で深い学びのために

先ず，「言葉で遊ぼう」で，段落の関係を捉え，大事な言葉や文を見つける練習をさせ，読み取りの見通しを持たせます。この経験を生かして「こまを楽しむ」を読ませることで，「できる」自信を持たせ，主体的に学習に取り組む意欲を引き出します。

難しい場面では，対話を取り入れて相互に支援させ，どの児童も意欲を持って学習活動に十分参加していけるよう配慮をします。文章の組み立てや段落相互の関係などは，本文をしっかり読み，具体的に確認していくことで理解を深めさせていきます。

遊んでみたいこまを選んだり，作りたいこまを考えさせたりする場面は，「楽しい遊び」の創造活動ですから，楽しく活動させましょう。

◎ 評価規準 ◎

知識及び技能	・段落の役割について理解している。 ・全体と中心など情報と情報との関係について理解している。
思考力，判断力，表現力等	・「読むこと」において，段落相互の関係に着目しながら，考えとそれを支える理由や事例との関係などについて，叙述を基に捉えている。 ・「読むこと」において，目的を意識して，中心となる語や文を見つけている。
主体的に学習に取り組む態度	進んで段落相互の関係に着目しながら内容を捉え，学習課題に沿って，読んで考えたことを文章にまとめようとしている。

◎ 学習指導計画　全８時間 ◎

次	時	学習活動	指導上の留意点
1	1	・学習課題や学習内容を探る。 ・段落と大きなまとまりについて知る。 ・言葉遊びについて知り，体験する。	・次の教材学習のための「練習文」であることを理解させる。 ・言葉遊びをさせ，関心を持たせる。
	2	・問いや答えを確かめ，段落相互の関係や文章構成をつかむ。 ・言葉遊びについて感想を伝え合う。	・段落の中の中心となる文や言葉を見つけ，内容を読み取らせる。
2	3	・音読をして，段落に分ける。 ・問いを見つける。 ・「はじめ」「中」「おわり」にまとめる。	・「言葉で遊ぼう」の学習を思い出させながら，課題に取り組ませていく。
	4	・[2][3][4]の段落から，問いの答えやその他の記述を読み取り，表にまとめる。 ・３つの段落の共通点を見つける。	・まず[2]の段落だけを読み，答えやその他の記述の見つけ方をつかませる。 ・[2]に準じて，[3][4]も読み取らせる。
	5	・[5][6][7]段落から，問いの答えやその他の記述を読み取り，表に書き加える。 ・気づいたことや感想を伝え合う。	・段落の内容は前時と同じだと想定し，その確認と合わせて読み取りをする。
	6	・文章構成を確かめながら音読をする。 ・「共通点」と「工夫」について確かめる。 ・文章の中心について考える。	・「おわり」に書かれているこまの「共通点」と「楽しみ方のための工夫」を確かめることで読みを深める。
3	7	・一番遊びたいこまを選び，理由を書く。 ・グループで話し合い，気づいたことを伝え合う。	・理由をしっかりとつけて，こまを選ばせる。 ・発表を聞いて，自分と比較させる。
	8	・学習したことを振り返る。 ・作ってみたいこまを発表し合う。 ・昔から伝わる遊びの本について知る。	・教科書をもとに学習の成果を確かめる。 ・作ってみたいこまや読みたい本などに興味関心を広げる。

DVD **収録（イラスト，児童用ワークシート見本）**※本書 P120，121 に掲載しています。

言葉で遊ぼう／こまを楽しむ

第 1 時 (1/8)

本時の目標

学習課題をつかみ,「段落」について知り，学習計画を立てることができる。

授業のポイント

「言葉で遊ぼう」の文で練習をして「こまを楽しむ」の文を読むという関係をまず理解させる。文の組み立てだけでなく言葉遊びも楽しませる。

本時の評価

学習課題が分かり,「段落」について理解し，学習計画を立てようとしている。

板書例

〈言葉遊び〉回文はできるだけ短い言葉で見つけさせましょう。アナグラムはカードの並び替えが

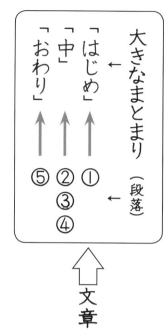

段落

・文章を組み立てている　まとまり
・一字下げて表す
・ひとまとまりの　ないよう

大きなまとまり　（段落）
「はじめ」←①
「中」←②③④
「おわり」←⑤

文章

《言葉遊び》
・しゃれ… コーラをのんだら、こーらうまい。
・回文… トマト、ミルクとクルミ
・アナグラム… イクラ ↔ くらい

1 めあて つかむ　扉のページから，学習課題や学習内容を探ろう。

扉のページ（教科書 P47）を開けて見る。

「ここでの学習のめあては何ですか。」
・「段落とその中心をとらえて読み，かんそうをつたえ合おう」です。
・段落とその中心をとらえて読むって，難しそう。

教科書56ページの「見通しをもとう」でもう少し確かめましょう。
段落やまとまりに気をつけて読むのか。分かったような…。
中心となる言葉や文を確かめて書かれていることをつかむというのは，分かる。

「他に，扉のページで気づいたことはありませんか。」
・「こまを楽しむ」という題の横に〈れんしゅう〉「言葉で遊ぼう」と書いてあります。どういうこと？

教科書にざっと目を通し，2 つの文章があることに気づかせる。
・「言葉で遊ぼう」は，練習用の文なのだね。

2 調べる　「段落」とは何だろう。

「めあてに書いてあった『段落』とは何でしょう。教科書 48 ページの下や 159 ページで調べましょう。」
・文章を組み立てているまとまり。
・文章はいくつかの段落からできているということかな。
・はじめを 1 字下げて表してあるから，どこまでが 1 つの段落か分かりやすいね。

教科書 58 ページの『たいせつ』にも段落とまとまりについて書いてあるので，見てみましょう。

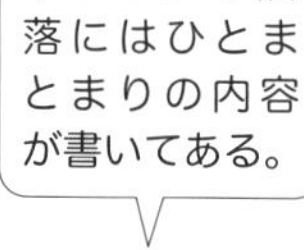
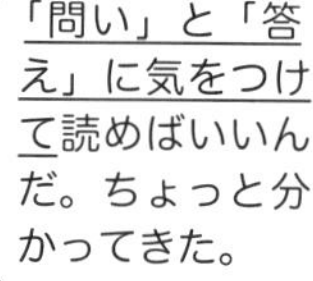

段落が 1 つか，いくつか集まって「はじめ」「中」「おわり」の大きなまとまりができている。
1 つ 1 つの段落にはひとまとまりの内容が書いてある。
「問い」と「答え」に気をつけて読めばいいんだ。ちょっと分かってきた。

楽しいでしょう。

言葉で遊ぼう

め どんな学習をするのかを知り、言葉遊びを楽しもう

段落とその中心をとらえて読み、かんそうをつたえ合おう

→ まとまりに気をつけて中心となる言葉や文

主体的・対話的で深い学び

・学習課題や段落の説明は，児童自身に教科書の中から見つけさせるようにする。文章を読み込む段階の学習ではないので，自ら「見つける」ことで主体的な学習活動をさせる。
・言葉遊びは，ぜひ児童自身にも体験させたい。言葉や文を見つけるのは難しいので，短い言葉や文の中から見つけさせる。「動物の名前」「食べ物の名前」「教室にあるもの」「教科書の中から探した言葉」など，対象を絞って，グループの共同作業として取り組ませる。

準備物

・50音カード（グループに1組ずつ）

3 読む 確かめる 「言葉で遊ぼう」の文には何が書いてあるのだろう。

教科書 P48，P49 の「言葉で遊ぼう」を一斉読みさせる。

「どんなことが書いてありましたか。」
・言葉遊びです。
・しゃれ，回文，アナグラムについて書いてあった。
・似た音や同じ音の言葉で作るのが「しゃれ」。
・「回文」は，上から読んでも下から読んでも同じ。
・文字の順を並び替えるのが「アナグラム」。

他に，このページを見て「めあて」や段落について分かることはありませんか。
問い，言葉遊びの名前，言葉遊びの楽しさを書いてあるところがどこか分かるように線が引いてある。
「はじめ」「中」「おわり」に分けてある。1から5の番号は段落をあらわしているね。
「たいせつ」でさっき勉強したことが書いてあるからよく分かるね。

4 体験する 言葉遊びをしてみよう。

「みんなも言葉遊びをして楽しみましょう。初めに『しゃれ』の文をつくってみましょう。」
・お父さんがよくやる「おやじギャグ」だね。
・できた！「コーラを飲んだらこーらうまい」
・パンダが食べたのは，パンだ。
「回文やアナグラムも班で考えてみましょう。」

できた！「トマト」。たべものや動物でもっと考えてみよう。
「おいしい」→「いいしお」これでいいんだね。
「イクラ」も「暗い」になる。教科書の言葉も使えるね。
「ミルクとクルミ」これ，よく考えたでしょ。
「さんかんび」は「さんびか…」できないなあ。

回文は短い言葉で見つけさせる。アナグラムは50音カードを配って並べ替えさせる。（言葉遊びは１つに絞ってもよい。）

言葉で遊ぼう／こまを楽しむ

第 2 時 (2/8)

本時の目標

文章の構成と段落相互の関係をつかみ，言葉遊びについて感じたことを伝え合う。

授業のポイント

段落の「中」の中心となる言葉を見つけ，「問い」「説明」「答え」の内容を読み取らせる。

本時の評価

文章の構成と段落相互の関係がとらえられ，言葉遊びについて感じたことを伝え合っている。

板書例

〈文の構成〉「はじめ」＝「問い」，「中」＝「答え」，「おわり」＝「まとめ」の３つの文の構成を

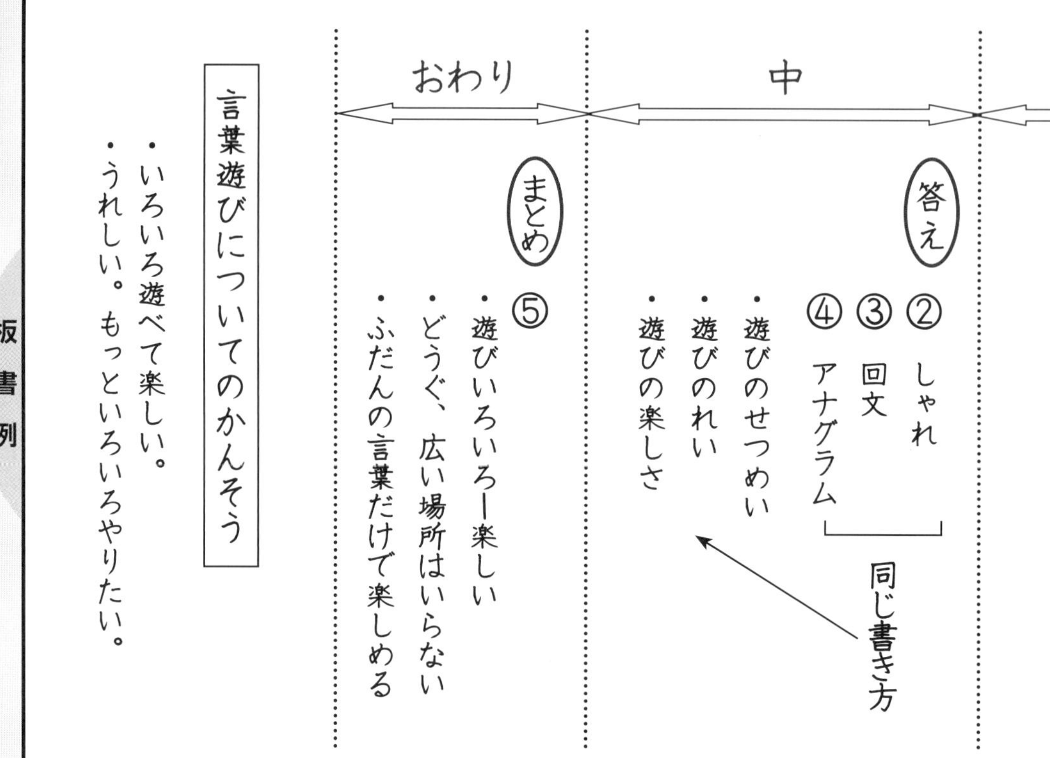

中
答え
② しゃれ
③ 回文
④ アナグラム
・遊びのせつめい
・遊びのれい
・遊びの楽しさ
同じ書き方
おわり
まとめ
⑤
・遊びいろいろー楽しい
・どうぐ、広い場所はいらない
・ふだんの言葉だけで楽しめる
言葉遊びについてのかんそう
・いろいろ遊べて楽しい。
・うれしい。もっといろいろやりたい。

1 つかむ　どんな問いをしているのだろう。

「言葉で遊ぼう」を，段落ごとに分担して音読させる。

「『問い』は，どの段落に書いてありますか。」
・①の段落に書いてあります。

①の段落の中の，問いの文を読んでみましょう。
言葉遊びには，他にどのようなものがあるのでしょうか。
また，どのような楽しさがあるのでしょうか。

「『また』という言葉でつないで，２つの問いかけをしているのですね。」
・「問い」は，はじめの段落に書いてあるのだね。
・じゃあ，後で，他にどんな言葉遊びがあるのか，どのような楽しさがあるのかについて書いてあるのかな。

2 見つける 確かめる　「答え」に当たる言葉や文を見つけ，「答え」を確かめよう。

「『問い』の『答え』は，どの段落に書いてありますか。」
各自で黙読してどの段落か探させる。
・「中」の３つの段落に問いの答えが書いてあります。

「②の段落で，『答え』を見つけましょう。」
・「しゃれ」が他の言葉遊びです。
・波線の引いてある文に楽しさが書いてあります。

③の段落にある「答え」に②と同じように線を引いて，隣どうしで確かめ合いましょう。
「回文」のところに１本線を引いたよ。これでいいかな。
波線は「回文になっている…」と「できた時の…」の２つの文があった。

④の４段落も同じように「答え」に線を引き，確かめた後，②～④段落を全員で音読する。

意識して授業を進めましょう。

言葉で遊ぼう

㋱ 段落のつながりをしらべ、言葉遊びについて
かんじたことをつたえ合おう

はじめ

問い
①
・ほかにどんな遊びがあるか
・どのような楽しさがあるか

主体的・対話的で深い学び

・短い文章であり段落①②で例も書かれているので，中心となる言葉や文から段落に書かれている内容を読み取る練習をここでしっかりとさせておく。文章全体を見て段落相互の関係もとらえさせておく。
・次の「こまを楽しむ」の文章を読み取る練習と位置付けられている教材なので，その目的は果たしておきたいが，書かれている内容も児童の興味を引き付けるものなので，個々の文章も十分味わわせ，言葉遊びも楽しく体験させたい。

準備物

3 比べてとらえる　「中」の３つの段落を比べてみよう。

「中」の３つの段落を比べてみましょう。書き方が同じところはありませんか。まず，はじめの文を比べましょう。
始めの文は，３つとも「…が…です」と同じ書き方で，説明しています。
その次は，３つとも，遊びの例が書いてあるよ。
段落の最後の文は，どれも楽しさが書いてある！

遊びの例の前の「たとえば」という言葉にも気づかせる。

「まとめましょう。『中』の３つの段落を比べると…。」
・同じ書き方で，書いてある。
・どれも，「遊びの説明」「遊びの例」「楽しさ」の順で書いてあるね。
「３つの文は，全て同じ構成で書かれていますね。」

4 伝え合う　全体の構成を確かめ，言葉遊びについて話し合おう。

「⑤の『このように』は何を指しているのでしょうか。」
・②③④に書いてあること。
「⑤では，言葉遊びについて，何が書いてありますか。」
・いろいろあって，それぞれに楽しい。
・道具や広い場所はいらない。
・普段の言葉だけで楽しく過ごせる。

「はじめ」「中」「おわり」の関係をまとめる。

・「はじめ」が問いで，「中」が答えです。
・「おわり」は，まとめだね。

言葉遊びについて感じたことを伝え合いましょう。

言葉って，こんなにいろいろ遊べて楽しいと思いました。

言葉が見つかったり，作れたりしたときは，とても嬉しかった。もっといろいろやってみたい。

言葉で遊ぼう／こまを楽しむ
第3時（3/8）

本時の目標
文章を段落に分け，「はじめ」「中」「おわり」にまとめて，文章構成と問いの内容をつかむ。

授業のポイント
「言葉遊び」の例にならって，段落を「はじめ」「中」「おわり」に分け，中心になる文や言葉に注目して，問いの内容をつかませる。

本時の評価
文章を段落に分け，「はじめ」「中」「おわり」にまとめることができ，問いの内容がつかめた。

〈自力学習と対話学習〉前時の学習を参考に，本時は自力で「はじめ」「中」「おわり」を段落分け

板書例

ほかに
・こま遊びは昔から、世界中で
・くふうのつみかさね→たくさんのこま
・日本は世界一こまのしゅるいが多い

〈文章全体の組み立て〉

はじめ	問い	1
中	答え	2 3 4 5 6 7
おわり	まとめ	8

（気がついたこと）
・「中」に答えが六つ
・「問い」「まとめ」は一つの段落
・「言葉で遊ぼう」と よくにた組み立て

1 読む　音読をして，何について書かれているか確かめよう。

「今日から『こまを楽しむ』の学習を始めます。題名を見て，内容を予想しましょう。」
・「楽しむ」だから，こまを使った遊びが書いてある。
・下の絵はいろいろなこまがかいてあるから，珍しいこまの紹介かな？

「では，文章を読んでみましょう。」

1ページぐらいで交代して音読をさせる。

何が書いてあったか，もう一度黙読で確かめてから，発表しましょう。
こまの特徴や遊び方が書いてありました。
いろいろなこまの説明がしてありました。

「では，教科書47ページの学習のめあてをもう一度確かめておきましょう。」

2 分ける　文章を段落に分けよう。

「文章を段落に分けます。段落の分かれ目は，どうして見つけたらよかったでしょうか。」
・一文字下げて書いてあるところが段落の始まりです。

「『言葉で遊ぼう』と同じように，段落の始めに番号を打っていきましょう。できたら発表してください。」

1の段落は，50ページのはじめから51ページの1行目まで。
え〜と，2の始まりが，51ページの2行目…。
2は51ページの2行目から8行目までです。
段落は，全部で，8あった。

順次，第8段落まで発表させ，1つずつ隣どうしで正しく書けているか確認させていく。

「では，今度は，段落ごとに交代して音読しましょう。」

させてみましょう。そのあとグループで対話させるとよいでしょう。

こまを楽しむ

ⓜ 段落に分けて「はじめ」「中」「おわり」にまとめ、「問い」をたしかめよう

段落に分ける ——→ 1 ～ 8

問いの段落 ——→ 1

問い① どんなこまがあるのでしょう。

問い② どんな楽しみ方ができるのでしょう。

主体的・対話的で深い学び

・音読と黙読を繰り返させ，内容をしっかりと読み取らせる。段落分けと「はじめ」「中」「おわり」のまとめは，次時からの学習の基となるので，自力で作業させた後で，まちがいがないか，必ず隣どうしやグループで確かめさせておく。

・練習として学習した「言葉で遊ぼう」の文章構成と同じであることを確認させ，分からないときは，第1時・第2時の学習を振り返りながら考えるようにさせていく（次時以降も同様）。

準備物

3 見つけて確かめる　問いの文を見つけ，問いの内容を確かめよう。

「8つの段落の中で，問いはどの段落にありますか。」
- 1の段落です。
- 「言葉で遊ぼう」と同じです。

「問いの段落は，はじめの方にあるのですね。」

問いが書かれている文を見つけて二重線をひきましょう。引けたら，問いをノートに書きましょう。2つ以上あれば「問い①」「問い②」のように書きましょう。
線が引けた。①の段落の終わりの2つの文だね。問いは2つある。
問い①は「どんなこまがあるでしょう。」だね。
問い②は「どんな楽しみ方ができるでしょう。」

「その他に，1には，どんなことが書かれていますか。」
- こま遊びは，昔から世界中で行われてきた。
- 工夫が積み重ねられて，たくさんのこまが生まれた。
- 日本は世界でいちばんこまの種類が多い国。

4 まとめるとらえる　「はじめ」「中」「終わり」にまとめ，気づいたことを伝えよう。

「文章の組み立てがどうなっているか，表にまとめて，確かめましょう。」

はじめ	中	おわり
問い	答え	まとめ
1	2 3 4 5 6 7	8

2～7の段落が「中」で，「答え」になります。
1の「問い」の段落が「はじめ」。「おわり」は8の段落で「まとめ」です。

「表を見て，気がついたことがありますか。」
- 「はじめ」が「問い」，「中」が「答え」，「おわり」が「まとめ」になっているから，「言葉で遊ぼう」と同じです。
- 「答え」は，「中」に6つあります。
- 「問い」と「まとめ」は1つの段落だけど，「答え」は6つの段落があります。

言葉で遊ぼう／こまを楽しむ
第 4 時 (4/8)

本時の目標
2～4段落から問いの答えを探し，文の内容や組み立てを比較する。

授業のポイント
ひと段落ごとに読み取ってゆき，３つの段落の内容や文の組み立ての共通点に気づかせる。教科書の写真も活用する。

本時の評価
問いの答えを見つけ，段落の文の組み立てや書かれている内容の共通点を見つけている。

〈線の引き方〉傍線を児童に引かせて整理させておくと，あとで見返したときに内容が分かりやすく，児童の

板書例

《段落に書かれていること》

段落	問い①の答え 問い②の答え	そのた（　）	くわしい楽しみ方
2	①色がわりごま ②回っているときの色	・表面にもよう。・ひねって回す。	・回ると色がまざり合ってかわる。・回すはやさて、見える色がかわる。
3	①鳴りごま ②回っているときの音	・どうが大きく中がくうどう。・横に細長いあな。・ひもを引いて回す。	・あなから風が入って、ボーッという音が鳴る。・うなりごまとよばれる。
4	①さか立ちごま ②とちゅうから回り方がかわる	・ボールのような丸いどう。・心ぼうをつまんで、いきおいよく回す。	・回っていくうちにかたむき、さかさまにおき上がる。

（整理して分かったこと）
・はじめの文 → こまの名前と楽しみ方
・あとの文 → ・もよう、形、回し方
　　　　　　・楽しみ方のせつめい

1 つかむ 読み取る　2の段落から，問いの答えを見つけよう。

問い①②を再度確認してから，2の段落を指名読みさせる。

「教科書の問い①の答えに一本線，問い②の答えには波線を引いてから，答えを言いましょう。」
・問い①の答えは，「色がわりごま」です。
・問い②は「回っているときの色を楽しむ」です。

どのように色を楽しむのかも書いてありますね。隣どうしで相談して答えましょう。
回ると色が混ざり合って，元の色と変わる。
回すはやさで見える色も変わる。

「その他に，どんなことが書いてありますか。」
・こまの表面に模様が描かれている。
・ひねって回す。
「教科書の色がわりごまの写真も見てみましょう。」
・もようがこんな風になるのか。

答えを確認してワークシートに書き込ませる。

2 読み取る　3の段落から，問いの答えを見つけよう。

3の段落を指名読みさせる。

「2の段落と同じように，答えに線を引いてから答えましょう。」
・問い①は「鳴りごま」だ。
・問い②は「回っているときの音を楽しむ」です。

では，どのような音を楽しむのかも言いましょう。隣どうしで確かめあってからでもいいです。
穴から風が入ってボーッという音が鳴る。聞いてみたいね。
うなりごまとも呼ばれているそうだね。

「その他は，どんなことが書いてありましたか。」
・胴が大きく中が空洞。横に細長い穴が開いている。
・ひもを引いて回す。
「教科書の写真でも確かめておきましょう。」

答えを確認してワークシートに書き込ませる。

脳に定着します。一本線や波線などを色分けするとよいでしょう。

こまを楽しむ

㋱ 2 3 4の段落から、問いの答えと段落の共通点を見つけよう

《言葉や文を見つける》

問い① 「どんなこまがあるでしょう。」
答え ―――を引く

問い② 「どんな楽しみ方ができるのでしょう。」
答え ～～～を引く

主体的・対話的で深い学び

・「中」の文章を2つに分け，本時では前半2 3 4の段落から読み取ることになる。展開1の2の段落の学習は，丁寧に答えの見つけ方やまとめ方をつかませる。ここで，やり方が分かれば，後は同じように児童自身で学習を進めていける。段落の書き方の特徴が最後につかめれば，次の時間の学習もスムーズに進めることができる。線を引いたところをグループで対話させてもよい。

準備物

・ワークシート（「『中』の段落に書かれていること」のまとめ）（児童用ワークシート見本 DVD 収録【3_11_01】）
・（黒板掲示用）こまのイラスト DVD 収録【3_11_02】

3 読み取る　4の段落から，問いの答えを見つけよう。

4の段落を指名読みさせる。

「では，同じように線を引いて答えましょう。」
・問い①は「逆立ちごま」。
・問い②は「途中から回り方が変わるのを楽しむ」。

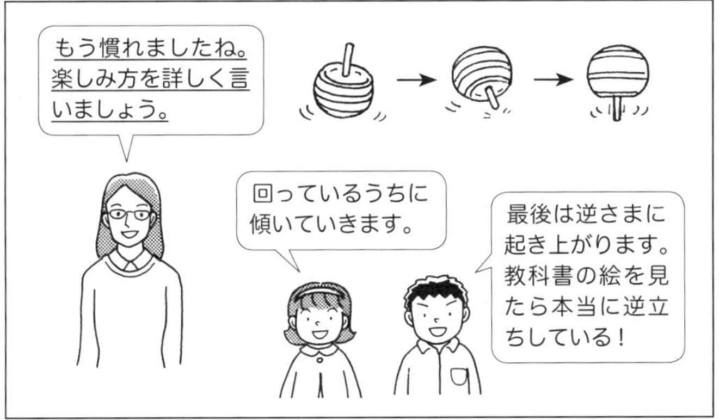
もう慣れましたね。楽しみ方を詳しく言いましょう。
回っているうちに傾いていきます。
最後は逆さまに起き上がります。教科書の絵を見たら本当に逆立ちしている！

「その他に書いてあることも言いましょう。」
・ボールのような丸い胴をしている。
・心棒をつまんで，いきおいよく回す。

答えを確認してワークシートに書き込ませる。

4 対話する まとめる　3つの段落を比べて，書き方や内容の共通点を見つけよう。

「最後に，2～4の段落について整理した表を見比べて，書き方や内容がよく似ている点を見つけましょう。」

2～4をみんなで音読させてから，対話をさせる。

段落のはじめの文には何が書いてありましたか？
はじめの文は，こまの名前と，何を楽しむこまか説明をしている。
はじめの文にはどれも答えが書いてあったね。
その後には何が書いてありましたか？
後は，どのように楽しむのか詳しく説明して，こまの模様や形や回し方が書いてある。

「比べて分かったことを，まとめて言いましょう。」
・こまの名前と楽しみ方，こまのもようや形と回し方，楽しみ方の詳しい説明の順に書いてありました。

言葉で遊ぼう／こまを楽しむ

第 5 時 (5/8)

本時の目標

5～7の段落から問いの答えを探し,「中」の文や絵から分かったことや感想を伝え合う。

授業のポイント

2～4段落の書き方と類似していることを確かめ，前時の学習内容を踏まえて，5～7段落の答えを見つけさせる。

本時の評価

5～7段落の答えを見つけ,「中」に書かれた内容から分かったことや感想を伝えている。

〈伝え合い〉 展開４のように友達の発表に対し短い言葉で感想を伝えることは大切なことです。

板書例

3	4	5	6	7
①鳴りごま ②回っているときの音	①さか立ちごま ②とちゅうから回り方がかわる	①たたきごま ②たたいて回しつづける	①曲ごま ②おどろくような所で回す	①ずぐり ②雪の上で回す
・どうが大きく、中がくうどう。・横に細長いあな。・ひもを引いて回す。	・ボールのような丸いどう。・心ぼうをつまんで、いきおいよく回す。	・どうが細長い。・どうの下のぶぶんをたたいて回す。	・心ぼうが鉄。・広く平らなどう。・安定したつくり。・台の上で手で回す。	・心ぼうの先が太く、丸い。・わらでてきたなわで、雪のくぼみの中になげ入れて回す。
・あなから風が入って、ボーッという音が鳴る。・うなりごまとよばれる。	・回っていくうちにかたむき、さかさまにおき上がる。	・上手にたたいて力をつたえ、長く回す。	・細い糸の上や、ぼうの先のような所へうつしかえて回しつづける。	・雪がふっても、こまが回せる。

〈分かったこと、かんそう〉

・知らないこまの楽しみ方がわかった。

・どうしてさか立ちになるのか、ふしぎ。

※ 児童の発言を板書する。

1 振り返る つかむ　2～4の段落の書き方を振り返り問いの答えを見つけよう。

「前に学習した段落には何が書かれていましたか。」

・こまの名前と楽しみ方，もよう・形・回し方，楽しみ方の詳しい説明－でした。

「5 6 7の段落は，どうでしょう？」

・たぶん同じように書いてあると思います。

5～7の段落を音読させ，答えに線を引いて，答えさせる。

2～4と同じように書かれているか確かめながら問いの答えを見つけましょう。
5段落の問い②の答えは「たたいて回し続ける」。やはり段落最初の文に書いてある。
問いの答えの書き方は，2 3 4の段落と同じだね。
問い①の答えは，「たたきごま」「曲ごま」「ずぐり」です。

答えを確かめたら，前時に使ったワークシートの続きに書き込ませる。

2 対話する 読み取る　どのように楽しむのか，確かめよう。

「詳しい楽しみ方も，同じ書き方か確かめながら，グループで話し合って答えを見つけましょう。」

・文だけじゃなくて，教科書の写真も前の時間と同じように見ていったら，よく分かるね。

「そうですね。写真も参考にしたらいいですよ。」

6は，ちょっと長くなるけど「細い糸や，棒の先のような回しにくい所へうつしかえて回し続ける」で，どうかな。
5は，「上手にたたいて力を伝え，長く回す。」でいいのじゃないかな。
7は「雪の小さなくぼみに投げ入れて回す。」は，回し方だから，「雪がふってもこまが回せる」だと思う。

「どんなこまで，どんな楽しみ方ができるか，分かってきましたね。ワークシートに書き入れましょう。」

ほめことばや小さな拍手はクラスの雰囲気を和ませます。

こまを楽しむ

㋱ 問いの答えを見つけ、文や絵から分かったことやかんそうをつたえ合おう

問い① どんなこまがあるでしょう。

問い② どんな楽しみ方ができるのでしょう。

段落	問い①の答え 問い②の答え	そのた （もよう、形、回し方）	くわしい楽しみ方
2	①色がわりごま ②回っているときの色	・表面にもよう。 ・ひねって回す。	・回ると色がまざり合ってかわる。 ・回すはやさて、見える色がかわる。

主体的・対話的で深い学び

・前時の学習で，読み取り方のパターンは理解できていると思われるので，その経験を生かして進んで読み取りをさせていきたい。前時に書き込んだ分の表も，参考にしてまとめていける。最後は「中」の段落全部を見渡して，気づいたことや感想の伝え合いをさせる。また，友達の発表に対して，短い言葉でもよいので感想を言ったり拍手でほめたりして交流させる。

準備物

・ワークシート「『中』の段落に書かれていることのまとめ」（前時の続き）
・（黒板掲示用）こまのイラスト（前時の続き）

3 対話する まとめる　問いの答えの他に，どんなことが書かれているだろう。

「2～4では，もよう，形，回し方についても書かれていましたが，5～7も同じですか？」

「たたいて回す」や「台の上で手で回す」は，こまの回し方だよ。
雪のくぼみに投げ入れて回すのも，回し方だと思うけど…。
「胴は細長い形」や「心棒が鉄で，広く平らな胴」は形のことだね。
じゃあ，もようはないけど，形，回し方は書いてあるということだね。

「前の時間の内容と合わせて考えたら，ワークシートの「そのた」のとなりの（　）の中にどんな言葉を入れたらいいですか。」

・もよう，形，回し方－です。

ワークシートに書き入れて，記入を完了させる。

4 伝え合う　文や写真から気がついたことや感想を伝え合おう。

「学習してきた内容を思い出しながら，2～7の段落を音読しましょう。」

段落ごとで交代して読ませる。

「文や教科書の写真から，気づいたことや感想を発表しましょう。」

鳴りごまの形がおもしろい。こまじゃないみたい。たたきごまもおもしろい。
逆立ちごまがどうして逆立ちになるのか不思議だ。
知らないこまの楽しみ方がたくさん分かって，よかった。
曲ごまがすごい。わたしにはできないけど。

「文や教科書の写真から，気づいたことや感想を発表しましょう。」

「友だちの発言についての意見も出しましょう。」

・逆立ちごまは，底が丸いから傾いていくんだよ。
・ぼくも鳴りごまのような形のこまを見たことがあるよ。

言葉で遊ぼう／こまを楽しむ
第６時（6/8）

本時の目標
「おわり」の部分に書かれていることを読み取り，その内容について，６つのこまの事例で検証することを通して読みを深める。

授業のポイント
こまの作りについては写真も使いながら，書かれていることを確認させる。「はじめ」「中」「おわり」で書かれている内容の関連をつかませる。

本時の評価
６つのこまの共通点や人々の工夫を文を読み返すことで確かめ，全体の文章構成や段落相互の関連をとらえている。

〈対話〉 展開２で「６つのこまの同じ点」，展開３で「６つのこまの工夫」，展開４で「文章の全体と

板書例

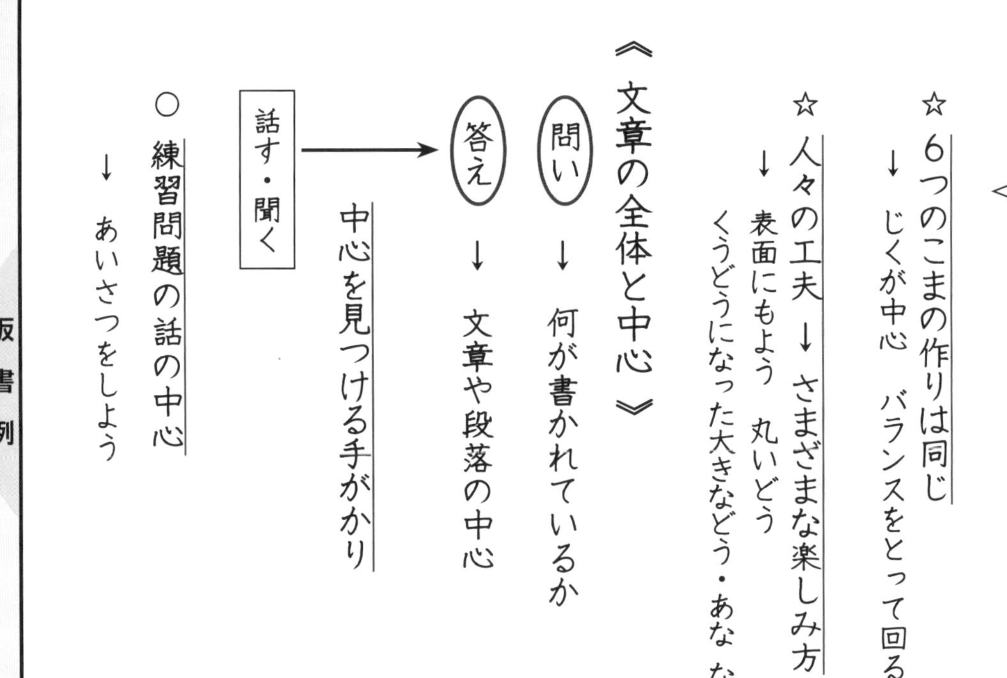

☆ ６つのこまの作りは同じ
↓ じくが中心　バランスをとって回る
☆ 人々の工夫 ↓ さまざまな楽しみ方
↓ 表面にもよう　丸いどう
くうどうになった大きなどう・あな　など
《文章の全体と中心》
問い ↓ 何が書かれているか
答え ↓ 文章や段落の中心
中心を見つける手がかり
話す・聞く
○ 練習問題の話の中心
↓ あいさつをしよう

1 音読する　文章全体の組み立てを確かめながら全文を音読しよう。

「『はじめ』『中』『おわり』の大きなまとまりには何が書かれていたのか，という文章の組み立てを確かめながら音読をしましょう。」

全文を音読させる。児童から，どんな読み方がしたいか希望を聞くのもよい。

・班で一緒に読みたいな。
・1文ずつで交代して，みんなが読めるようにするのがいいです。

「はじめ」「中」「おわり」の大きなまとまりには何が書かれていましたか。
「はじめ」は問いで，「中」は，問いの答えが書いてありました。
「おわり」は，やはり，まとめだと思います。書いた人の意見も入っています。

2 確かめる　６つのこまについてまとめてあることを確かめよう。

「8段落のはじめの『このように』とは，どんなことを指していますか？」
・2から7までの段落に書いてあることです。
・６つのこまのことです。

「６つのこまについて，どのように述べていますか？」
・色も形も違うが，じくを中心にバランスを取りながら回るというつくりは同じだと言っています。

６つのこまの同じ点について確かめてみましょう。
どれも軸がこまの真ん中にあるね。だから軸を中心にバランスをとって回るんだ。
色ごまや曲ごまは，絵で見ても，軸を中心に回るのは，よく分かる。
鳴りごまやたたきごまは分かりにくいけど，中心のところが軸だね。

中心」についてグループで話し合わせましょう。

こまを楽しむ

㋱ こまについてのまとめをたしかめ、文章全体のつながりをとらえよう

「はじめ」・・・　問い

「中」　・・・　答え

「おわり」・・・　まとめ（筆者の考え）

主体的・対話的で深い学び

・この時間は，読み取りのまとめとして，文章全体の構成を把握させる。そのうえで，「おわり」に書かれているこまの「共通性」と「楽しみを生み出す工夫」について確かめることで，文章を読み返し，内容や文章構成の理解を深めさせる。本時は特に対話の時間を多くとっている。展開2～4のように，対話を通して文章全体のつながりとそのとらえ方について学ばせる。

準備物

3 確かめる　こまにどのような工夫を加えてきたのか確かめよう。

「8段落で，もう1つ言われていることは何ですか。」

・人々がこまのつくりに工夫を加えて，様々な楽しみ方のできるこまをたくさん生み出してきた。

「この『くふう』について，『はじめ』で何と言っていたか，もう一度確かめましょう。」

・長い間，広く親しまれるうちに，様々な工夫が積み重ねられてきた。

6つのこまで，工夫についても確かめましょう。
鳴りごまは，大きくて空洞になった胴に穴をあけることだね。
色がわりごまは，表面に模様がかいてある。
それぞれ，回る様子や回し方で楽しめるようになっている。

4 深める　文章の全体に対する中心について考えよう。

「教科書59ページの『全体と中心』を読みましょう。どんなことが書いてありますか？」

・文章のはじめに，問いの形で，何が書いてあるか示されている。
・問いの答えが，文章全体や段落の中心になる。
・話したり聞いたりするときも，中心がどこか考える。
・問いと答えが，中心を見つける手掛かりになる。

「59ページの練習問題文で話の中心を探しましょう。」

話の中心は，あいさつをしようということです。毎日のあいさつから始めようと言っている。
「学校で楽しく生活するにはどうしたらいいか」が，問いだね。
問いと答えで書いてあると，分かりやすいね。

話の中心はどこか，みんなで確認する。

言葉で遊ぼう／こまを楽しむ
第 7 時 (7/8)

本時の目標
一番遊んでみたいこまを選んで理由を書き，友達と比べて気づいたことをまとめ，話し合う。

授業のポイント
自分がこまを選んだ理由の発表を意識してしっかりと書かせる。友達との交流では，相手の発言をしっかりと聞き取らせ，自分の意見を持たせる。

本時の評価
一番遊んでみたいこまを選び理由をはっきりと書いている。
友だちの発表を聞いて，気づいたことを書き，伝えている。

板書例

〈グループ内の発表〉展開２のように，グループの中で発表し合うときには必ずルールを作らせ，

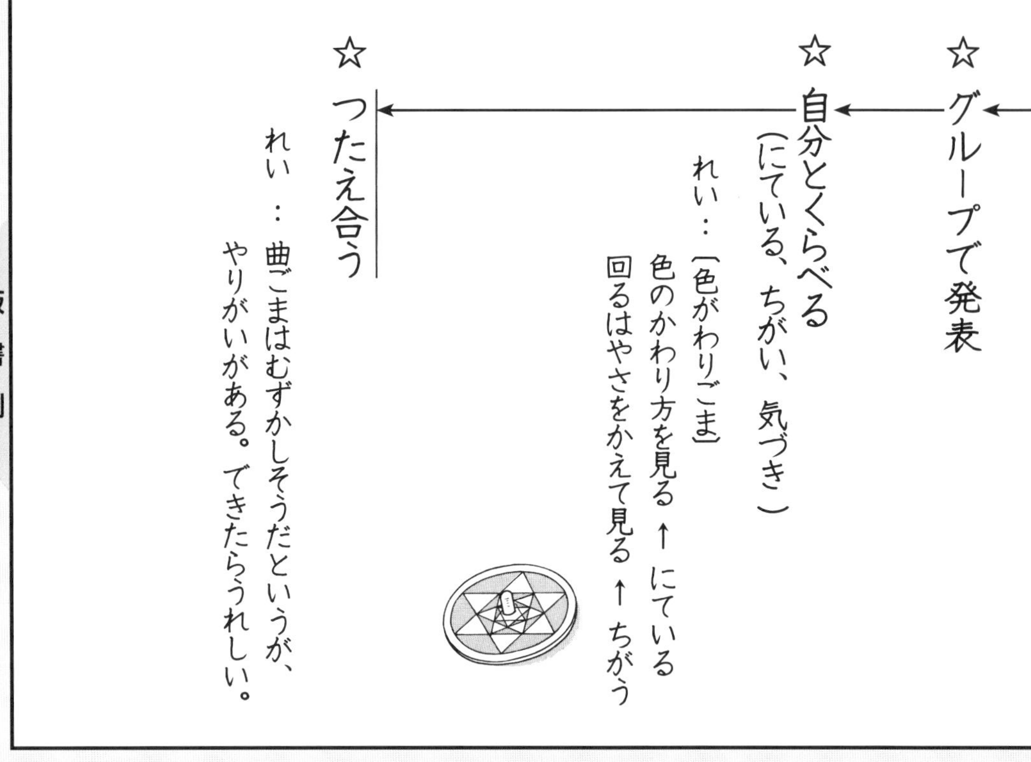
☆グループで発表
☆自分とくらべる
（にている、ちがい、気づき）
れい：［色がわりごま］
色のかわり方を見る ↑ にている
回るはやさをかえて見る ↑ ちがう
☆つたえ合う
れい：曲ごまはむずかしそうだというが、
やりがいがある。できたらうれしい。

1 選ぶ 書く　一番遊んでみたいこまを選び，理由を書こう。

「教科書に出てきた６つのこまの中で，一番遊びたいこまを選びましょう。」
・ぼくは，曲ごまがいいな。
・わたしは，色がわりごまがいい。

選んだ理由を隣どうしで話し合います。質問や付け足したらよいことなどを言いましょう。
曲ごまがいい。教科書にのっていない別の回し方もしてみたい。
曲芸で使われるのに回せるの？別の回し方って，どんな回し方なの？

「隣の人の質問や意見も参考にして，選んだこまの名前と，自分が選んだ理由をノートに書きましょう。」
・曲ごまでも，普通に回すだけなら回せそうな気がする。手に持ったお皿の上で回したり，いくつか回し方の例も書いていこう。

2 発表する 交流する　一番遊んでみたいこまについてグループで発表し合おう。

「選んだこまと選んだ理由をグループの中で発表し合います。後で気づいたことも書いてもらいますから，しっかり聞きましょう。」

グループ（班）の全員に発表で話し合わせる。話すルール（順番，進行係など）は，グループで決めさせる。聞くときは，簡単なメモを取らせるとよい。

司会は私です。はじめに，吉田君から発表してください。
ぼくは，ずぐりで遊んでみたいと思いました。名前が面白いのが気に入りました。雪の上で回せるのなら，砂の上でも回せないか，試してみたいです。
次は田中さんです。
砂の上で回せるか試すという思い付きがいい。メモしておこう。

教師は，各グループを回って，発表内容や特徴をできる限りつかんでおく。

一部の児童の意見のみにならないように配慮しましょう。

こまを楽しむ

ⓜ いちばん遊んでみたいこまについて はっぴょうし、気づいたことをつたえ合おう

《いちばん遊んでみたいこま》

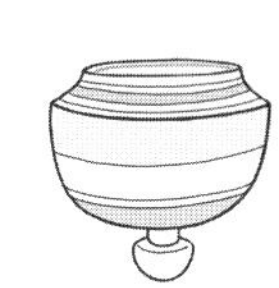

☆ 名まえと理由を書く

れい：〔ずぐり〕

・すなの上でも回せるか、ためしてみたい。

主体的・対話的で深い学び

・自分の考えたことと友達が考えたことを対話し比較する。違いや共通点を見つけ，文章に書き表す活動なので，一人一人の児童の主体的な活動が求められる。机間指導などを十分に行い，適宜必要な児童には支援を行い，どの児童も意欲を失わずに学習できるような配慮が必要である。

・グループの中で発表させ，話し合わせるときは，話すルールをグループで必ず決めさせるようにして，グループ全員の意見を交流させるようにする。

準備物

・こまのイラスト（第4・5時で使用したもの）

3 書く 友だちの発表を聞いて気づいたことを書こう。

「誰の話」の「どんなところ」が自分と似ているのか，違っているのか，その他気づいたことをノートに書かせる。

自分の選んだこまや理由と比べて，どこが似ているのか，違うのかよく考えましょう。

色がわりごまで、色が変わるのを比べたいというのは同じだったけど、市川さんは回るはやさを変えることも言っていた。

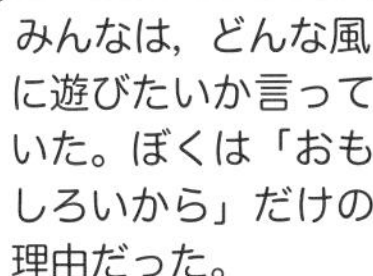

みんなは，どんな風に遊びたいか言っていた。ぼくは「おもしろいから」だけの理由だった。

「1つ書けた人で，もう1つ書ける人は書いてみましょう。できれば，似ているところを書いた人は，違うところが書ければ一番いいですね。」

・同じこまを選んだのに，理由は全然違っていた。

4 伝え合う 気づいたことを友達に伝えよう。

「友だちの発表を聞いて，気づいたことや感想を伝え合いましょう。」

色がわりごまを選んだのは同じだったけど、自分で作って回したいと考えているのがとてもいい。

ずぐりを選ぶ人は，いないかもしれないと思っていたけど，いてよかった。

曲ごまは難しそうだと言うけど，わたしは，その方がやりがいがあって，できたときは嬉しいかなと思いました。

「次の時間までに，自分で作って遊んでみたいこまを考えてきましょう。」

・おもしろそう！どんなこまがいいかな。

・ぼくは，もう，考えているのがあるよ。

言葉で遊ぼう／こまを楽しむ

第 8 時 (8/8)

本時の目標

学習を振り返って２つの文章で学んだことを確かめ，昔から伝わる遊びについて書かれた本を読もうとする意欲を持たせる。

授業のポイント

文章の組み立てや段落について学んだことを「ふりかえろう」や「たいせつ」で整理し確かめる。「昔からの遊び」の本に興味を持たせ，読書への意欲を引き出す。

本時の評価

学習で学べたことを確かめ，関わりのある本をさらに読んで，学びを深めようとしている。

〈学びを深める〉自分で作ってみたいこまを想像させ，文にして発表させましょう。友達の発表に

板書例

・はじめ・中・おわりの段落数もにている
・一つの段落に、ひとまとまりのないよう

☆ 作ってみたいこま

例…ひらひらごまーリボンの動きを楽しむ
・細長いリボンをじくにつける
・回るとリボンがひらひら

※ 児童の発言を板書する。

☆ この本、読もう

「すてきな日本の伝統」
「ことば遊び　チャレンジ20」
「昔の子どものくらし事典（てん）」

☆ 読みたい本

・自然の本の中での遊びの本
・おはじきお手玉など、女の子の遊びの本

※ 児童の発言を板書する。

1 振り返る　文章の組み立てや段落について，学習したことを振り返ろう。

「『言葉で遊ぼう』と『こまを楽しむ』を学習して，文章の組み立てなどで，初めて知ったことや分かったことはありましたか。」

・段落ってどんなものか，初めて知った。
・文章が「はじめ」「中」「おわり」に大きく分けられるということが分かった。

どんな言葉に気をつけて，段落の中心を見つけましたか。
「楽しむ」という言葉に気をつけて，中心はどこか考えました。
ぼくは，「問い」の言葉を思い出して，「答え」になるのはどこか探しました。

「『はじめ』『中』『おわり』がとらえられると，どんな時に役立ちそうですか。」

・何について書いてあるのかを知りたいとき。
・話したり聞いたりするときにも，中心が分かります。

2 確かめる　段落とその中心について，学習したことを確かめよう。

「教科書 58 ページの『たいせつ』をもう一度読み，書かれていることを，学習してきたことで確かめていきましょう。」

・どちらの文章も，問いと，その答えと，まとめに大きく分けられました。
・「はじめ」「おわり」は１つの段落でできていたけど，「なか」は３つと６つの段落があった。
・段落の数がいくつかは決まっていないのだね。

１つの段落には，ひとまとまりのことが書かれていましたか？
1段落は，問いと，それに関係のあることが書いてあったから，ひとまとまりだね。
2は色ごまのこと，3は鳴りごまのこと…「中」の段落もどれもひとまとまりだよ。

・「問い」と「答え」も，それが分かると文章の組み立ては分かるよね。
・答えが分かれば，中心も分かる。

対し，一言感想で交流させましょう。

こまを楽しむ

㋱ 学習してきたことをふりかえり、同じようなテーマの本を読んでみよう

☆ ふりかえろう・たいせつ

○ 段落とその中心の見つけかた
はじめ・中・おわり

○ 二つの文章
「言葉で遊ぼう」「こまを楽しむ」
・問い ↓ 答え ↓ まとめの組み立て

主体的・対話的で深い学び

・文章の組み立てや段落など自分たちが学習してきたことを，教科書の「振り返ろう」「いかそう」を手掛かりにして確かめることで，自分たちの取り組んできたことに確信を持たせる。
・「自分が作ってみたいこま」は，学習の発展として，自由な発想でいろいろなこまを創造することを楽しませたい。
・「自分が作ってみたいこま」の学習は，学びを広げ深めるものとして，自由な発想でいろいろなこまを想像することを楽しませたい。また，友達の発表に対し「感想」や「ほめことば」で交流させてもよい。

準備物

3 学びを深める 交流する　自分が作ってみたいこまについて発表し，話し合おう。

「前の時間に予告した『自分が作りたいこま』を『中』の段落の書き方を参考にしてノートに書きます。中の段落には，共通して何が書かれていましたか。」

・こまの名前と楽しみ方。
・こまのもようや形や回し方など。
・楽しみ方の詳しい説明。

上記の3点をふまえてノートに書かせる。グループで相談させてもよい。実際に作れるかどうかは別で，楽しんで考えさせ，どんなこまか，どんな楽しみ方をするのかを書かせることが目的となる。

書けたら発表しましょう。
ヘリコプターごまは，回ると浮き上がるのを楽しむこまです。
ひらひらごまは，リボンの動きを楽しむこまです。細い色リボンをこまの軸に取りつけます。回るとリボンがひらひらします。

4 学びを広げる　昔から伝わる遊びについて書いた本を知ろう。

58ページの「この本読もう」を見ましょう。もし読むとしたら，どの本が読みたいですか。

「すてきな日本の伝統」が読みたい。草花遊びに興味があるから…。

わたしは「昔の子どものくらし事典」。昔の子どもの遊びが知りたい。

「ことば遊び　チャレンジ20」がいいな。楽しい遊びがいろいろ見つかりそう。

「他に，昔から伝わる遊びについて書かれた本なら，どんなことが書かれている本を読みたいですか？」

・山や野原など，自然の中での遊びの本がいいな。
・運動場などで，大勢で遊べる遊びの本。
・おばあちゃんに聞いたことがあるので，お手玉やおはじきなどの昔の女の子の遊びの本が読みたい。

「図書室で探して，どれか読んでみましょう。」

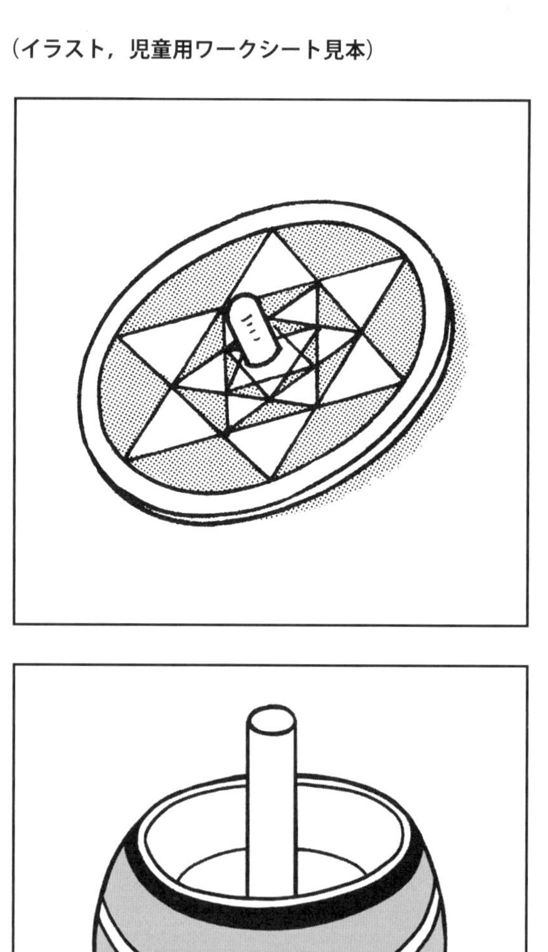

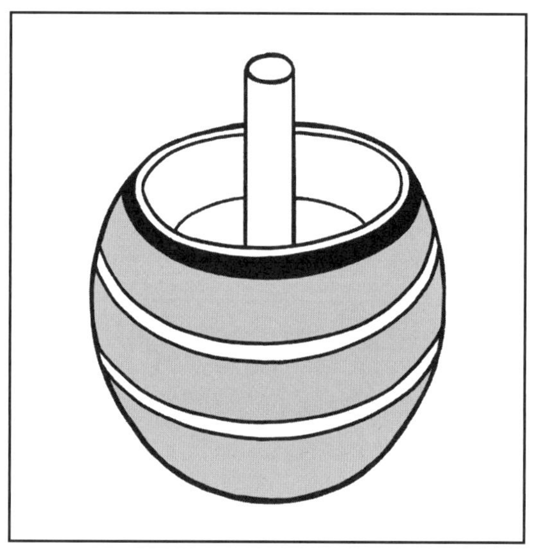

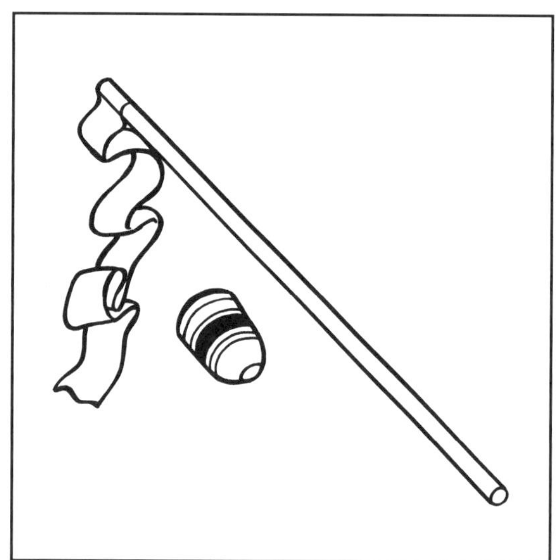

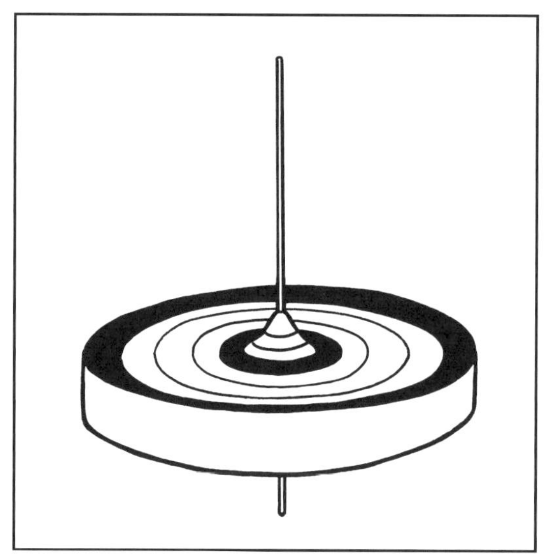

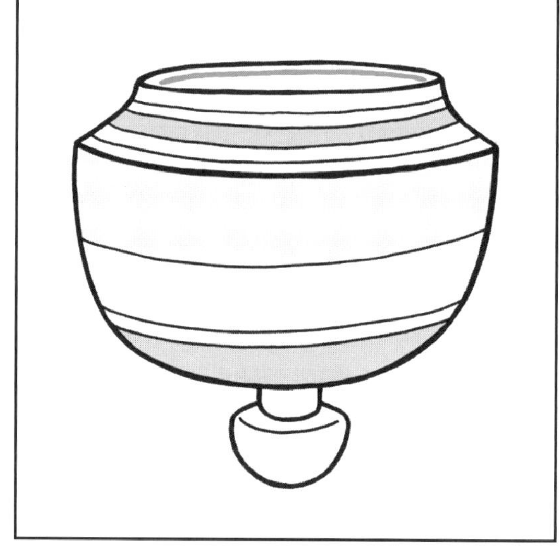

ワークシート 第4・5時

こまを楽しむ

名前（　　　　）

●「中」の段落に書かれていることを　まとめましょう。

段落	問い①の答え 問い②の答え	そのた（　　）	くわしい楽しみ方
2			
3			
4			
5			
6			
7			

言葉で遊ぼう／こまを楽しむ

気もちをこめて「来てください」

全授業時間６時間

◉ 指導目標 ◉

・丁寧な言葉を使うとともに，敬体と常体との違いに注意しながら書くことができる。
・相手や目的を意識して，伝えたいことを明確にすることができる。
・間違いを正したり，相手や目的を意識した表現になっているかを確かめたりして，文や文章を整えることができる。
・書く内容の中心を明確にし，内容のまとまりで段落をつくって文章の構成を考えることができる。
・相手や目的を意識して，伝えたいことを進んで明確にし，学習課題に沿って，丁寧な言葉を使って行事を案内する手紙を書こうとすることができる。

◉ 指導にあたって ◉

① 教材について

児童は，1，2 年の学習で簡単な手紙を書くことは経験しています。ここでは，「学校行事の案内の手紙」を出すという場面設定で，書き方や内容を学習し，実際に手紙を届けるところまで取り組みます。

「案内状」という特殊な手紙の書き方を学ぶことになります。学習課題の中の「大事なことを考えて」とタイトルの「気持ちをこめて」をキーワードとして，必要な内容や分かりやすい書き方を習得させていきます。この学習を通して，実際に誰かを学校にお誘いして，児童の発表を見てもらったり交流ができたりすれば，意味のある教材であると考えられます。

② 主体的・対話的で深い学びのために

手紙を書くための内容を「メモ」に整理し，それをもとに手紙を書くという作業を，児童は日常生活ではほとんど行っていないでしょう。何をどのように書けばよいのか児童が考える材料になるのが森川さんの「メモ」と「手紙」です。この２つをしっかり読み，自分たちが書こうとしている「メモ」と「手紙」のイメージづくりをさせます。さらには，これをもとに，自分なりの内容を考えたり，書き方の工夫ができたりすれば，学習は深まります。これからも様々な手紙を書いていこうとする意欲と自信（見通し）を，この教材を通して児童が持ってくれることを願います。

◉ 評価規準 ◉

知識及び技能	丁寧な言葉を使うとともに，敬体と常体との違いに注意しながら書いている。
思考力，判断力，表現力等	・「書くこと」において，相手や目的を意識して，伝えたいことを明確にしている。 ・「書くこと」において，書く内容の中心を明確にし，内容のまとまりで段落をつくって文章の構成を考えている。 ・「書くこと」において，間違いを正したり，相手や目的を意識した表現になっているかを確かめたりして，文や文章を整えている。
主体的に学習に取り組む態度	相手や目的を意識して，伝えたいことを進んで明確にし，学習課題に沿って，丁寧な言葉を使って行事を案内する手紙を書こうとしている。

◉ 学習指導計画　全6時間 ◉

次	時	学習活動	指導上の留意点
1	1	・手紙をもらった体験を思い出す。 ・学習のめあて（課題）をつかむ。 ・学習のすすめ方を確かめる。	・学習の見通しを持たせる。 ・手紙をもらった体験や手紙を書くときに大事なことについては，十分時間を取って話し合わせる。
	2	・どんな行事の案内が出せるか話し合い，案内を出す行事を決める。 ・誰に何を伝えるのか，話し合う。	・誰に何の案内を出すか決める際に，児童の生活体験や意見を出し合うことでイメージを膨らませる。
2	3	・「森川さんのメモ」を読み，どんな内容をメモに整理すればよいかをつかむ。 ・メモを書く。 ・書いたメモを見合って，意見を出し合う。	・教科書の例を参考にして，どんなメモを書けばよいかイメージを確かにさせる。 ・書いたメモに対する意見を出し合い補完させていく。
	4・5	・「森川さんの手紙」を読み，「メモ」とも比較しながら，どのように手紙を書けばよいかつかませる。 ・メモをもとに案内の手紙を書く。 ・書いた手紙を読み返して確かめる。	・「森川さんの手紙」から，手紙の内容や書き方を学ばせる。 ・前時に書いた「メモ」に肉付けする形で手紙を書かせる。 ・読み返して確かめる作業は，本人→友達と2段階でさせる。
3	6	・書いた手紙を届ける。 ・封書の表裏の書き方を知る。 ・学習を振り返り，分かったことやできるようになったことを確かめる。	・封書の書き方は，郵便で出さない児童も含めて学ばせておく。 ・手紙を出してみたいという意欲，書けるという自信を持たせたい。

DVD 収録（児童用ワークシート見本）

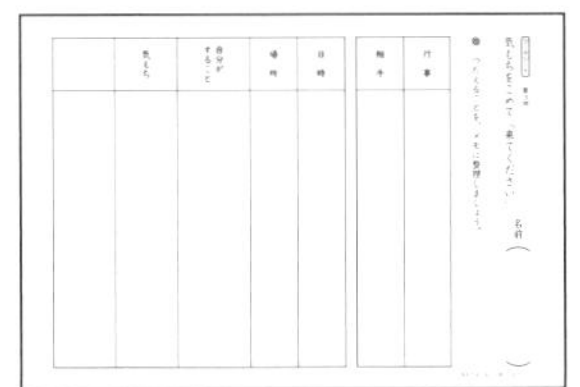
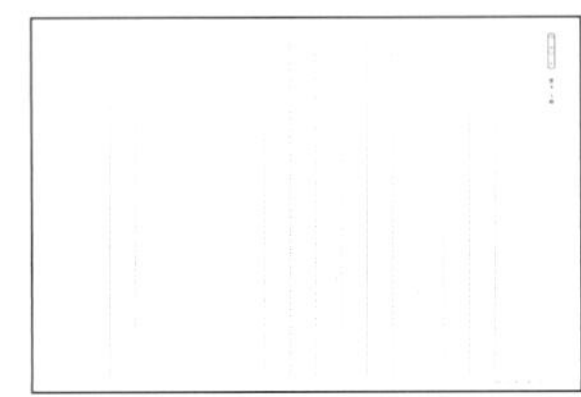
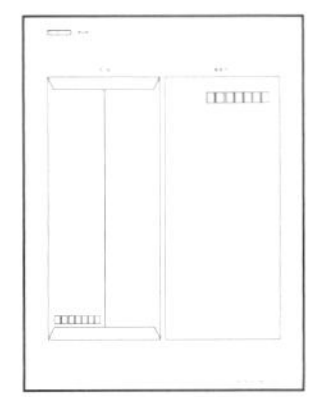

気もちをこめて「来てください」 第1時 (1/6)

本時の目標

「案内の手紙を書く」学習について，学習課題を設定し学習の見通しを持つことができる。

授業のポイント

学校行事の案内の手紙を書いて届けるという目標に向かって学習することを把握させる。

本時の評価

「案内の手紙を書く」という目標に向けて，学習課題を設定し学習計画を立てて，見通しを持って学習に取り組もうとしている。

〈手紙を書くために〉展開１の手紙やはがきをもらったときに嬉しかったことの交流や，展開３の

板書例

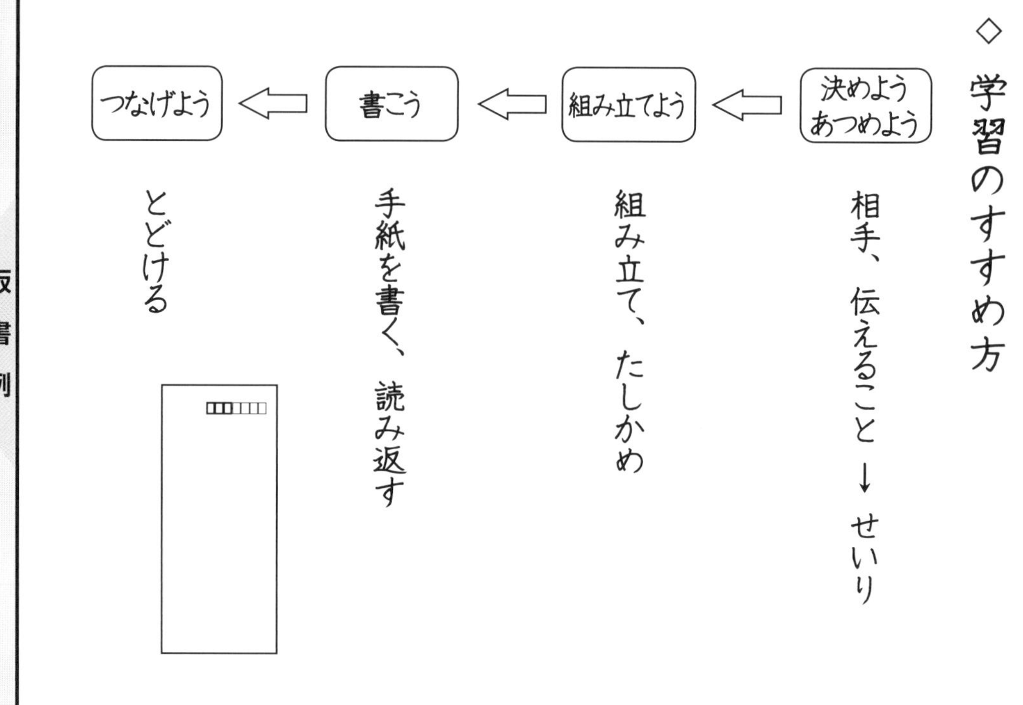

◇学習のすすめ方
決めよう あつめよう
相手、伝えること→せいり
組み立てよう
組み立て、たしかめ
書こう
手紙を書く、読み返す
つなげよう
とどける

1 思い出す 交流する 手紙をもらった時のことを思い出そう。

「今までにどんな手紙をもらったことがありますか。家族のことでもいいですよ。」

事前に予告しておき，持ってきてもよい手紙があれば，紹介させてもよい。

- 親戚のお姉さんの結婚式の招待状がきました。
- 友達から年賀状が届きました。
- 市役所から，妹の検診のお知らせが届いた。
- おばあちゃんがきれいな絵手紙を送ってきてくれた。

どんな手紙をもらったときよかったと思いましたか。
引越をした友達が，転校した学校の様子を詳しく書いた手紙をくれたこと。
お誕生日のお祝いの手紙を，おじいちゃんからもらったとき。
抽選に当たった手紙が届いたとき。うれしかった。

2 めあて つかむ どんな学習をするのだろう。

教科書 P60 の上段を読ませる。

「これから，どんなことを学習していくのですか？教科書から分かることを言いましょう。」

案内の手紙の書き方をこれから勉強します。
運動会や学習発表会の案内の手紙を書きます。
見に来てほしい人に，書いて届けます。

「教科書の絵も見ましょう。」

- 男の子が手紙を書いている人で，女の人がもらった人だね。
- どちらも嬉しそうに笑っている。

「そうですね。出す人も，もらう人も嬉しくなるような手紙が出せたらいいですね。」

手紙を書くときに大事なことの話し合いに時間をとりましょう。

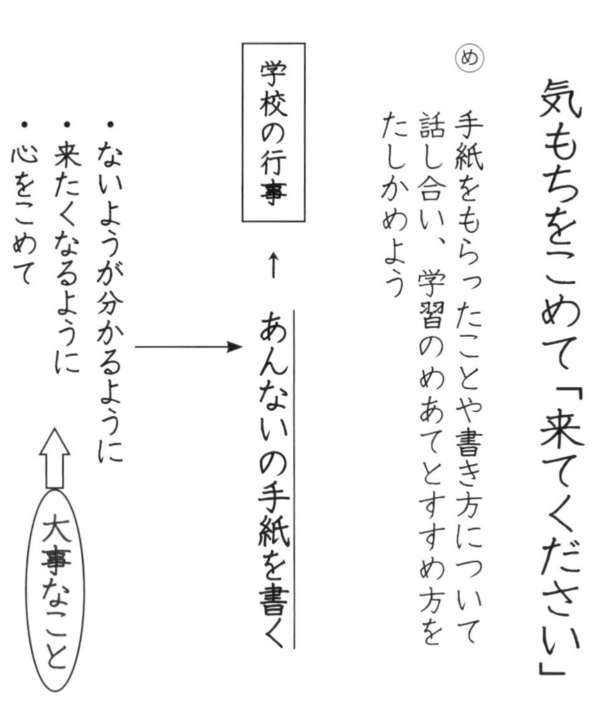

気もちをこめて「来てください」
め
手紙をもらったことや書き方について話し合い、学習のめあてとすすめ方をたしかめよう
学校の行事
→
あんないの手紙を書く
・ないようが分かるように
・来たくなるように
・心をこめて
大事なこと

主体的・対話的で深い学び

・教科書から，何をどのように学習してゆけばよいのかという見通しを持たせることが，これからの学習の出発点になる。本時は，教科書に書いてある学習課題や学習のすすめ方を確かめるだけでなく，手紙をもらった時の体験やどんなことに気をつけて手紙を出せばよいのかをについて，より多く時間を取って対話させせたい。

準備物

3 対話する どんなことを大事にして手紙を書けばよいのだろう。

「みなさん一人一人が手紙を書くことになります。どんなことに気をつけて（大事にして）手紙を書けばよいでしょう。」

「案内の手紙だから」案内したい内容が伝わるように書かないといけない。
ぜひ見に来てくださいという気持ちをこめて手紙を書くのだね。
「大事なことを考えて」と教科書に書いてある。場所とか時間とかいろいろ必要だ。
読んだ人が行きたくなるような手紙がいいな。

「学習のめあては，大体分かってきましたね。」

確認のために教科書の１行目をみんなで読ませる。

・大事なことを考えて，案内の手紙を書こう。

「今みんなが話し合ったことが『大事なこと』です。」

4 見通しをもつ どのように学習を進めてゆくのか確かめよう。

教科書 P60 の下段を読ませる。

「何が書いてありますか。」
・学習のすすめ方が書いてあります。

学習のすすめ方は，どうなっていますか？
決めよう・集めよう→組み立てよう→ 書こう → つなげよう，になっている。
本当に手紙を書くんだ。手紙を届けるところまでするのか。
まず，相手を決めて，伝えることを考えます。

「大体，勉強する中身が分かりましたか。」
・いろいろすることがありそうだけど，大体分かりました。
・整理したり，確かめたり，読み返したり，結構めんどうくさそうだなあ。

気もちをこめて「来てください」

第2時（2/6）

本時の目標
案内の内容や伝える相手について考え，決めることができる。

授業のポイント
案内の手紙の具体化として，誰に何の案内を出すか，対話を通して決めさせる。

本時の評価
案内の内容や伝える相手について自分の意見を出して対話ができ，決めている。

板書例

〈伝えるための対話〉「いつ」「どこで」「何をする」「ぜひ来てほしい気持ち」などの大切な内容を

《おさそいしたい人》
・おじいちゃん，おばあちゃん
・1年生のときの先生
・おせわになった人
・ようちえんの先生　など

※児童の発言を板書する。

自分でえらぶ →

《どんなことをつたえる》
・いつ，どこで，何を
・どんな行事かせつめい，自分がすること
・来てほしいという気もち

1 思い出す 交流する　誰かに何かのお誘いをしたことを思い出そう。

「今までに，手紙は出していなくてもいいので，誰かに何かのお誘いをしたことはありませんか？」
・あるよ。
・お父さんに映画に連れて行ってもらうとき，いつも遊んでいる近所の子も誘った。
・家族旅行に行くとき，わたしがおじいちゃんにお誘いの電話をかけました。

その時に，どんなことを伝えましたか。
どこの映画館で何時からの映画か伝えた。ぼくは，内容を少し知っていたので，すごく面白い映画だと言って誘った。
はじめに，おじいちゃんが元気か尋ねました。それから，行先のことや，わたしがぜひ一緒に行きたいから来てくださいと言いました。

日常での体験を交流し，伝える内容をイメージさせる。

2 整理する 確かめる　案内を出してお誘いできるのはどんな行事だろう。

「『学校の行事に来てもらえるように案内を出す』ことは，分かりましたね。では，これからの1年間にどんな行事がありますか。」
・運動会。
・秋の遠足。社会見学。
・学習発表会。図工の作品展。それから…。

1年間の行事を思い出して，確認しておく。

どの行事には誘えるけど，どれはできないのか，整理してみましょう。
でも，社会見学で勉強したことの発表会なら来てもらえるよ。
運動会や学習発表会など学校での行事なら大丈夫だね。
遠足や社会見学は学校からでかけるので，無理だね。

案内可能な行事を確かめさせる。

対話の中で考えさせましょう。

気もちをこめて「来てください」

(め) あんないを出す行事や相手を決め、どんなことをつたえればよいか考えよう

《学校の行事》→2~3にしぼる

運動会　~~遠足~~　~~社会見学~~　学習発表会

作品てん　音楽発表会　など

※来てもらえる行事と来てもらえない行事

主体的・対話的で深い学び

・「相手を決め，伝えることを考える」のが本時の学習活動で，まだ，案内の手紙を書くための前段の学習である。教科書を読んで学習するだけでは面白くない授業に陥りやすいところなので，児童の生活体験や意見をできるだけ多く出させ，交流や対話に時間をかけてイメージを膨らませていきたい。

準備物

3 決める　何の行事の案内を出したいか決めよう。

「では，何の行事に来てほしいか話し合いましょう。」

ぼくは絶対運動会がいいな。一番盛り上がる行事だから。
音楽発表会をして，見に来てもらったどうかな。
でも，運動が苦手な人は，他の方がいいと思うんじゃない？
来てもらった人も一緒に楽しめる行事がいいね。

グループから，来てほしい行事を発表させる。

「案内を出す行事を２つか３つ決めましょう。その中から，それぞれが１つ選んで案内を出しましょう。」

・運動会と音楽会か学習発表会がいい。スポーツの行事と他の行事だから，どちらか選べるから。
・図工の作品展なら，みんなの作品が同じように出ているからいいのじゃないかな。

クラスで２～３の行事に絞る。

4 対話する　誰にどんなことを伝えたらよいか考えよう。

「自分は誰に案内を出したいですか。」

・ぼくは，いなかのおじいちゃんに来てほしい。
・そうか。わたしもおばあちゃんに案内を出したら喜んでくれると思う。
・退職された１年生の時の先生に来てほしい。
・わたしは，誰にきてもらおうかな…。

「案内状を出す相手は，一人ひとり違ってもいいですよ。一番来てほしい人に決めましょう。」

決めた行事のお知らせでは，どんなことを伝えたらよいでしょう。教科書の1も参考にしましょう。
「いつ」，「どこで」「何をする」かは絶対いるね。どんな行事か分かるように説明するのも必要。
一番大事なのは，ぜひ来てほしいという気持ちが伝わることだね。

気もちをこめて「来てください」

第3時 (3/6)

本時の目標

伝えることをメモに整理し，交換して確かめ合うことができる。

授業のポイント

教科書の例を参考にして，行事の内容と相手に合わせて，伝えたいことをメモに整理させる。確かめ合いは，班などのグループで行う。

本時の評価

伝えることをメモに整理することができ，友達と交換して内容を確かめ合っている。

〈メモ用紙の使い方〉書く時間の目安を必ず決めます。「内容の説明」「自分の気持ち」「おすすめ」

板書例

・運動会のせつめいもほしい
・みじかい言葉がいい
・気もちは，ひつよう
・いちばんのおすすめも入れる

※ 児童の発言を板書する。

つたえることをメモに書く

→ メモをこうかんして，たしかめ

・ないようが正しいか
・字のまちがいなどないか
・つけたし，けずることなどないか

→ メモをなおす

1 読む 確かめる 「森川さんのメモ」を読み，必要なことが入っているか確かめよう。

教科書 P61 の2を読んで，本時の学習内容を確認する。

・今日は伝える内容をメモに書くんだね。
・友達と交換して確かめ合いもする。

「森川さんのメモ」を各自で黙読させ，書き方や内容を確認させる。

何が書いてありますか。必要なことが書いてあるか確かめましょう。
自分のすることも気持ちも書いてあるので，必要なことは全部あります。
行事の説明が書いてない。どんな運動会か分かるように説明した方がいいと思う。
日時，場所がはじめに書いてある。

2 対話する 「森川さんのメモ」で気づいたことや思ったことを話し合おう。

「森川さんのメモについて，教科書の女の子は何と言っていますか。」

・終わる時間も知らせておくと予定が立てやすい。
・ぼくも，そう思います。

「みなさんも気づいたことや，もっとこうしたらいいと思うことはありませんか。」

案内を出す相手は，2人だったらだめなのかな…?
短い言葉で書いてあるのがいい。気持ちは，書いた方が絶対いいな。
自分がすることだけじゃなくて，一番のおすすめは何かも書いた方がいいんじゃないかな…。

教科書のメモ例と対話から，メモに書く内容を確定させる。

・ぼくのメモに書く内容は決まったよ！

などを短い言葉で書かせたものを交流して書き直しさせましょう。

気もちをこめて「来てください」

㋱ あんないの手紙でつたえることをメモに整理しよう

《「森川さんのメモ」を読む》

・日時、場所がはじめ

・ひつようなことは書いてある

（自分のすること、気もち）

気づいたこと　いけん

主体的・対話的で深い学び

・「森川さんのメモ」を読んで話し合う中で，自分の書くメモの全体像がつかめるようにする。「短く」「分かりやすく」整理して書けるように，机間指導で適宜支援をしていく。間違いなどを見つけても，教師は把握しておくだけにしておいて，指摘は後のグループでの確かめ合いに委ねる。

・最後の確かめ合う場面では，出された意見は簡単にメモを取っておくように指示し，後の修正に役立つようにさせる。

準備物

・ワークシート「メモ用紙」
（児童用ワークシート見本　DVD 収録【3_12_01】）

3 書く　自分が伝えたいことをメモに書こう。

ワークシート「メモ用紙」を配る。時間を決める。

「では，自分たちもメモを書きましょう。教科書よりも，枠を１つ増やしてあります。先ほどの『一番おすすめ』のように，付け足したいことがあれば，それも書き入れましょう。」

メモ用紙
作品展の案内だから，自分のすることではなくて，自分の作品の見てほしいところを書こう。
わたしは出ないけど，最後の選手リレーが見どころだと書こうかな…。

「書けたら，間違いや抜けているところはないか，先ずは自分で確かめましょう。」

4 交流する 書き直す　メモを交換して間違いや足りないところがないか確かめ合い，書き直そう。

「メモを交換して，内容や文字は正しいか，付け足したり削ったりした方がよいことはないか確かめて，相手に伝えましょう。」

同じ行事を選んだ者どうしでメモを交換するようにする。できれば，１対１ではなく，数人のグループで複数の日で確かめられるようにする。

気持ちはしっかり書いているけど，始まる時間が抜けているよ。
こっちのは，長く書きすぎている。手紙を書くときに大事なことがどれか分かりにくくなる。
どうせなら，予定でいいので，終わりの時間も入れた方がいい。
作品展の案内は，どんな作品があるのかも知らせた方がいいと思う。

「出された意見を参考にして，書き直すところがあれば書き直しましょう。」

気もちをこめて「来てください」

第 4,5 時（4,5/6）

本時の目標

案内の手紙を書き，内容を確かめることができる。

授業のポイント

「森川さんの手紙」を参考にして，自分はどのような手紙を書くか考えさせる。

本時の評価

案内の手紙を書き，内容を読み返して確かめ，必要な個所の手直しをしている。

板書例

〈例文との比較〉自分たちのメモと森川さんのメモをていねいに比較して書く内容を決めることが

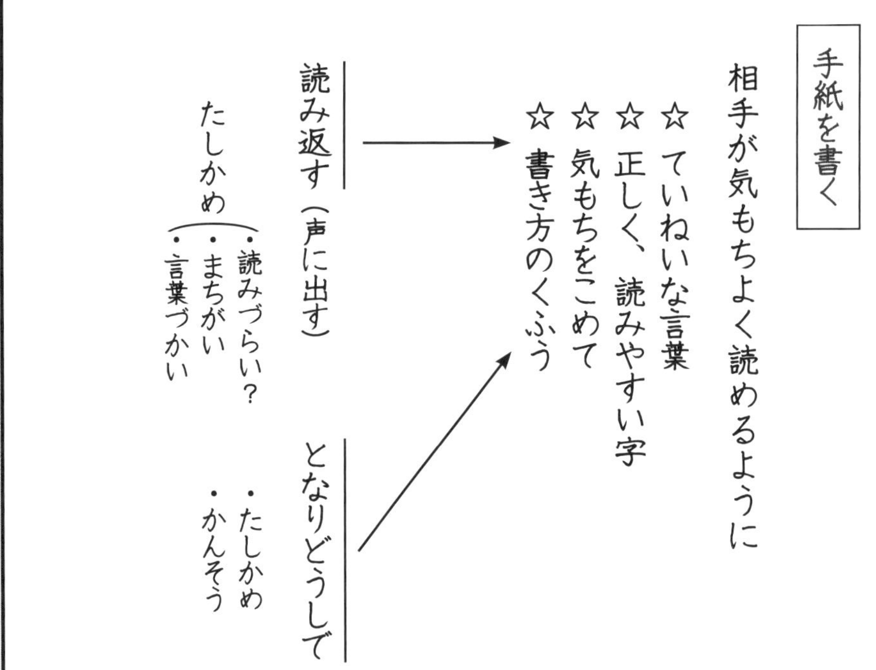

手紙を書く
相手が気もちよく読めるように
☆ていねいな言葉
☆正しく、読みやすい字
☆気もちをこめて
☆書き方のくふう
読み返す（声に出す）
となりどうして
たしかめ
・読みづらい？
・まちがい
・言葉づかい
・たしかめ
・かんそう

1 読む 確かめる 「森川さんの手紙」には何が書かれているだろう。

教科書 P62 の「森川さんの手紙」を一斉音読させる。

「森川さんの手紙は，どのような組み立てになっていますか。『はじめ』『中』『おわり』で確かめましょう。」

- 「はじめ」は，あいさつが書いてあります。
- 「中」は，伝えることが書いてあります。
- 「おわり」は，書いた日や自分の名前，相手の名前です。

何が書かれているか，もっと詳しく見ていきましょう。
「中」は，行事，日時と場所，自分がすること，来てほしいという気持ちが書いてある。
自分の名前は下に書いて，最後に相手の名前を上に書くのだね。
はじめのあいさつは，季節のことと，元気か尋ねています。

2 比べる 「森川さんの手紙」を読み，「メモ」と比べてみよう。

「森川さんの『メモ』と『手紙』を比べて，気づいたことや思ったことを話し合いましょう。」

メモにはなかったはじめのあいさつが，手紙には書いてある。
季節のことや，相手の人のことを聞いたら，相手も気持ちよく読めるね。
いきなり伝えたいことを書くのじゃなくて，あいさつをはじめに書くのって大事だと思う。

- メモでは簡単に書かれていた自分がすることや気持ちなども，きちんと文にしてあります。
- 「です」「ます」を使って，ていねいな文になっている。
- メモには，自分の名前は必要ないから書いてなかったけど，手紙の時はいるよね。
- 書いた日も入れてあるけど，これも必要だね。

大切です。

気もちをこめて「来てください」

㋱ あんないの手紙を書いて、読み返し、たしかめよう

森川さんの手紙 ↔ メモとくらべる

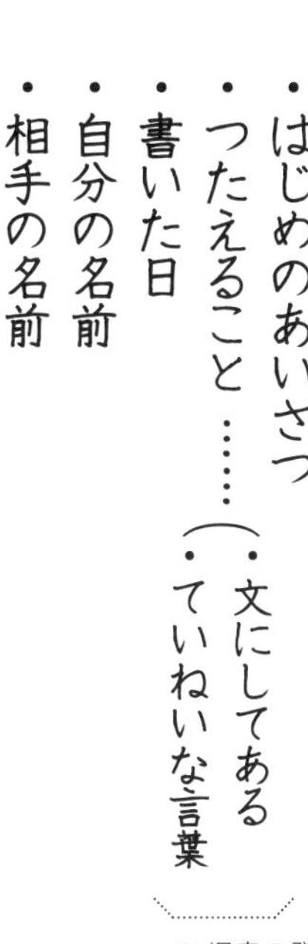

・はじめのあいさつ
・つたえること ……（・文にしてある ・ていねいな言葉）
・書いた日
・自分の名前
・相手の名前

※児童の発言を板書する。

主体的・対話的で深い学び

・一人ひとりが自分の案内状を書くことになる。モデルとなる「森川さんの手紙」をしっかり読み取らせることが，活動の前提となるので，グループで時間を取って対話させる。その上で，自分なりの工夫を考えて手紙を書かせたい。添削は，基本は自分自身でさせるが，隣どうしでの伝え合いもさせたい。

準備物

・ワークシート「手紙用紙」
（児童用ワークシート見本 DVD 収録【3_12_02】）

3 書く 案内の手紙を書く。

「いよいよ案内の手紙を自分で書いてもらいます。その前に，教科書の④も読んでおきましょう。」
・「です」「ます」を使うのは森川さんの手紙と同じ。
・字を間違えないように気をつけて，読みやすい字で書くのがいいね。
・相手が気持ちよく読めるように書けばいい。

気持ちをこめて手紙を書きましょう。書き方や内容は自分なりの工夫をしてみましょう。
はじめのあいさつを工夫しよう。なんて書こうかな…。
メモがあるから，書きやすい。終わりの時間も入れて，内容の説明を詳しく分かりやすく書こう。

教師は，机間指導で書いている状況を把握しておく。

4 読み返す 対話する 手紙を読み返して声に出して確かめ，友達に見せて感想を伝え合おう

「書けたら，声を出して読み返して，読みづらいところはないか確かめましょう。」

各自で一斉に音読するので，教室が騒がしくなるが，自分の読む声が聞こえたらそれで構わない。

・ちょっと文が長いので読みにくいな。２つの文に分けよう。

「次に，内容や言葉遣いや漢字などの間違いがないか確かめましょう。」
・「来てください」が「来てね。」になっていた。直しておこう。

最後に隣どうしで見せ合って，間違いがないか確かめ，感想を伝えましょう。
「来てほしい」って気持ちがすごくよく出ていていいね。
ここが漢字で書けるから書いた方がいいよ。

気もちをこめて「来てください」 第6時 (6/6)

本時の目標

手紙を届け，学習を振り返ることができる。

授業のポイント

これまでの学習を振り返り，学んだことを振り返らせる。
手紙の書き方や案内状と普段の手紙との違いも考えさせる。

本時の評価

手紙の届け方が分かり，学習を振り返って学んだことを確かめている。

〈振り返り〉 本単元で学習した「案内の手紙」と今まで書いていた手紙との違いを，対話を通して

板書例

◇学習をふりかえる
・言葉づかい
・何を知らせる
・今までの手紙とあんないの手紙をくらべる

◇分かったこと・できるようになったこと
・気もちをつたえることが大切
・ていねいな言葉が使える
・あんないの手紙が書ける
→ 相手が知りたいことをつたえる

※ 児童の発言を板書する。

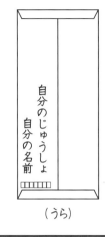

自分のじゅうしょ
自分の名前
（うら）

1 めあて つかむ 書いた手紙の届け方を考えよう。

「書いた手紙を相手の人に届けます。まず，教科書の5を読みましょう。」
・封筒に入れて渡すところまでするのだね。
・地図やプログラムを入れるのは，いい考えだ。相手の人も，よく分かると思う。

「他にも，入れたいものがあれば，入れてもいいですよ。」
・去年の写真を入れたら，もっとよく分かる！

相手の人に，どうやって届けますか？
おじいちゃんの田舎は遠いので，郵便で出さないと届けられない。
近所だから，ポストに入れておこうかな…。
久しぶりに保育園に行って，先生に渡してこよう。

2 調べる 書く 手紙の封書の書き方を調べ，書いてみよう。

「郵便で送らないといけない人もいますね。教科書の137ページに『あて名の書き方』が載っているので，郵便で出さない人も一緒に見て，分かったことを発表しましょう。」

相手の住所は封筒の表の右側に書きます。
相手の名前は，真ん中に少し大きく書く名前の下に様をつける。
自分の名前と住所は，封筒の裏の右下に，相手の住所，名前より小さく書く。
郵便番号も調べて書かないといけないよ。

封筒を全員に配り，郵送しない児童も練習させる。相手のあて名と住所，郵便番号は前日に予告して調べてくるように伝えておく。

「では，封筒の表と裏を書く練習をしましょう。郵便で案内を出す人は，その封筒を使います。」

ワークシートで封筒の書き方を練習させてもよい。

比較し考える中で，学びを広げさせましょう。

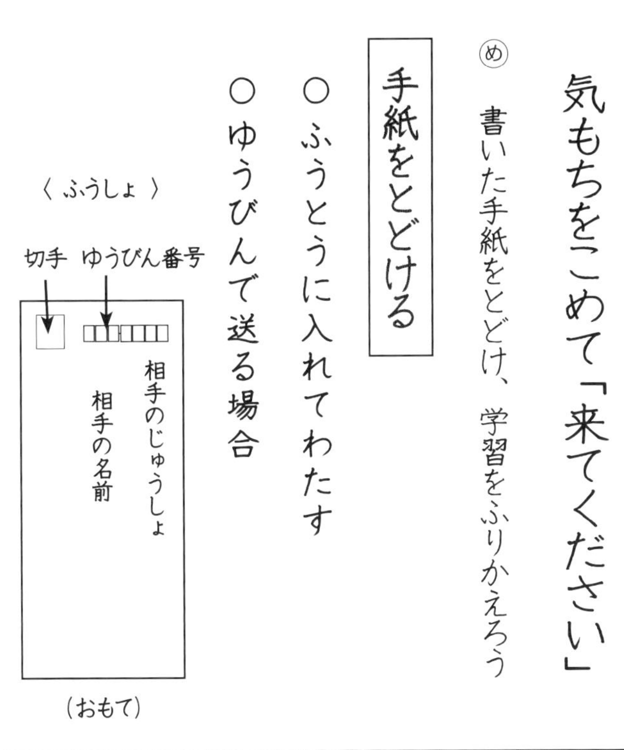

気もちをこめて「来てください」
め 書いた手紙をとどけ、学習をふりかえろう
手紙をとどける
○ふうとうに入れてわたす
○ゆうびんで送る場合
〈ふうしょ〉
切手
ゆうびん番号
相手のじゅうしょ
相手の名前
（おもて）

主体的・対話的で深い学び

・案内の手紙の書き方や出し方で学んだことを振り返って確かめ，これからの生活や学習に生かせるようにする。必要な時には，「手紙が出せる」「出してみよう」とする自信を持たせたい。

・展開３のように，「案内の手紙」とこれまでに児童が友達に書いていた手紙との違いなどをグループの対話を通して確かめ，学びを広げさせたい。

準備物

・ワークシート（封書のおもて・うら）
（児童用ワークシート見本 DVD 収録【3_12_03】）

3 振り返る 対話する　学習を振り返り，これまでに書いた手紙との違いを考えよう。

教科書 P63「ふりかえろう」を読ませる。

「言葉の使い方で気をつけたのはどんなことですか。」

・文の終わりの言葉を「です」「ます」にして，ていねいな言葉にしました。
・「ください」と書いたところもあったよ。

「案内の手紙でどのようなことを知らせたらよかったのですか。」

・いつ，どこで，何をするか。
・自分の気持ちや，行事の説明など。

今までに書いた手紙と案内の手紙とどんな違いがありましたか。
今まで友達に書いた手紙は，書きたいことを自由に書いた。丁寧な言葉も使わなかった。
案内の手紙は，書き方や内容が決まっているね。ちょっと改まった感じ。

4 まとめ　学習して分かったことやできるようになったことを確かめよう。

「学習してきて，分かってよかったことやできるようになったことはありますか。まず，教科書の『たいせつ』を読んで，確かめましょう。みんなできるようになりましたか。」

日時や場所など，ちゃんと書けた。これからも，思い出してできると思うよ。
これからは，ていねいな言葉づかいで文が書けそうです。
気持ちを伝えることが，来てもらうために大事だと分かりました。

・「いかそう」に書いてあるように，相手が知りたいことを伝えることも案内では大事だね。

「また機会があれば案内の手紙を書いてみましょう。」

漢字の広場３

全授業時間２時間

◉ 指導目標 ◉

- 第２学年までに配当されている漢字を書き，文や文章の中で使うことができる。
- 間違いを正したり，相手や目的を意識した表現になっているかを確かめたりして，文や文章を整えることができる。
- 積極的に第２学年までに学習した漢字を確かめ，今までの学習をいかして，漢字を適切に使った文を作ろうとすることができる。

◉ 指導にあたって ◉

①　教材について

全学年の配当漢字を，与えられた条件で使うことで漢字の力をつけようとする教材の３回目です。「漢字の広場３」では，「時を表す言葉」を使って，日曜日の出来事と今週の予定を書きます。児童の日常生活と直結した教材です。漢字の復習や文作りだけでなく，自分の生活をちょっと振り返ってみる機会としても利用できます。

「時を表す言葉」のように，対象を限定していろいろな言葉を考えたり，書いたりすることで，語彙を豊かにすることもできます。教科書に載っている以外にも，時を表す言葉はないかを考えさせてみるのもよいでしょう。文作りも３回目です。よりよい文作りを意識して書くことができるよう，書いた文を読み返すこともさせましょう。

②　主体的・対話的で深い学びのために

イラストからお話を考えたり，想像を膨らませたりすることは，どの児童にとっても，楽しく活動することができるでしょう。特に，日常生活から想像しやすい今回の場面設定のイラストからは，児童は容易に想像を膨らますことができます。考えたお話を友達と楽しみながら交流し，スムーズに文章作りに取り組めるでしょう。また，グループでよい文を検討する活動を取り入れることで，友達の作品のよさや自分の作品のよさにも気づくことができます。

◉ 評価規準 ◉

知識及び技能	第２学年までに配当されている漢字を書き，文や文章の中で使っている。
思考力，判断力，表現力等	「書くこと」において，間違いを正したり，相手や目的を意識した表現になっているかを確かめたりして，文や文章を整えている。
主体的に学習に取り組む態度	積極的に第２学年までに学習した漢字を確かめ，今までの学習をいかして，漢字を適切に使った文を作ろうとしている。

◉ 学習指導計画　全２時間 ◉

次	時	学習活動	指導上の留意点
1	1	・教科書 P64 を見て，２年生で習った漢字の読み方を確かめる。 ・絵を見て，日曜日の出来事と家の人の今週の予定を簡単に考える。 ・漢字の書き方を確認する。	・ペアやグループの人と日曜日の出来事と家の人の今週の予定を想像する部分では，話し合いでイメージを十分膨らませる。 ・書く時間も十分取って，漢字の定着を図る。
	2	・教科書の例文を読んで，文の作り方を知る。 ・「時を表す言葉」を確認し，提示された漢字を使って，日曜日の出来事や今週の予定について文を書く。 ・書いた文を友達と読み合い，交流する。	・ペアやグループの人と間違いがないかを確かめ合い，間違った字があれば書き直しをする。

DVD 収録（漢字カード，イラスト）※本書 P140，141 に掲載しています。

漢字の広場３

第１時（1/2）

本時の目標

日曜日の出来事と家の人の今週の予定を簡単に考え，２年生で習った漢字を正しく読み，書くことができる。

授業のポイント

ペアやグループの人と日曜日の出来事と家の人の今週の予定を想像する部分では，話し合いでイメージを十分膨らませる。書く時間も十分取って，漢字の定着をはかる。

本時の評価

日曜日の出来事と家の人の今週の予定を簡単に考え，第２学年までに学習した漢字を確かめようとしている。

〈漢字カードの使い方〉ままず，イラストの上に漢字カードを貼り，読み方を確かめます。次に，

板書例

1 日曜日（にちようび） 朝（あさ） 顔（かお）
2 人形（にんぎょう） 室内（しつない） 妹（いもうと）
3 午前（ごぜん） 外（そと） 何回（なんかい）
4 午後（ごご） 来る（く） 半分（はんぶん）
5 父（ちち） 母（はは） 肉（にく）
6 夜（よる） 思い出す（おも） 日記（にっき）
7 今週（こんしゅう） 弟（おとうと）
当番（とうばん） 毎日（まいにち）
8 兄（あに） 小刀（こがたな） 作る（つく）
9 姉（あね） 楽しみ（たの）
テレビ番組（ばんぐみ）
10 東京（とうきょう） 行く（い）

※ イラストの上の漢字カードを1～10の番号ごとに移動する。

◇どんなお話かな？

日曜日
・午前になわとびをした
・午後に友だちが来た

来週
・兄…小刀で船を作る
・姉…テレビ番組を楽しみにしている
・弟…うさぎ小屋の当番のしごとをする
・母…東京に遊びに行く

※ 児童の発言を板書する。

1 読む 確かめる　２年生の漢字を声に出して読もう。

「２年生で習った漢字が出ています。ペアの人と読み方を確かめましょう。」

２年生で覚えられなかった児童，一度覚えても忘れてしまった児童がいると考えられる。読みの段階から，丁寧に取り組んでいく。

「日曜日」「朝」「顔」…，前の「漢字の広場２」で頑張ったから読めるようになってきたよ。
たけしくん，漢字をちゃんと読めるようになっているね。すごい！

「全体で漢字の読み方を確認します。声に出して読みましょう。」
・「にちようび」「あさ」「かお」…

はじめから１つずつ漢字の読みを確認していく。

2 出し合う 対話する　絵に番号を振り，どのようなお話なのか，順番に確認しよう。

「教科書の絵に1～10の番号を書きましょう。」

「次は，10枚の絵を見てみましょう。どのようなお話ですか。」

2では，わたしが，室内で妹と人形で遊んでいます。
室内
2
妹
人形
外
午前
3
何回
3では，午前中に，外でなわとびを何回とべるか，チャレンジしているね。

順番に絵にどのようなものが出てくるかを，簡単に確認していく。

「ある女の子（わたし）の日曜日の出来事と，家の人の今週の予定の絵になっているのですね。」

確認した内容は，次時の文作りにつなげる。そのためにも，まず絵をよく見ることから始める。

カードを番号ごとに黒板の左に移し，板書として使います。

漢字の広場　3

㋱ 二年生の漢字をふく習しよう
絵からそうぞうをふくらませよう

1
朝
日曜日
顔
2
室内
妹
人形
3
外
午前
何回
4
午後
来る
半分
5
母
父
肉
6
夜
思い出す
日記
7
毎日
今週
弟
当番
8
作る
小刀
兄
9
テレビ番組
姉
楽しみ
10
行く
東京

※ イラストの上に漢字カードを貼る。
※ 1～10の番号をイラストに書く。

主体的・対話的で深い学び

・イラストからお話を考えたり，想像を膨らませたりすることは，どの児童にとっても，楽しく活動することができるだろう。想像を膨らませて，友達と考えたお話を交流することによって，次時の文章作りがスムーズになる。

準備物

・漢字カード　DVD 収録【3_13_01】

・教科書 P64の挿絵の拡大コピー
（黒板掲示用イラスト　DVD 収録【3_13_02】）

3 想像する 対話する　1～10の場面を想像し，どのような場面なのかを話し合おう。

「では，1～10の絵から見つけたことをもとに，お話の絵を見て，もっと想像してみましょう。」

弟は，今週うさぎ小屋の当番になっていて，毎日お世話をしに行くんだね。
えさをあげたり，そうじをしたり，毎日頑張るなんてえらいね。

「日曜日の出来事と今週はどのような予定なのかを確認しましょう。」

- お兄さんは，おじいちゃんと一緒に小刀を使って，船を工作します。
- お姉さんは，楽しみにしている歌のテレビ番組を見るそうです。
- おばあさんは，東京に行くのを楽しみにしています。

4 書く 確かめる　2年生で習った漢字をノートに書こう。

「2年生で習った漢字を，正しくノートに書く練習をしましょう。」

次時の文作りで，この漢字を使って正しく書くために練習することを共通理解させ，目的意識を持たせる。

次の時間に，これらの漢字を使って，文作りをします。正しく書く練習をしましょう。
よし，間違えないように頑張って書くぞ！
「曜」の字は，難しいから，自信がないな…。

書いた漢字を隣の人と確認し合ったり，自ら確かめたりする時間も大切にする。

「曜」「室」「番」などの漢字は，高学年でも間違えやすい。丁寧に確認していく。

漢字の広場 3

第 2 時 (2/2)

本時の目標

提示された漢字を使って，今週の様子と来週の予定を表す文を作ることができる。

授業のポイント

ペアやグループの人と間違いがないかを確かめ合い，間違った字があれば書き直しをさせる。

本時の評価

間違いを正したり，相手や目的を意識した表現になっているかを確かめたりして，文や文章を整えている。

〈漢字カードの使い方〉まず，イラストの上に漢字カードを貼っておきます。児童が使用したカードを

板書例

わたしは、日曜日の朝早くに、顔をあらいました。
わたしは、室内で妹と人形をつかって遊びました。
わたしは、午前中に外でなわとびを何回とべるか、お母さんに見てもらいました。
わたしは、午後から友だちが来るので、おやつを半分に切りました。
わたしは、肉を切って父と母のお手つだいをしました。
わたしは、夜に今日あったことを思い出して、日記に書きました。
今週、弟は、うさぎのおせわの当番のしごとを毎日します。
兄は、おじいちゃんと小刀で船を作ります。
姉は、楽しみにしている歌のテレビ番組があります。
おばあちゃんは、今週、東京に行くのを楽しみにしています。
※ 1～10のイラストを分割して貼り，その下に児童が発表した文を板書する。

1 めあて つかむ 時を表す言葉を集めよう。例文を読んで，文の作り方を知ろう。

「教科書の挿絵の中に，時を表す言葉があります。どれでしょうか。」

午前と午後は，２年生の算数で習ったから，時を表す言葉です。
月曜日とかも時を表す言葉だと思います。

「今までに学習したことを思い出して，探している人がいましたね。」

児童から出される言葉を分類しながら，板書する。

「『れい』の文を読みましょう。この文には，どの場面のどの漢字，どの時を表す言葉が使われていますか。」

・1の場面で，『日曜日』と『朝』です。
・『日曜日』が時を表す言葉です。

「今日は，時を表す言葉と漢字を使って文を作ります。」

2 書く 時を表す言葉を使って，短い文作りをしよう。

では，時を表す言葉を使った文をノートに書きましょう。
2の場面から，順番に考えよう。
「わたしは」で書き始めればいいのかな。

「使った漢字は，○で囲んでおくと分かりやすいですよ。教科書の漢字が全部使えたらすごいね。」

文の始まりは中点（・）で始めることや箇条書きという言葉も教えておくと，様々な場面で活用できる。

書くことが遅い児童もいるので 15 分は時間を取り，たくさん文を作らせる。全場面の文を作り終えた児童には，困っている友達のサポートに回らせたりする。

「1～6は，『わたしは』で書き始めましょう。但し，教科書の例文のように，主語の『わたしは』を書かなくても文は作れます。7～10の主語には気をつけましょう。」

移動させると，使用していない残りの漢字がすぐに分かります。

漢字の広場 3

ⓜ 時を表す言葉を使って、文を書こう

◇ 時を表す言葉を集めよう

いつ … 朝・昼・晩・午前・午後・毎日 など

曜日 … 月・火・水・木・金・土・日

◇ 文づくりをしよう

（れい） 日曜日の朝は、おきるのがおそくなりました。

主体的・対話的で深い学び

・イラストからお話を考えたり，想像を膨らませたりすることは，どの児童にとっても，楽しい活動である。また，その膨らませた想像から文を作ることも，友達と交流する活動を通して，おもしろいと感じさせたい。

・グループでよい文を検討することで，友達の作文のよさを見つけ合わせる。

準備物

・漢字カード（第１時使用のもの）

・黒板掲示用イラスト（第１時使用のもの）

・ホワイトボード（グループ数）

3 対話する 確かめ合う 考えた文をグループで交流しよう。

「隣どうし（グループ）で交換して，間違いや『もっとこうしたらよくなる』ということを伝え合いましょう。」

交換して読み合い，文字や文の間違いや，直せば文がよりよくなるところがないか確かめ合わせる。自分でも必ず読み直しをさせる。

【3の場面についての話し合い】
「わたしは，午前に外でなわとびを十回とびました。」にしたよ。
お母さんもいるから，「お母さんに見てもらった」にしよう。
午前中にしたら，いいと思うよ。

「確かめ合えたら，グループの中で最もよいと思う文を選びましょう。」

各グループに，どの絵の文を発表するか決めて分担させる。

4 交流する それぞれのグループで選んだ文を交流しよう。

「グループで考えた文を発表してもらいましょう。」

わたしたちの考えた3の文を発表します。
「わたしは，午前中に外でなわとびを何回とべるか，お母さんに見てもらいました。」にしました。

場面の順に，グループで選んだ文を黒板に書かせたりホワイトボードに書かせたりして，発表させる。

グループごとに発表させてから，時間があれば，各場面で作った他の文も発表させていくことも考えられる。

「教科書の絵を見て上手に今週の予定を書けましたね。」

最後に，時を表す言葉を使って自分のことを文にして発表させてもよい。

朝	姉	兄	父	作	行
顔	妹	弟	母	楽	思
外	夜	肉	来		
室内	午前	午後	何回	小刀	今週
人形	毎日	半分	当番	日記	番組
思い出す	日曜日	東京			

3　登場人物の変化に気をつけて読み，感想を書こう

まいごのかぎ

全授業時間６時間

◉ 指導目標 ◉

・様子や行動，気持ちや性格を表す語句の量を増し，語彙を豊かにすることができる。
・登場人物の気持ちの変化や性格，情景について，場面の移り変わりと結び付けて具体的に想像することができる。
・登場人物の行動や気持ちなどについて，叙述を基に捉えることができる。
・積極的に登場人物の気持ちの変化を想像し，学習課題に沿って，物語の感想を書こうとすることができる。

◉ 指導にあたって ◉

①　教材について

主人公の「りいこ」は，いつも「よけいなこと」をしては失敗をしています。その主人公が，学校からの帰り道に見つけた「かぎ」で，様々な不思議な出来事に出会い，そのことを通して変化していく姿を読み取る物語です。

この教材では，文中の言葉を手掛かりにして，出来事と主人公の様子や気持ちをとらえ，感想を書いて伝え合います。不思議な出来事に児童は引きつけられ，楽しみながら読み取って感想を書くことができるでしょう。

②　主体的・対話的で深い学びのために

物語の最初と最後で主人公がどのように変化したのかを考えます。その「かぎ」となるのが，不思議な出来事との出会いとその時の主人公の気持ちです。指導計画では，その場面を１時間多く設定していねいに読み取っていくようにしました。

出来事や主人公の行動などは，できる限り個々の児童の力で見つけさせ，後で交流をして確かめていかせます。主人公の気持ちや変化の読み取りは，グループでの対話を重視して，話し合いの中で，より深い認識を目指していきます。

感想を書く前提となる「おもしろい」「好き」と思うところについては，感想を書く前に意見交流をさせることで，何を取り上げて書けばよいか分からないという児童に配慮します。どの児童も多様な選択肢の中から題材を選んで感想が書けるようにします。

◉ 評価規準 ◉

知識 及び 技能	様子や行動，気持ちや性格を表す語句の量を増し，語彙を豊かにしている。
思考力，判断力，表現力等	・「読むこと」において，登場人物の行動や気持ちなどについて，叙述を基に捉えている。 ・「読むこと」において，登場人物の気持ちの変化や性格，情景について，場面の移り変わりと結び付けて具体的に想像している。
主体的に学習に取り組む態度	積極的に登場人物の気持ちの変化を想像し，学習課題に沿って，物語の感想を書こうとしている。

◉ 学習指導計画　全６時間 ◉

次	時	学習活動	指導上の留意点
1	1	・扉のページから，どんな話か想像する。 ・学習課題と進め方を確認する。 ・出来事を想像しながら音読を聞く。 ・初発の感想を交流する。	・扉のページから想像を膨らませて，作品に興味を持たせる。 ・出来事ごとに区切りながら音読し，出来事を想像させ，作品の世界に入り込ませる。
	2	・場所と出来事で場面に分ける。 ・はじめ～公園の場面で起こったことと，その時の主人公の様子や気持ちを確かめていく。	・「場面」「主人公の行動・起こったこと」「主人公の様子や気持ち」をワークシートに書き出していかせる。
2	3	・後半の場面を音読する。 ・あじの開きの場面～終わりで起こったことと，その時の主人公の様子や気持ちを確かめていく。	・バス停とバスが出てくる場面で，それまでとの違いが大きくなることに気づかせ，主人公の変化が確かなものになる最後の場面へつなげていく。
	4	・最初の場面，途中の場面，最後の場面での，主人公の考えや気持ちの変化を見ていく。 ・主人公がどのように変化したのか，その理由は何か話し合う。	・前時に作成した表や文中の言葉などを手掛かりにして，主人公の変化を確かめていく。 ・なぜ変わったのかについても，十分話し合わせる。
3	5	・出来事や主人公について「おもしろい」「好き」と思ったところを選び，選んだ理由をまとめる。 ・選んだことを題材にして，書き出しと結びを工夫して，感想を書く。	・いきなり書かせるのではなく，「おもしろい」「好き」なところやその理由などを十分話し合わせてから書かせる。
	6	・感想文を交換して読み合い，思ったことを伝え合う。 ・学習を振り返る。 ・不思議な出来事の物語の本について知り，読み聞かせを聞く。	・グループ全員の感想を読み合い，全員に読んで思ったことを伝える。 ・本の紹介だけでなく，１冊読み聞かせをして，読んでみたいという意欲を持たせる。

DVD **収録（イラスト，児童用ワークシート見本）** ※本書 P156，157 に掲載しています。

まいごのかぎ

第 1 時 (1/6)

本時の目標

学習のめあてとすすめ方を確かめる。不思議な出来事を想像しながら物語を読み，感じたことを発表することができる。

授業のポイント

展開３の場面に時間をかけ，次にどんな出来事が起こるか想像しながら物語を読ませる。

本時の評価

学習のめあてとすすめ方が確かめられた。不思議な出来事を想像しながら物語を読み，感じたことを発表し交流している。

〈範読と想像〉教科書は開かずに聞かせましょう。不思議な出来事の前で範読を中断し，児童に

板書例

学習のめあて
「登場人物のへんかに気をつけて
読み、感想を書こう。」

ふしぎな出来事
さくらの木 → どんぐりがふってくる
ベンチ → ひだまりでねそべる
あじの開き → はばたいてうかびあがる
バス → 時こく表がめちゃくちゃ
たくさんやって来て、ダンスをする

ようすや気もちが分かるところ
・どんどんうつむいていって
・道の方に後ずさりしながら

※ 児童の発言を板書する。

1 想像する　題から，どんな話か想像して話し合おう。

教科書の扉のページ（P65）を開けさせる。

「どんなお話なのか，題の『まいごのかぎ』から想像してみましょう。」
・かぎが，まいごになった？
・まいごの子どもが持っていたかぎ？
「下の絵や左の３行の文からも考えてみましょう。」

絵をかいているけど，この絵と「まいごのかぎ」と，どんな関係があるのかな？
「何かを見つけます」と書いてあるから，それが「まいごのかぎ」じゃないかな。
きっと，「まいごのかぎ」で，何か事件が起きるんだよ。この女の子が主人公の「りいこ」だろうね。

ここでは，いろいろと想像を巡らせて話し合わせ，物語に興味を持たせていく。

2 めあてつかむ　学習のめあて（課題）と進め方を確かめよう。

「どんな学習をしていくのか，めあてや進め方を確かめます。扉のページの右上の文を見ましょう。」
・「読む」のマークがついている。
・「登場人物のへんかに気をつけて読み，感想を書こう。」これが学習のめあてになるのだね。
・感想文も書くんだ。
・登場人物のへんかって，何だろう？

82ページの「見通しをもとう」も見ておきましょう。
登場人物の変化というのは，不思議な出来事で変化が起きるのね。
様子や気持ちを表す言葉に気をつけて，お話を読んでいくのだね。
お話の中で不思議な出来事が出てくる。「まいごのかぎ」と関係あるのかな。

「大体，どのように勉強していくのか分かりましたか。」

想像させてから読み進めることを繰り返していきます。

まいごのかぎ

斉藤（さいとう）倫（りん）

ⓜ ようすや気持ちを表す言葉に気をつけ、ふしぎな出来事をそうぞうしながら物語を読もう

◇どんな話かそうぞうしよう

・絵とかぎのかんけいは？

・かぎで事けんがおこる？

・女の子がかぎを見つけた。

※児童の発言を板書する。

主体的・対話的で深い学び

・扉のページから，どんな物語なのか想像させ，作品に興味を持たせる。範読は教科書を開かずに聞かせ，どんな不思議な出来事が次に起こるか想像させ，作品の世界に児童を引き込んでいく。

・範読後に，簡単な感想を出し合わせ対話させる。

準備物

・黒板掲示用イラスト DVD 収録【3_14_01】

3 聞いて想像する　不思議な出来事を想像しながら範読を聞こう。

「はじめに先生が読んでみますから聞いてください。」

教科書は開かずに聞かせる。不思議な出来事の前で範読を中断し，児童に想像させてから読み進めることを繰り返していく。

…回すと，ガチャンと，音がしました。「あっ」思わず，叫びました。…さあ，どんな不思議な出来事が起きたのでしょう？
え～，何だろう。木の幹にドアがあらわれて，開いた？
木が動き出した…かな？まさか…。

「何が起きたかというと…木がぶるっと…」

・桜の木から，どんぐりが降ってきた !!

・わたしだったら，かぎを捨てて逃げるよ。

「続きを読んでいきます。さらに下っていくと…カチンとかぎを回す音が，あたりにひびきました。…今度は何が起きたのでしょう。」

以下同様のやり取りを繰り返していく。

4 音読する 話し合う　様子や気持ちを表す言葉を見つけ，読んで感じたことを発表しよう。

「では今度は，みなさんに読んでもらいます。様子や気持ちを表す言葉はないか，気をつけて読みましょう。」

1ページずつぐらいで交代しながら，音読をさせる。教師は不思議な4つの出来事を簡単に確かめながら板書する。

様子や気持ちを表す言葉は見つかりましたか。
「どんどんうつむいていって」
「道の方に後ずさりしながら，言いました」
「でも，もしかしてー」ももしかして，そうかな。

「読んで感じた簡単な感想を言いましょう。」

・まいごのかぎで，いろいろ不思議なことが起きておもしろかった。

・まいごのかぎは，りいこが消したウサギがくれたのかな。

まいごのかぎ

第 2 時 (2/6)

本時の目標

場所と出来事に気をつけて，場面に分け，前半の場面のりいこの様子や気持ちを確かめることができる。

授業のポイント

場面ごとに，起こった出来事とその時のりいこの様子や心情をグループで話し合い，全体で交流させる。

本時の評価

場所と出来事に気をつけて場面に分け，前半の場面のりいこの様子や気持ちを確かめている。

〈対話の場面〉「りいこ」の様子や気持ちについて場面ごとにグループで対話させます。話し合った

板書例

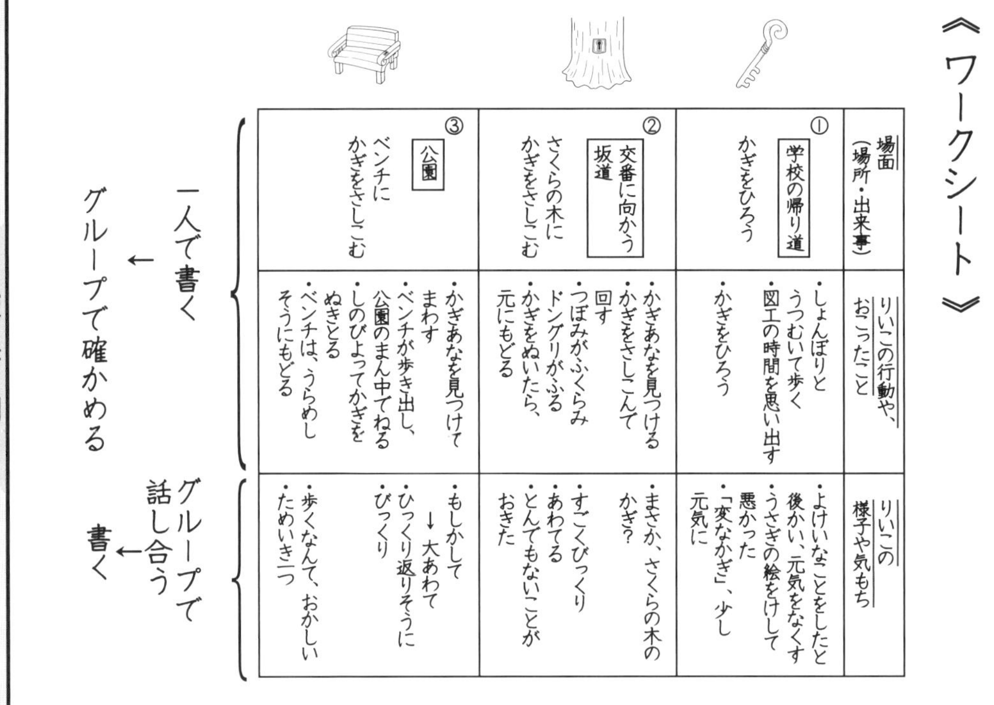

《ワークシート》

場面（場所・出来事）	りいこの行動や、おこったこと	りいこの様子や気もち
① 学校の帰り道 かぎをひろう	・しょんぼりとうつむいて歩く ・図工の時間を思い出す ・かぎをひろう	・よけいなことをしたと後かい、元気をなくす ・うさぎの絵をけして悪かった ・「変なかぎ」、少し元気に
② 交番に向かう坂道 さくらの木にかぎをさしこむ	・かぎあなを見つける ・かぎをさしこんで回す ・つぼみがふくらみドングリがふる ・かぎをぬいたら、元にもどる	・まさか、さくらの木のかぎ？ ・すごくびっくりあわてる ・とんでもないことがおきた
③ 公園 ベンチにかぎをさしこむ	・かぎあなを見つけてまわす ・ベンチが歩き出し、公園のまん中でねる ・しのびよってかぎをぬきとる ・ベンチは、うらめしそうにもどる	・もしかして ↓ 大あわて ・ひっくり返りそうにびっくり ・歩くなんて、おかしい ・ためいき一つ

一人で書く ← グループで確かめる

グループで話し合う ← 書く

1 分ける 場所と出来事に気をつけて，場面に分けよう。

「場所と出来事を確かめながら，お話を場面に分けましょう。」

各自で黙読し，場面が変わったところに印をつける。

「分けられたら，みんなで確認していきましょう。」

最初は学校からの帰り道で，かぎを拾った場面です。
でも，学校のことを思い出しているのは出来事ではないから，かぎを拾うまでだよ。
最初は学校での出来事を思い出している場面で，その次がガードレールの近くでかぎを拾った場面だよ。
2つに分けることもできそうですが，今回は帰り道でかぎを拾う場面としましょう。

・次は，交番に向かう坂道で，桜の木にかぎを差し込んだらどんぐりが降ってきた。

前時の板書も参考にして，場面を確かめていく。文のどこが切れ目になるかは，あまりこだわらなくてもよい。

2 対話して読み取る① はじめの場面で起こったこと，りいこの様子や気持ちを確かめよう。

ワークシートを配る。

「かぎを拾った最初の場面で，りいこがしたことや起こったことを順にワークシートに書き込みましょう。」

・しょんぼりと，うつむいて歩いていた。
・図工の時間を思い出していた。
・こがね色のかぎをひろった。

この時のりいこの様子や気持ちを話し合い，ワークシートに書き込みましょう。
またよけいなことをしたと後悔して，だんだん元気をなくしている。
かぎを見つけたときは，変なカギだと思った。でも交番に届けようと元気が出てきた。
ウサギの絵を消して，悪かったと思っている。

ワークシートに書き込んだことを発表して全体で交流する。

ことをワークシートにまとめさせ，全体で交流しましょう。

まいごのかぎ

㋱ 場面に分け、おこったことと、りいこの行動、様子、気持ちをたしかめよう

《場面》↑ 場所・出来事

① かぎをひろう
② さくらの木にかぎをさしこむ
③ 公園のベンチにかぎをさしこむ
④ あじの開きにかぎをさしこむ
⑤ バスていのかんばんにかぎをさしこむ
⑥ バスが帰っていく

主体的・対話的で深い学び

・「場所」，「りいこの行動」，「起こった出来事」については，先ず自分でワークシートに書き込んでから，グループで確かめ合って必要な個所は修正加筆させる。「りいこの様子や心情」は，グループで話し合ってからワークシートに書き込ませる。最後は，全体で交流し確認していく。

準備物

・黒板掲示用イラスト（第1時で使用したもの）
・ワークシート（ノートに書かせてもよい）
（児童用ワークシート見本 DVD 収録【3_14_02】）

3 対話して読み取る② さくらの木の場面で起こったこと，りいこの様子や気持ちを確かめよう。

「次の場面で，りいこがしたことや起こったことを，ワークシートに書き込みましょう。」
・桜の木の根元に，かぎ穴を見つけた。
・かぎを差し込んで回した。
・つぼみがみるみるふくらんで，ドングリが雨のように降ってきた。
・かぎを抜いたら，桜の木は元にもどった。

同じようにりいこの様子や気持ちを話し合ってワークシートに書き込みましょう。
まさかそんなことはないだろうと思いながらかぎを差し込んだ。
ドングリが降ってきたときは，すごくびっくりしたと思う。
とんでもないことが起こったと慌てただろうな。

ワークシートに書き込んだことを発表して全体で交流する。

4 対話して読み取る③ ベンチの場面で起こったこと，りいこの様子や気持ちを確かめよう。

「今度は，どんな場面ですか。」
・公園のベンチの手すりに，かぎを差し込む。
「同じように，ワークシートに書き込みましょう。」
・通り過ぎようとしたけど，かぎを回してしまった。
・ベンチが歩き出し，公園の真ん中で寝てしまった。
・かぎを抜かれたベンチは，うらめしそうに振り返ってから，元の場所にもどった。

同じように話し合って，ワークシートに書き込みましょう。
もしかしてと思ったのが本当になって大慌て。
うらめしそうに振り返ったベンチのことをどう思ったのかな？
ベンチが動き出して，ひっくり返りそうになるほど驚いた。

ワークシートに書き込んだことを発表して全体で交流する。

まいごのかぎ

第３時　(3/6)

本時の目標

後半の場面の「りいこ」の様子や気持ちを確かめることができる。

授業のポイント

バス停の場面が，それまでの不思議な出来事が起こった場面と違うことに気づかせ，最後の場面へとつなげていく。

本時の評価

後半の場面の「りいこ」の様子や気持ちを確かめている。

〈対話の場面〉第２時に続いて各場面の「りいこ」の様子や気持ちをグループで読み取ります。バス停の場面と

板書例

場面（場所・出来事）	りいこの行動や、おこったこと	りいこの様子や気持ち
④ 国道のわき あじの開きに かぎをさしこむ	・すいこまれるように かぎをさして回す ・開きがはばたきうかび 上がる ・あわててとびつき、 かぎをぬく	・ただのあなでは なさそう… ・あっけにとられて 見ている ・またよけいなことを した ・悲しくなった
⑤ 海岸通り バスていの かんばんに かぎをさしこむ	・まよったけど、かぎを 回す ・時こく表の数字が 動く ・かぎをぬいても元に もどらない ・たくさんのバスが、 がっそうとダンス	・これでさいごにしよう ・ほっとしたけど、 がっかり ・「すごい」 目をかがやかせる ・すぐに、わくわくした 自分がいや ・こわくなった ・おまわりさんに しかられる ・ダンスにみとれる 「楽しい」
⑥ 石段の下 バスが帰っていく	・バスはまんぞくして 帰っていく ・うさぎが、バスの まどから手をふる ・りいこも手をふり返す ・かぎはなくなっている	・みんな楽しめたと 気づいた ・よろこんでくれて よかった ・けしたうさぎがいて よかった、うれしい ・いつまでも手を ふりつづけた

（⑤では、いままでとちがう）
→
・かぎをぬいても、元にもどらない
・目をかがやかせて
・とても楽しそう

1 振り返る 音読する　前時の学習を振り返り，後半の場面確認をして音読をしよう。

前の時間の復習をしましょう。どんな出来事が起こったのですか。
りいこが，学校の帰り道でかぎを拾った。そのカギで不思議な出来事が起こっていった。
さくらの木のかぎ穴に入れて回したら，みるみるつぼみがふくらみドングリが一杯降ってきた。
次は，公園のベンチが歩き出して，寝てしまった。

自分の言葉で，前時の出来事を発表させる。

「それでは，後半の部分を音読しましょう。」

教科書 P73 の５行目から，一斉読みをさせる。

「今日勉強するのは，どんな場面ですか。」
・次は，あじの開きにかぎを差し込む場面です。
・その次は，バス停のかんばんのかぎ穴です。
・最後は，バスが帰っていく場面です。

2 対話して 読み取る④　あじの開きの場面で起こったこと，りいこの様子や気持ちを確かめよう。

「では，前の時間の続きでワークシートに書き込んでいきます。あじのひものを見つけた場面で，りいこがしたこと，起こったことを書きましょう。」
・あじの開きの穴にかぎを差し込んで回した。
・あじの開きが羽ばたいて浮かび上がった。
・慌ててかぎを引き抜いたので，元にもどった。

りいこの様子や気持ちを話し合い，ワークシートに書き込みましょう。
干物が羽ばたくので，驚くより，あっけにとられている。
ただの穴ではなさそうだと思ってすいこまれるようにかぎを差し込んでいる。
やっぱり自分は余計なことをしてしまうと，悲しくなった。

ワークシートに書き込んだことを発表して全体で交流する。

最後の場面にはより多くの時間をかけ，話し合いを深めさせましょう。

まいごのかぎ

(め) おこったことと、りいこの行動、様子、
気持ちのつづきをたしかめよう

前の時間のふりかえり

① かぎをひろう → ふしぎな出来事へ
② さくらの木にかぎ → どんぐりが いっぱい
③ 公園のベンチ → 歩き出して、ねる

主体的・対話的で深い学び

- 前時からの続きなので，読み取りとワークシートへの書き込みの要領は分かっている。進んで読み取りをさせ，話し合いにも積極的に参加させていく。グループ討議に積極的に参加できない児童がいれば，机間指導の時に，少し後押しをしたり助言をしたりして援助をする。
- バス停の場面と最後の場面により多く時間をかけ，話し合いを深めさせたい。

準備物

- 黒板掲示用イラスト（第1時で使用したもの）
- ワークシート（前時に使用したものを続けて使う）

3 対話して読み取る⑤ バス停の場面で起こったこと，りいこの様子や気持ちを確かめよう。

「では，次の場面です。今度は，今までとちょっと違うところがありますね。それも気をつけましょう。」

- 迷ったけど，バス停のかぎ穴でかぎを回した。
- 時刻表の数字が動いた。
- かぎを抜いても元に戻らない。今までと違う！
- バスがたくさんやってきて，合奏とダンスをした。

ここでは，りいこの様子や気持ちが，たくさん出てきましたね。
自分がやったことが怖くなってきて，どうしていいか分からなくなった。
かぎ穴に誘われて，これで最後にしようと思ってかぎを回した。
何も起こらないときにがっかりしたのは，期待していたから。
でも，何か起きるのを期待したり，みとれたりもしている。今までと違う。

ワークシートに書き込んだことを発表して全体で交流する。

4 対話して読み取る⑥ 最後の場面で起こったこと，りいこの様子や気持ちを確かめよう。

「いよいよ最後の場面です。どんなことが起きたのでしょう。りいこはどうしたのでしょう。」

- バスは満足して帰っていった。
- 図工の時間に消したうさぎが，バスの窓からうれしそうに手を振っていた。
- りいこも手を振り返し続けた。
- かぎはいつの間にかなくなっていた。

ここも，りいこの気持ちがいろいろ考えられそうですね。
みんなが，したいことができて喜んでいたのだろうと気がついた。
楽しんでくれてよかったと思ったのだね。
うさぎも，消えてなくてうれしそう。よかった。
りいこもすごくうれしかった。だから，いつまでも手を振っていた。

発表して全体で交流し，ワークシートへの書き込みを完了させる。

まいごのかぎ

第 4 時 （4/6）

本時の目標

物語の最初と最後で，りいこはどのように変わったのか確かめ，その理由を考えることができる。

授業のポイント

前時に作成した場面ごとに読み取ってまとめた表と，文中の言葉を手掛かりにして考えさせる。文章の全体の中で，りいこの変化をとらえさせる。

本時の評価

物語の最初と最後で，りいこはどのように変わったのか文中の言葉を手掛かりに確かめている。りいこが変われたのはなぜか考えている。

板書例

〈気持ちの読み取り〉グループで対話させながら「りいこ」の気持ちに対応するキーワードを教科書から

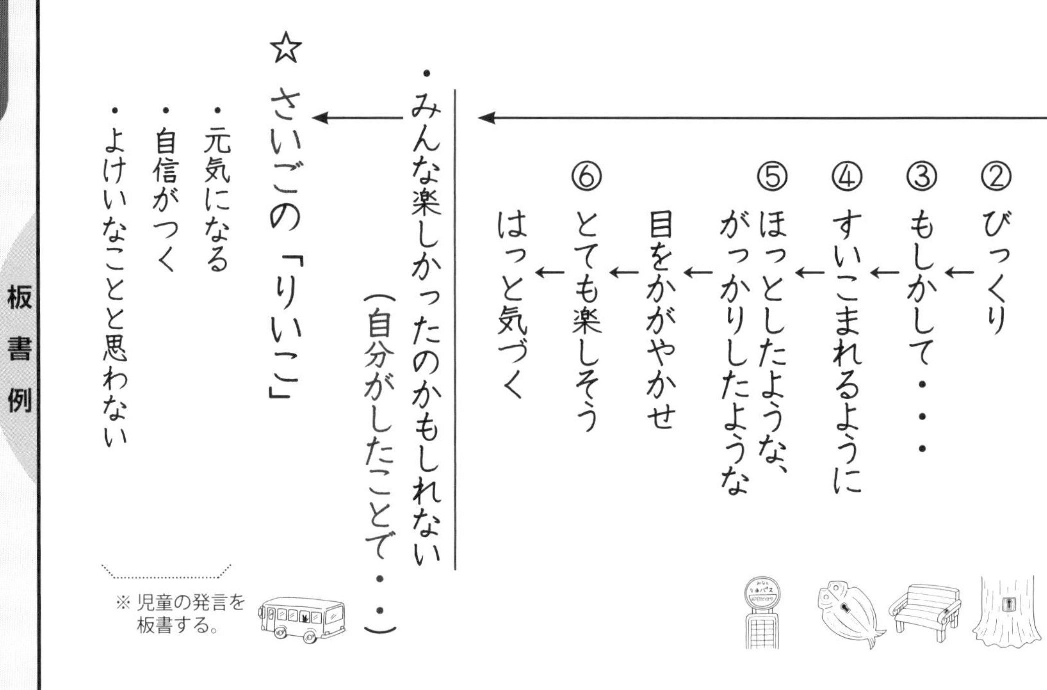
②びっくり
③もしかして・・・
④すいこまれるように
⑤ほっとしたような，がっかりしたような
目をかがやかせ
⑥とても楽しそう
はっと気づく
・みんな楽しかったのかもしれない
（自分がしたことで・・）
☆さいごの「りいこ」
・元気になる
・自信がつく
・よけいなことと思わない
※ 児童の発言を板書する。

1 めあて つかむ　本時のめあてをつかみ，「りいこ」の最初の考えや気持ちやについて話し合おう。

「前の時間にまとめた表で，お話の全体の流れを確かめておきましょう。」

第２・３時にまとめたワークシートを見返す。

- 「りいこ」が，かぎを拾って，それを使うと不思議な出来事が次々と起こった。
- さくらの木からドングリが降ってきたり…。

「こんな出来事に出会った“りいこ”の考えや気持ちの変化を，文中の言葉から確かめていきましょう。」

「りいこ」は，最初何を考えどんな気持ちだったのでしょう。文中のどの言葉からそれが分かるかも答えましょう。
「よけいなことをしなければよかった」と考えているのが「りいこ」の言葉から分かります。
「しょんぼりと歩き」「どんどんうつむいて」から，だんだん落ち込んでいることが分かった。

2 対話する　ふしぎな出来事に対する「りいこ」の考えや気持ちの変化をみよう。

３つの出来事に対する考えや気持ちの変化を見ていく。

- 「もしかして…」の言葉から，軽い気持ちでさくらの木にかぎをさしている。
- 後ずさりしながら言っているから,「びっくりした」といっているからすごくびっくりしている。

ベンチでは,「でも，もしかして–」から，ひょっとしたら何か起きるかもしれないと思い始めている。
「しのび寄って」だから，恐る恐るかぎをぬいている。
「わあ。」といってひっくり返りそうになったから，すごく驚いた。
早くかぎを抜かないと大変だと思った。

あじの開きの場面でも，同様に見ていく。

「“りいこ”に何か，変化は出てきていますか。」

- だんだん興味がわいてきているみたいだね。
- でも「よけいなことばかりしてしまう」と悲しくなっている。

探し，線を引かせてから気持ちの変化を考えさせるとよいでしょう。

まいごのかぎ

(め) さいしょとさいごで、「りいこ」がどのようにかわったのかたしかめよう

☆ さいしょの「りいこ」

・しょんぼりおちこんでいる

・よけいなことをしなければよかった

① かぎをひろう

←

ふしぎな出来事

主体的・対話的で深い学び

・話し合いをしながら，文中の言葉を手掛かりにして，「りいこ」の行動や気持ちの変化をたどらせる。最初と最後の「りいこ」を対比させ，自分の言葉で，どのように変化したのか，またそれはどうしてなのか，しっかりと考えさせたい。

準備物

・黒板掲示用イラスト（第1時で使用したもの）

3 対話する とらえる　最後の場面の「りいこ」の考えや気持ちを話し合おう。

「バス停での出来事で，「りいこ」は，どう変化したか，見ていきましょう。」

- 「ほっとしたような，がっかりしたような」から，何も起こらなくてよかった，期待外れだという 2 つの気持ちが分かります。
- 「目をかがやかせました」から，わくわくしている。
- でも，すぐにそんな自分がいやになった。
- 「りいこ」の気持ちが，ゆれている。

「りいこ」は，はっと何に気づいたのでしょう。そのきっかけは？
バスのダンスが楽しそうだったので，他も楽しかったのではないか。
自分がかぎを回したので，みんな楽しかったのだと考えた。
手をふっているところからうれしくて満足もしていることが分かる。

4 まとめ 交流する　「りいこ」はどのように変化したのか，またそれはなぜか話し合おう。

「“りいこ”は，最初と最後でどう変わってきたか，自分の言葉でまとめましょう。」

最初は落ち込んで元気がなかったけど，最後は元気になった。
よけいなことをしたと思っていたのが，思わなくなったと思う。
ふしぎな出来事も，だんだん驚かずに，期待するようになった？
自分のすることに自信がなかったのが，自信が持ててきた。

「りいこは，なぜ変われたのでしょう。」

- かぎのおかげで，不思議な出来事に出会えたから。
- かぎやバス停の看板が，誘っているように思えた。
- うさぎが，りいこのためにしてくれたのかな？
- やっぱり，りいこが「よけいなことはやめよう」と思わずにやってきたから気づけたんだよ。

まいごのかぎ

第5時 (5/6)

本時の目標

出来事や「りいこ」について，おもしろかったところや好きなところを選び，書き出しやむすびを工夫して感想が書ける。

授業のポイント

話し合いを通して「りいこ」の人物像を深めさせ，書きたい感想文の内容を考えさせる。

本時の評価

出来事や「りいこ」について，おもしろかったところや好きなところを選び，書き出しやむすびを工夫して感想を書いている。

〈例文の活用〉教科書の例文は「りいこ」と「わたし」を比べながら書いています。感想を書く

板書例

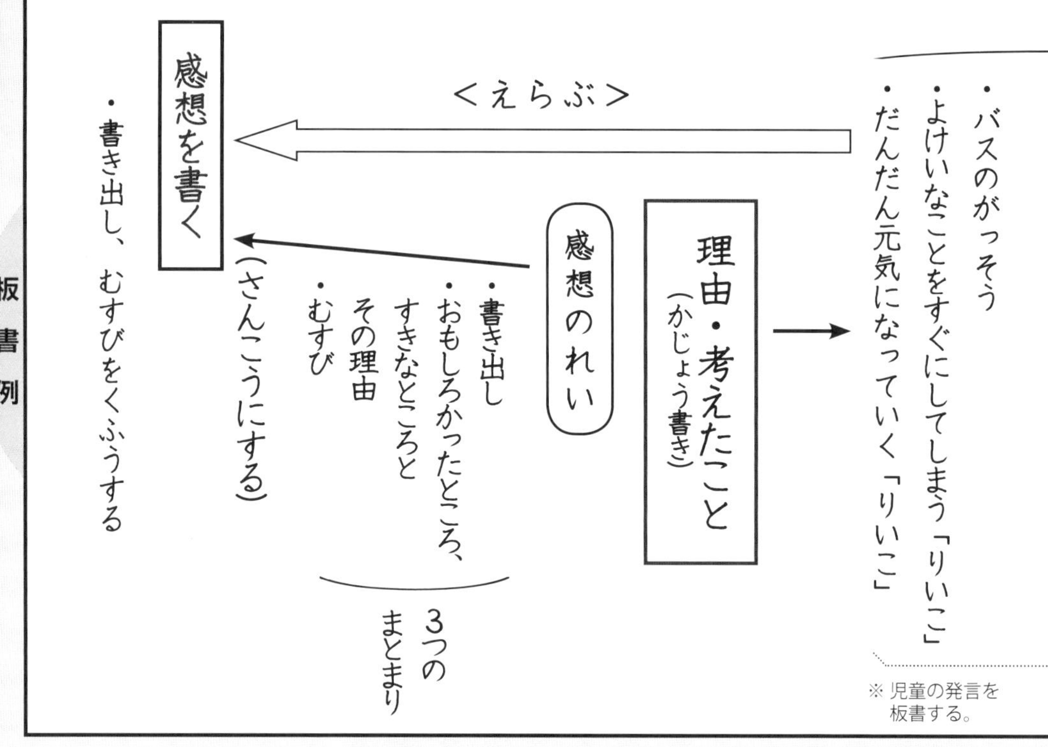

・バスのがっそう
・よけいなことをすぐにしてしまう「りいこ」
・だんだん元気になっていく「りいこ」
＜えらぶ＞
理由・考えたこと
（かじょう書き）
感想のれい
・書き出し
・おもしろかったところ、すきなところと その理由
・むすび
3つのまとまり
（さんこうにする）
感想を書く
・書き出し、むすびをくふうする
※児童の発言を板書する。

1 出し合う 選ぶ　出来事や主人公について，おもしろい，好きだと思ったところはどこだろう。

「おもしろい，好きだと思ったところはどこでしょう。まず，起こった出来事についてどうですか。」

・ベンチが歩き出して寝てしまったのが面白い。
・バスの合奏が好きです。

「“りいこ”については，どうですか。」

・かわいいうさぎを書き足したところが好きです。
・「まさか」と思いながらかぎを回してみて，驚いているところが面白い。

できるだけ大勢の児童に発表させる。

出し合った中で感想に書きたいことを1つ選びましょう。
時刻表の数字が動き出したことが書きたいな。
「よけいなこと」をすぐしてしまう「りいこ」が好きです。
みんな好きなことができたんだと思えたりいこが好き。

出し合った以外のことを選んでもよいことにする。

2 まとめる　おもしろい，好きだと思った理由をまとめよう。

「“おもしろい”“すきだ”と思った理由や，選んだことについて考えたことをノートに箇条書きにしましょう。」

〈ノート例〉

・クラクションの合奏がどんなのか知りたい。
・あじの開きが羽ばたいて飛ぶという発想が面白い。
・わたしなら，「りいこ」のようにはできない。りいこがうらやましい。
・ふしぎな出来事を起こしていく「りいこ」が面白い。

書けたら隣どうしで見せ合って意見を聞き，理由や考えをつけ足したり，修正したりさせる。

なぜ「りいこ」のようにできないと思うの？
こわいから。
もし，かぎを抜かなかったらどうなったのかな？
そうだね…。

ときに大切な観点の１つです。

まいごのかぎ

㋱「おもしろい」「すきだ」と思うところを中心に感想を書こう

出来事・主人公 ⟹ 「おもしろい」「すきだ」と思うところ

・ベンチが歩き出し、ねてしまう

主体的・対話的で深い学び

・出来事や主人公について，「おもしろい」「好きだ」と思うところを先ず，いろいろと出し合わせる。その中で様々な見方や考えがあることに気づかせ，選択肢を広げて自分が書きたい感想の対象を見つけさせる。選んだ理由や例文についても，意見交流・対話をさせることで，より深い認識をもたせるようにする。
・書けた感想文は，自分で点検させるが，児童の状況に応じて隣どうしで点検をさせてもよい。

準備物

・黒板掲示用イラスト（第1時で使用したもの）

3 意見交流　例文を読んで，参考になるところやよいところを出し合おう。

「教科書 83 ページの『感想のれい』を読みましょう。」

2～3回音読させる。

「感想文は，どんな組み立てになっていますか。」
・書き出し，面白かったところや好きなところと，その理由，むすびの３つのまとまりでできています。

それぞれ何が書いてあるか確認する。

・書き出しは，自分とりいこが似ている気がする。
・「中」は，迷いながらかぎをさすところが好き。
・その次に理由を書いている。
・結びは，仲良しになれる気がすると書いている。

感想文を書く参考になるところや，よいところはありましたか。

自分と比べて感想を書いているところがいい。
どこが好きかを，教科書の言葉をそのまま使わずに，分かりやすくまとめている。

4 書く　書き出しと結びを工夫して感想を書こう。

「例文の書き出しと結びは，どのように工夫してあるでしょう。気づいたことを言いましょう。」
・「なんだか似ている」という書き出しと「友だちになれる気がする」という結びがつながっています。
・書き出しで「似ている気がする」と言っておいて，好きな理由で似ている点を書こうとしている。

それでは，書き出しと結びを工夫して感想を書きましょう。
書き出しに「　」をつけた話し言葉を入れよう。
結びで，自分がやってみたいと思ったことも書こうかな。

「書けたら字や文の間違いがないか確かめましょう。」
・あっ，漢字が間違っていた。

見直し後，書き直しをさせる。

まいごのかぎ

第 6 時 (6/6)

本時の目標

感想を互いに読み合い，思ったことを伝え合うことができる。

授業のポイント

前時に書いた感想をグループで読み合う。主として自分の考えと同じところや違うところを伝え合うが，それ以外にも思ったことがあれば交流させる。

本時の評価

友だちの感想について自分なりの意見を持ち，思ったことを伝えている。

〈対話のカギ〉自分の考えと「同じところ」「違うところ」をはっきりさせながら，対話させましょう。

板書例

《思ったことをつたえる》…考えは同じ？ちがう？

（れい）

・数字がうごくところがおもしろい。目にうかぶようだ。

同じ

・りいこがかわったのは、かぎをじぶんからさそうと思ったから。

ちがう

※児童の対話から取り上げて板書する。

◇学習をふりかえろう

・いろいろな言葉（しょんぼり、後ずさり…）

・みんな→やりたいことができた
　りいこ→よけいなことではなかった

◇ふしぎなことがおこる物語を読もう

1 読み合う　感想文をグループで交換して読み合おう。

「感想文を，グループの中で交換して，読みましょう。後で，自分の考えと同じところ，違うところ，その他に思ったことなどを伝え合うので，ワークシートに簡単にメモをしておきましょう。」

感想文は，グループの全員分を読むようにする。

「りいこ」は，よけいなことばかりして失敗してしまうというところは，ぼくの考えと違うな。
「りいこ」が，何度もかぎをさしてしまうところが好きだというのは同じだな。
わたしも，一番最後の場面が，とてもいいなと思った。

「メモを見直して，書き足すところや，書き直すところがあれば，自分の感想文を直しましょう。」

2 伝え合う　感想文を読んで思ったことを伝え合おう。

「メモをもとにして，感想を読んで思ったことを伝え合いましょう。」

1人ずつの感想文に対して思ったことを伝え合う。グループの中で，進行役を作ってもよい。

ぼくが進め役をします。はじめに，大谷くんの感想を読んで思ったことを言ってください。
数字がありのように動くところが面白いのは，わたしも同じです。数字が動くところが目に浮かんできます。
「りいこ」が変われたのは，かぎのおかげじゃなくて，自分からかぎをさそうと思ったからだと思います。

「友だちの意見を聞いて，どう思いましたか。」

・他にも同じことを思う人がいて，よかった。
・自分とは違う考えを聞いて「なるほど，そんな考え方もあるのか」と思いました。

まいごのかぎ

㋱ 友だちの感想を読み、思ったことを伝えよう

◇ 感想文をこうかんして読み合おう

・自分の考えと同じところ
・自分の考えとちがうところ
・そのほかに思ったことなど
→ メモに書いておく

主体的・対話的で深い学び

・グループの中で友だちの感想を読み合い，思ったことを伝え合う。感想はグループ内の全員の文を読み，全員に対して思ったことを伝える。意見の伝え合いを通して，再度自分の感想を見直し，自分が感じたことをさらに深めたり視点を広げたりさせたい。

準備物

・ワークシート「友だちの感想を読んだメモ」
（児童用ワークシート見本 DVD 収録【3_14_03】）
・読み聞かせ用の本
（不思議なことが起こる物語の本を選んで準備しておく）

3 振り返る 学習してきたことを振り返ろう。

「教科書の『ふりかえろう』を読んで，学習してきたことを振り返りましょう。」
・「りいこ」の様子や気持ちを表す言葉はいろいろあったね。
・しょんぼり歩き，どんどんうつむいて…とか。
・悲鳴，後ずさり，ため息をひとつついて…もだよ。
・かぎがまばたきするようにとか，点のひとつが，ぱちっとまたたいた，も気になった言葉だった。

主人公の変化と出来事は，どう関わっていたのでしたか。
「りいこ」が，かぎをさしたから，さくらの木も，ベンチもみんな，やりたいことができた。
「りいこ」だって，そのおかげで，自分のしたことが「よけいなこと」じゃないと分かって，うれしくなれた。

4 聞く 広げる ふしぎな出来事が起こる本の読み聞かせを聞こう。

教科書の「たいせつ」も読んで，自分たちがしてきたことを再確認させておく。

「教科書の“この本，読もう”を見てください。どれか読んだ本はありますか？」
・ありません。
・「お化け美術館…」を読んだことがある。
「他に，不思議なことが起こる本を読んだことがありますか？」
・読んだことがある！そういう本は好きだから。

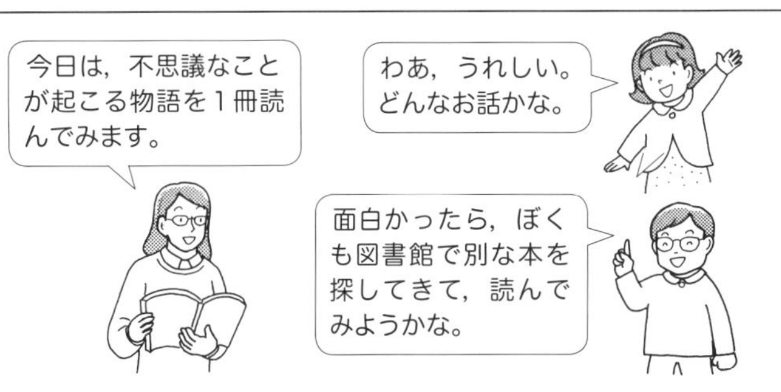
今日は，不思議なことが起こる物語を１冊読んでみます。
わあ，うれしい。どんなお話かな。
面白かったら，ぼくも図書館で別な本を探してきて，読んでみようかな。

短い本を１冊読み聞かせをして終わる。

みなと
交通バス
はまどおり

ワークシート 第2・3時

まいごのかぎ

名前（　　　　）

場面（場所・出来事）	りいこの行動や、おこったこと	りいこの様子や気持ち

まいごのかぎ

ワークシート 第6時

友だちの感想を読んだメモ

名前（　　　　）

感想を書いた人	自分の考えと同じところやちがうところ	そのほかに思ったこと

まいごのかぎ

俳句を楽しもう

全授業時間１時間

◉ 指導目標 ◉

・易しい文語調の俳句を音読したり暗唱したりするなどして，言葉の響きやリズムに親しむことができる。
・学習課題に沿って，易しい文語調の俳句を進んで音読したり暗唱したりするなどして，言葉の響きやリズムに親しもうとすることができる。

◉ 指導にあたって ◉

① 教材について

本教材は，俳句６句からなっています。学習の主たる目標は，音読を通して言葉の響きやリズムを楽しみ，伝統的な言語文化である俳句を味わい親しむことです。季語は，比較的分かりやすい俳句が選ばれていますので，児童にも見つけやすいでしょう。秋や冬の季語が入った俳句も入っていれば，もっと，季語のイメージがわいたかもしれません。

音読すれば，大体の意味は説明がつけ加えられているため，それを手がかりにして情景を想像することができます。文語の表現や，短い言葉の中に情景や感情を凝縮した俳句に，関心をもたせることを大切にします。

② 主体的・対話的で深い学びのために

俳句のリズムのよさに気づかせ，その形式や，俳句には季語があることを理解させます。本時や今後の学習の中で，俳句を作ったり五七調・七五調のリズムを生かした文作りをしたりなど，機会を見つけて取り組ませてみることも，日本語独特の言語表現の力をつけるためには大切なことです。

俳句からどのような様子が思い浮かべられるのかは，作品理解にとって大事なことであり，音読の質にも関わってきます。児童どうしの対話を通して情景のイメージを広め深めさせていきます。

言葉の調子や響きに「親しみ」「楽しむ」ことがこの教材では大切です。音読や暗唱を数多くさせて耳でリズムを覚えさせていきます。音読も，様々な形態で楽しく学習させましょう。

◉ 評価規準 ◉

知識及び技能	易しい文語調の俳句を音読したり暗唱したりするなどして，言葉の響きやリズムに親しんでいる。
主体的に学習に取り組む態度	学習課題に沿って，易しい文語調の俳句を進んで音読したり暗唱したりするなどして，言葉の響きやリズムに親しもうとしている。

◉ 学習指導計画　全１時間 ◉

次	時	学習活動	指導上の留意点
1	1	・五・七・五の十七音から成り立っていることや季語があることなど俳句の決まりや特徴を知る。 ・どこで切れば調子よく読めるか確かめて音読をする。 ・どんな様子が想像できるか話し合い，音読をする。 ・気に入った俳句を選んで暗唱する。	・どこで区切って読むと調子よく読めるか考え，１音ずつ手をたたくなどして，言葉のまとまりやリズム感を楽しみながら音読させる。 ・情景を思い浮かべ，俳句の内容を把握して音読に生かす。 ・何度も繰り返して音読し，文語独特の表現にも親しませる。

俳句を楽しもう

第 1 時 (1/1)

本時の目標

情景を想像し，言葉の調子を楽しみながら俳句を音読できる。

授業のポイント

言葉のリズム感を楽しみながら音読をさせる。暗唱もさせたい。情景は，教科書に書かれた大意も参考にして想像させる。

本時の評価

情景を想像し，俳句やいろは歌の言葉の調子を楽しみながら音読している。

〈音読の楽しみ方〉気に入った俳句の暗唱だけでなく，対話形式の音読（暗唱）や，グループ音読

板書例

《季語》
かえる（春）　せみ（夏）　春の海（春）
菜の花（春）　雪とけて（春）　夏山（夏）

《区切って読むところ》
○俳句……五・七・五
○いろは歌…七・五（くり返し）
調子よく読める

《思いうかぶ様子》
・とってもしずか↑水の音、せみの声
・子どもたちがいっぱい外に↓楽しそう
・広い畑いっぱいに菜の花↓きれい

※ 児童の発言を板書する。

◇すきな俳句をあんしょうしよう

1 めあて つかむ　俳句を読み，決まりを知ろう。

「どんなことを学習するのか，めあてを確認します。教科書85ページのはじめのところを見ましょう。」

・声に出して，言葉の調子やひびきを楽しむ。

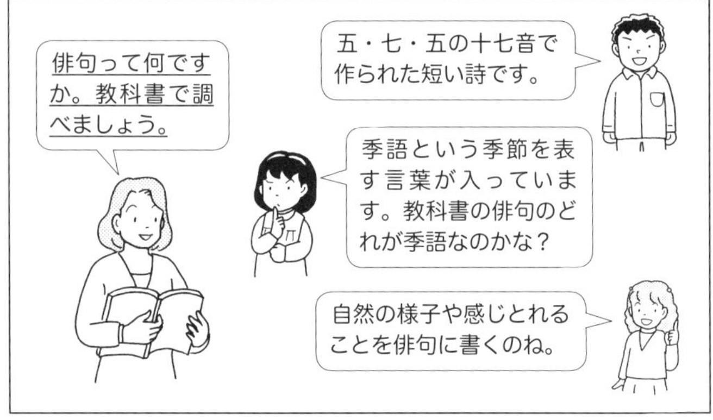
俳句って何ですか。教科書で調べましょう。
五・七・五の十七音で作られた短い詩です。
季語という季節を表す言葉が入っています。教科書の俳句のどれが季語なのかな？
自然の様子や感じとれることを俳句に書くのね。

「教科書の俳句から季語を見つけてみましょう。」

・はじめの俳句は，何が季語なのかな？

・分かった！かえる！かえるは春になると出てくる。

同様にして，6つの俳句から季語を見つけさせる。

・「雪とけて」は，雪だから冬だね。

・違うよ。雪が解けるから春だよ。

2 とらえる 音読する　言葉のまとまりや調子を確かめながら音読しよう。

「言葉のまとまりに気をつけて，黙読をしてどこで区切れば調子よく読めるか考えましょう。」

1句ずつ，どこで区切るか意見を出し合う。

じゃあ、古池や・蛙飛び込む・水の音になるね。うん、調子よく読める。
教科書に，「五・七・五の十七音で作られた」と書いてあったから、そこで切ればいいよ。
次は，閑かさや・岩にしみ入る・蝉の声だね。ほんとだ。調子よく読める。

話し合えたら，1音ずつ手をたたいて読み，五・七・五音を確認する。

「では，五・七・五音のまとまりと調子を確かめながら6つの句を音読しましょう。」

・はい！ 1番目の俳句を読みたいです。

・わたしは，「菜の花や…」が読みたいです。

など，様々な形式で言葉の調子やひびきを楽しませましょう。

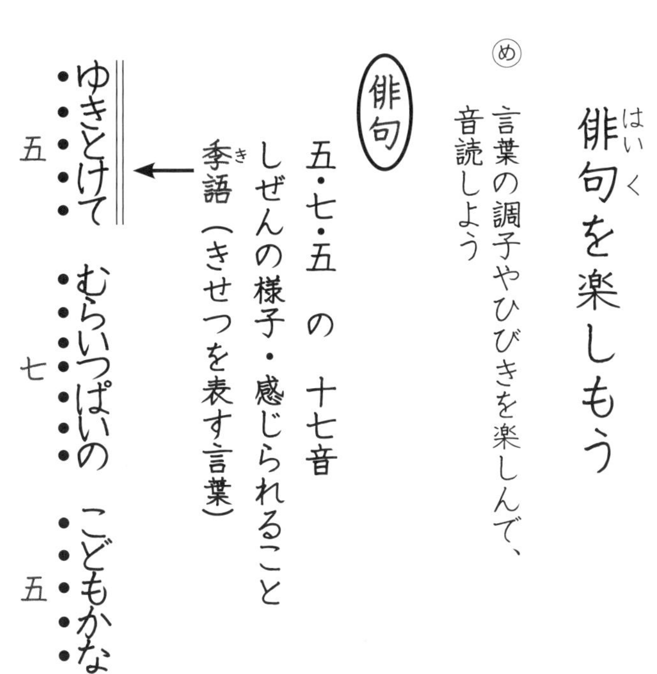
俳句を楽しもう
め 言葉の調子やひびきを楽しんで、音読しよう
俳句
五・七・五 の 十七音
しぜんの様子・感じられること
季語（きせつを表す言葉）
ゆきとけて むらいっぱいの こどもかな
五 七 五

主体的・対話的で深い学び

・俳句の基本的な学習には，みんなで確かめながら取り組ませる。それぞれの俳句から，どのようなイメージや様子をつかめるかが，音読にとって大事なので，そこはグループでの対話などで限られた時間ではあるができる限り深めさせておきたい。音読は，1人ひとりの活動が基本になるので，好きな俳句を選ばせ，様々な形での音読を楽しませる。

準備物

3 対話する 音読する　どんな情景が思い浮かぶか話し合って音読しよう。

「俳句は，ただ十七音の詩ですが，その中にたくさんの様子や作者が感じたことが読み込まれています。」

「みなさんも，1つひとつの俳句から，どんな様子が想像できるか話し合いましょう。」

教科書の俳句の下に書いてある大まかな意味も手がかりにして，様子（情景）を想像させる。

「ゆきとけて…」は，子どもたちが，いっぱい外に出てきて，楽しそうに遊んでいる。
はじめの2つの俳句は，とっても静かな中で，水の音，蝉の声だけが聞こえてくる。
遊んでいる声が聞こえてきそうな気がするね。
「菜の花や…」は，とっても広い畑一面に菜の花が咲いていて，きれいだろうね。

「では，様子を思い浮かべながら，もう1度各自で音読してみましょう。」

各自で音読した後で，6人に1句ずつ音読させ，様子を思い浮かべながら聞き合わせる。

4 知る 暗唱する　「いろは歌」を知り，気に入った俳句を選んで暗唱しよう。

「いろは歌」を音読させ，教科書の説明を読ませる。

・俳句よりも長い歌だけれど，これもいい調子だよ。
・五音や七音は調子よく読めるんだね。
・「けふ」で「きょう」と読んだり，昔の言葉って面白いね。

今日習った俳句の中で，気に入ったものを覚えましょう。覚えたら，教科書を見ないで暗唱しましょう。2つ以上でもいいですよ。
春の海
ひねもす
のたりのたりかな
夏山や
一足づつに
海見ゆる

いろいろな形で音読を楽しませる。（覚えた俳句の音読発表，最初の5音だけを教師または隣の児童が言い，教科書を見ないで後を続ける，グループで群読など。）

こそあど言葉を使いこなそう

全授業時間２時間

◎ 指導目標 ◎

・指示する語句の役割について理解することができる。
・学習課題に沿って，指示する語句の役割を積極的に理解し使おうとすることができる。

◎ 指導にあたって ◎

① 教材について

「こそあど言葉」という用語に児童は初めて出会います。教科書の説明や表から，その意味と特徴をまず理解させておきます。これらの指示語は，「こそあど言葉」として認識はしていなくても，児童は，普段の生活の中で無意識に様々な場面で使っています。そのことに気づかせ，毎日の生活の中にある身近な言葉として学習させていきます。

指示語は，上手く使いこなせば，文章を短く表現することができ，的確なコミュニケーションが図れます。指示語の特徴や便利さを学び，日常生活や文章表現で使いこなせることを目指します。

② 主体的・対話的で深い学びのために

２時間の学習計画です。第１時では，「こそあど言葉」についての基本的な知識を理解させ，自分たちの生活との関わりにも目を向けさせておきます。

第２時は，いわば応用の場面になります。教科書の練習問題や教材などを使って，「こそあど言葉」を見つけ，何を指示しているか考え，実際に使ってみるという学習活動をできるだけ多く体験させます。その際には，まずは自分で考え，対話を通して確かめ，より深く認識するという道筋を大切にしてゆきます。「使いこなす」という目標を児童にも意識させて学習に取り組ませましょう。

◉ 評価規準 ◉

知識 及び 技能	指示する語句の役割について理解している。
主体的に学習に取り組む態度	学習課題に沿って，指示する語句の役割を積極的に理解し使おうとしている。

◉ 学習指導計画　全２時間 ◉

次	時	学習活動	指導上の留意点
1	1	・「こそあど言葉」について知る。 ・日常生活の中で使っている「こそあど言葉」について話し合う。 ・「こそあど言葉」で正しく伝えられない場面を出し合う。 ・正しく伝えるためには，何に気をつければよいか考える。	・日常生活の中で，「こそあど言葉」を何気なく使っていたことに気づかせる。 ・「こそあど言葉」を使いこなせていない（正しく伝えられない）場面を想起して，話し手と聞き手が同じものを思い浮かべていることが大事だと気づかせる。
	2	・教科書の２つの例文を比べ，違いを見つける。 ・教科書の練習問題に取り組む。 ・これまでに習った国語教材（きつつきの商売）で，「こそあど言葉」を見つける。 ・「こそあど言葉」を使った会話をする。	・様々な形の練習を，できるだけ数多く体験させて，「こそあど言葉」に慣れさせ，使いこなせるようにする。

こそあど言葉を使いこなそう
第 1 時 (1/2)

本時の目標
こそあど言葉がどんな言葉か分かり，使い分けや使う場合の注意点が理解できる。

授業のポイント
日常での生活経験とも結びつけて，こそあど言葉の特徴や使い方をとらえさせる。

本時の評価
こそあど言葉は何かを指し示す言葉であることが分かり，場面に応じた使い分けや使う場合の注意点が理解できている。

〈経験の交流〉日常生活の中での経験を出し合わせ，さらに，正しく伝わらない場面について自分の

板書例

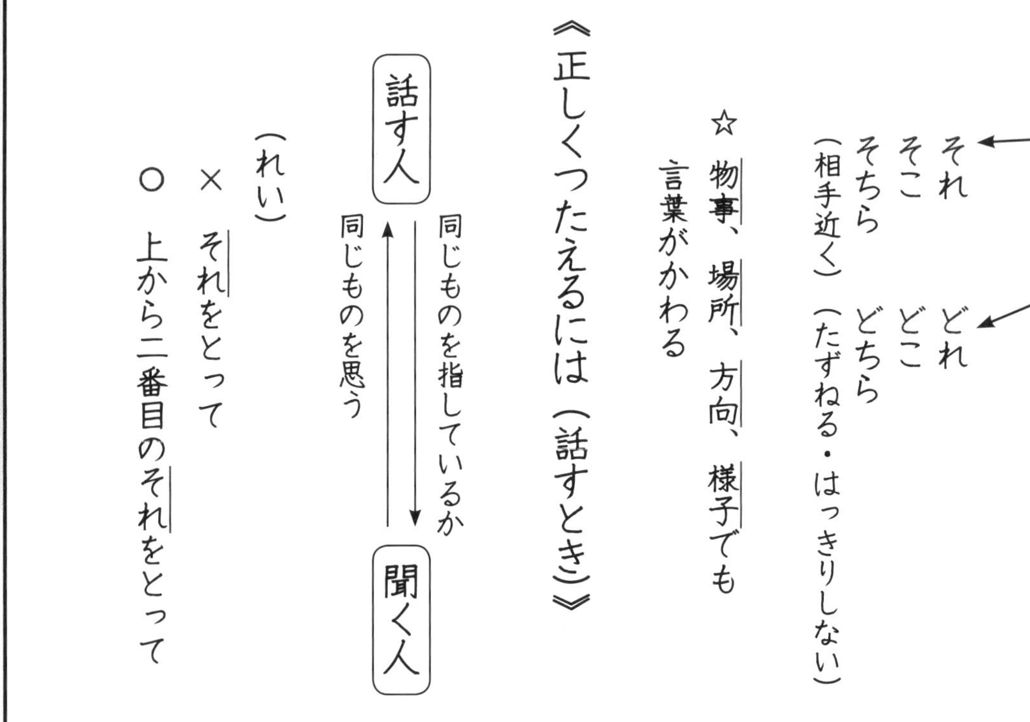

それ　どれ
そこ　どこ
そちら　どちら
（相手近く）（たずねる・はっきりしない）
☆ 物事、場所、方向、様子でも
言葉がかわる
《正しくつたえるには（話すとき）》
話す人
同じものを指しているか
同じものを思う
聞く人
（れい）
× それをとって
○ 上から二番目のそれをとって

1 めあて つかむ　こそあど言葉とはどんな言葉で，どのように使うのだろう。

「題から，学習のめあてが分かりますね。何ですか。」
- こそあど言葉を使えるようになる。

こそあど言葉ってどんな言葉か，教科書で調べましょう。
この，その，あの，のように，何かを指し示す言葉です。
尋ねるときは，どの，どれ，などを使います。
言葉のはじめに，こ，そ，あ，ど，が付くから，こそあど言葉なのね。

教科書の４人の子どもの吹き出しも声に出して読ませ，使い方を確認させる。

「教科書の表で使い分けを確かめましょう。」
- 話し手に近いと「こ」，相手に近いと「そ」，両方遠いと「あ」，はっきりしないと「ど」で始まる。
- 物事，場所，方向，様子で「こそあど」から下の言葉が変わる。

2 思い出す 出し合う　普段の生活の中で，こそあど言葉をどのように使っているだろう。

「普段の生活の中で，どんな時に，こそあど言葉を使っているか，思い出してみましょう。」

お母さんに「それ取って。」と言ったら，「自分で取りなさい。」とよく言われる。
お兄ちゃんとテレビの野球中継を見ていて，「あの時打っていたら勝てたのにね。」と話していた。
友だちと，「明日どこで遊ぼう？」と電話で相談したことがあった。
おばあちゃんのお土産で，「このケーキが一番好き」と言ったら，喜んでいた。

「みんな，普段の生活の中で，よく使っていますね。」
- あまり考えずに使っていたけど，よく使っている。
- 「それ」とか「あれ」とか，何となく使ってしまう。
- おじいちゃんなんか，あれ，あれ，と言いながらなかなか言葉が出てこないこともあるよ。

経験などから，対話を通して確かめ合わせましょう。

こそあど言葉を使いこなそう

め こそあど言葉を知り、使い方を調べよう

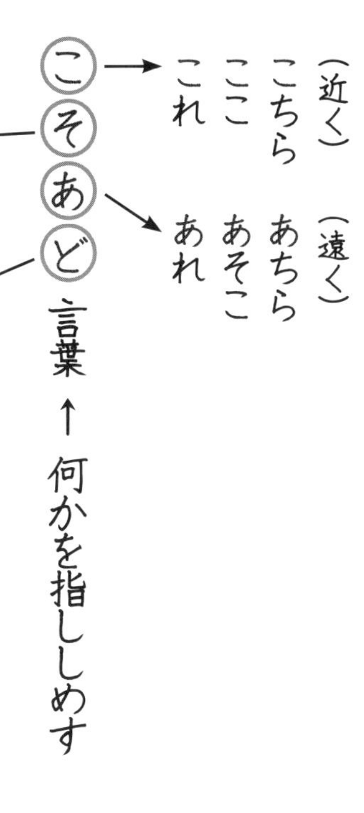

（近く）
こちら
ここ
これ
（遠く）
あちら
あそこ
あれ
こ
そ
あ
ど
言葉 ← 何かを指ししめす

主体的・対話的で深い学び

・日常生活の中で，こそあど言葉を何気なくつかっていることに気づかせ，興味を持たせる。正しく伝わらない場面を教科書の吹き出しの言葉や日常の生活体験から話し合わせ，どんなことに気をつければ，正しく伝えることができるか対話の中から考えさせる。

準備物

3 確かめる 交流する　こそあど言葉が正しく伝わらないのは，どんな時だろう。

「教科書の４人の中で，正しく相手に伝わっている，正しく伝わっていないのは，それぞれ誰ですか。」

- 「あのボール」だけでは，どのボールか分からないこともあるよ。
- 「このボール」の場合は，手に持っているから，それだと分かるね。
- 「それをとって」も「どれのことを言ってるの」と聞かれているから，相手に正しく伝わっていない。

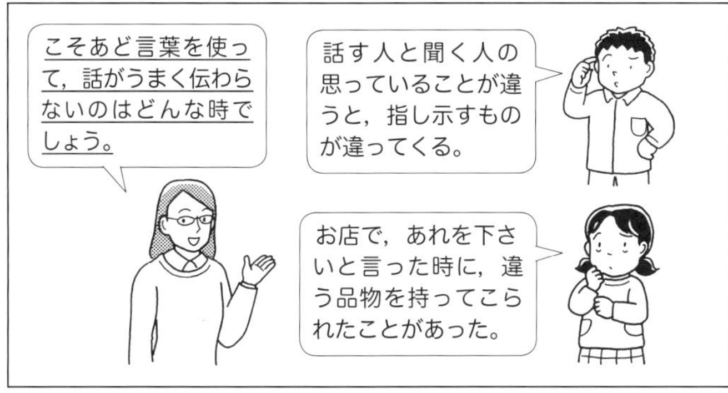

こそあど言葉を使って，話がうまく伝わらないのはどんな時でしょう。
話す人と聞く人の思っていることが違うと，指し示すものが違ってくる。
お店で，あれを下さいと言った時に，違う品物を持ってこられたことがあった。

日常生活の中で，話がうまく伝わらなかった経験があれば出させたい。

4 対話する とらえる　こそあど言葉で正しく伝えるにはどうすればよいのだろう。

「こそあど言葉を使って正しく伝えるためには，どんなことに気をつければよいのでしょう。教科書の挿絵の４人の言葉で考えてみましょう。」

「昨日遊んだあのボール」のように，指し示すボールが分かるような言い方をする。
「それをとって」も「その上から２番目のボール」とか言えばいいんだ。
話す人と聞く人が，同じもののことを思うように，言葉をつけ足したりして伝えることが大事なんだ。

「教科書に，気をつけることが書いてありますね。」

- 相手と自分が同じものを指しているか気をつけて話す。

「こそあど言葉が使いこなせるように次の時間も勉強しましょう。」

こそあど言葉を使いこなそう
第 2 時 (2/2)

本時の目標

こそあど言葉の特徴が分かり，文中からこそあど言葉を読み取ったり，会話で使ったりできる。

授業のポイント

前時の学習をもとにして，文章や会話の中で，こそあど言葉を使いこなせるように練習させる。

本時の評価

文を簡潔に表現できることを理解している。文中でこそあど言葉と指し示すものを見つけたり，会話の中で使ったりしている。

〈練習の方法〉展開３では既習教材を使った「読む練習」，展開４では隣どうしで「話す練習」をして，

板書例

問題 1

・そこ → 近所にできた新しいプール
・これ → しあいの … するとよい
・あれ → 童話の … に申しこみ

◇ 練習しよう

☆「きつつきの商売」で見つけよう
（れい）
・それはもう … きつつきが開いたお店
・これにするね … メニューの一番はじっこ
ぶなの音

☆ 会話をしてみよう
正しく伝わらない会話
←
正しく伝わる会話

1 確かめる つかむ　文の中での「こそあど言葉」の働きを確かめよう。

「前の時間の復習です。こそあど言葉は，どんなものを指し示していましたか。」

・物事，場所，方向，様子です。

「みんなの身の回りのいろいろなものを指し示していましたね。」

教科書 P89 の２つの囲みの中の文を音読させる。

２つの文を比べて，違っているところを言いましょう。
右の文の「おばあさんからもらった赤いぼうし」が，左の文では「それ」になっている。
右の文より，左の文の方が，短くなっている。読みやすい。

「２つの文から，こそあど言葉について，分かったことは何ですか。」

・身の回りのことだけでなく文中の言葉も指し示す。
・文章を短くすることができます。

2 探る 確かめ合う　こそあど言葉を見つけ，何を指し示しているか探そう。

教科書 P89 の問題１を読み，１問目のこそあど言葉に線を引いて，何を指しているのかノートに書かせる。

「書けたら答えを発表してください。」

こそあど言葉は「そこ」で，「近所に新しいプールができました」を指しています。
違います。「そこ」は場所を表す言葉だから，「近所にできた新しいプール」だと思います。
よく気がつきましたね。「そこ」は場所を表す言葉だから，「近所にできた新しいプール」を指しているのが正確ですね。

残りの２問も答えを書き，発表させる。

・次のこそあど言葉は「これ」で，コーチの助言だから「しあいのつもりで練習するとよい」です。
・最後のは「あれ」で，「童話の読み聞かせの会に申しこみをした」です。「申しこみました」でもいいです。

こそあど言葉を使いこなそう

㋱ 文章や会話の中で、こそあど言葉が使いこなせるように練習しよう

《文章の中のこそあど言葉》

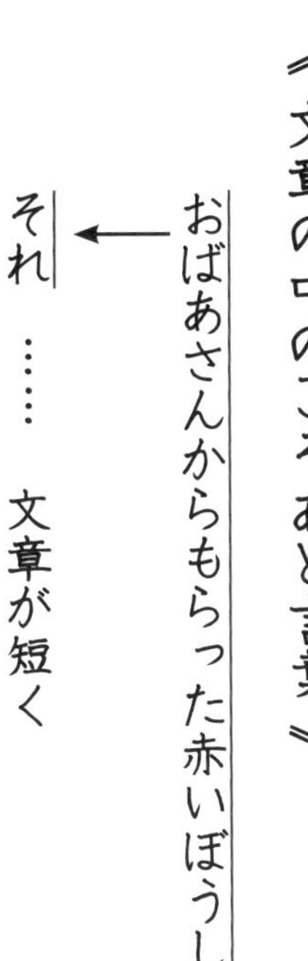
おばあさんからもらった赤いぼうし
それ……
文章が短く

主体的・対話的で深い学び

・本時は，こそあど言葉に慣れて使いこなせるように練習することを中心に学習させる。教科書の問題だけでは足りないので，これまでに習った国語教材の中から「きつつきの商売」の１の場面を使って練習させる。また，会話の場面も取り入れ，話が正しく伝わる場合と伝わらない場合の２つのパターンを実演させる。最後のまとめとして，対話の中で楽しみながら取り組ませたい。

準備物

3 読む練習　既習の文章の中からこそあど言葉を見つけ，発表しよう。

「もう少し，練習をしましょう。『きつつきの商売』の１の場面から“こそあど言葉”を見つけて線を引き，何を指しているのか考えましょう。」

「きつつきの商売」１を黙読して，グループで対話させる。

はじめから２行目「それはもう」の「それ」がこそあど言葉だね。
次のページの「これにするわ。」の「これ」もそうだね。
「これ」は，「メニューの一番はじっこ」だ。「ぶなの音」と答えてもいいかな。
指していることとは，「きつつきが開いたお店」でいいね。

「では，グループで見つけた“こそあど言葉”とそれが指し示すことを発表しましょう。」

各グループから，１例ずつ発表して交流させる。

4 話す練習　こそあど言葉を使って，会話をしよう。

「こそあど言葉で会話をしてみましょう。はじめは，正しく伝わらないように話してみてください。」

・あのテレビ番組，面白かったね。
・どの番組か，分からないよ。

「そう，そんな感じで，隣どうしでやってみましょう。」

・それは，あそこに置いた方がいいね。
・それって，何？　あそこって，どこのこと？

今度は，正しく伝わるように言って会話をしましょう。
そうかな？問題をしっかり読んだら解ける問題だったよ。
昨日の算数の掛け算の練習問題は難しかったね。あんな問題はもういやだよ。

「こそあど言葉をうまく使いこなせそうですか？」

・話すときも文章を読むときも気をつけるようにします。

〔じょうほう〕引用するとき

全授業時間３時間

◉ 指導目標 ◉

・引用のしかたや出典の示し方を理解し使うことができる。
・自分の考えとそれを支える理由や事例との関係を明確にして，書き表し方を工夫することができる。
・積極的に引用のしかたを学び，学習課題に沿って，本などで調べたことを引用して文章を書こうとすることができる。

◉ 指導にあたって ◉

① 教材について

調べたことをまとめたり，何かを紹介したり，様々な文章の中で，他の資料などから引用する場合がよくあります。児童も経験したり目にしたりしている場合もあるでしょう。そうしたことも振り返りながら，正しい引用の仕方について学習していきます。漢字，ひらがな，カタカナの使い方も含めて元の文をそのままぬき出さねばならないことなどは，児童にとって新たな知識です。その意味も理解しながら，今後活用していけるようにします。

② 主体的・対話的で深い学びのために

引用についての基本的な知識を得て，実際に引用を用いた文章を書くのが，ここでの学習です。基本的な知識については，教科書を読めば分かりますが，対話を取り入れることで，より確かな理解と，なぜこんな決まりが必要なのかなど，より深い理解を目指して学習させることができます。

また，引用の入った例文に少しでも多く触れさせ，「引用」のイメージを豊かにするために教科書以外の例文も資料として用意しました。

自分が，引用を使った文章を書く活動では，ただ引用が使えればよいというだけでなく，どこを引用し，どのように使うかをしっかり考えて，いちばん伝えたいことを明確にした文章を書かせるようにします。

◎ 評価規準 ◎

知識及び技能	引用のしかたや出典の示し方を理解し使っている。
思考力，判断力，表現力等	「書くこと」において，自分の考えとそれを支える理由や事例との関係を明確にして，書き表し方を工夫している。
主体的に学習に取り組む態度	積極的に引用のしかたを学び，学習課題に沿って，本などで調べたことを引用して文章を書こうしている。

◎ 学習指導計画　全３時間 ◎

次	時	学習活動	指導上の留意点
1	1	・教科書の４コマまんがを読み，「引用」について知る。 ・引用した経験や知っていることを交流する。 ・例文で引用の使われ方を確かめる。	・教科書，資料，身の回りの事例から引用とは何か，具体的につかませる。
	2	・引用に決まりがあることを知る。 ・引用のために調べたことを書きとめるための注意点を知る。 ・人から聞いた話を引用する場合の書き方を知る。	・引用のための決まりや留意点は，正しく引用するために必要なことであることを理解させる。
	3	・「こまを楽しむ」から引用して，興味があるこまとその遊び方を紹介する文章を書く。 ・書いた文章を読み合い，正しく引用できているか確かめる。	・対話の中で，自分が伝えたいことを明確に認識させて文章を書かせる。 ・引用する言葉の選び方や使い方を工夫させる。

DVD 収録（資料）

資料　第１時

「きつつきの商売」の感想

２の場面が，とてもよかったと思いました。「とくとく，とくべつメニュー」と言ったきつつきは，すごくいいメニューができたとよろこんでいます。野ねずみたちも，「きらきらしたきれいな目」をきつつきにむけて，特別メニューの音がきけるのを楽しみにしていました。ずうっとずうっと，とくべつメニューの雨の音につつまれていた野ねずみたちは，とってもしあわせな時間がすごせたと思いました。

引用するとき

第 1 時 (1/3)

本時の目標

引用とは何かを知り，引用した言葉と自分の言葉は区別しなければならないことが理解できる。

授業のポイント

自分の生活体験や身の回りの具体的な事例から，引用とはどのようなことで何に気をつけなければならないのかをつかませる。

本時の評価

引用とは何をすることなのかが分かり，自分の言葉や文章と区別しなければならないことを理解している。

〈練習〉引用の入った例文に少しでも多く触れさせ，「引用」のイメージを豊かにするために教科書

板書例

自分の言葉 ⟷ 引用した言葉

くべつ…（自分だったら？）
・線をひく
・色をかえる
・字の大きさをかえる
・（ ）「 」でくくる

※ 児童の発言を板書する。

《引用したれい》
・調べ学習
・図かんからうつす
・学級会の発言
・作文

※ 児童の発言を板書する。

◇ 練習してみよう
「とくとく　とくべつメニュー」
「きらきらしたきれいな目」
「ずうっとずうっと　～　つつまれていた」

1 つかむ　教科書の4コマ漫画を読んでみよう。

教科書 P90 の 4 コマ漫画を読む。

これは，何を描いた漫画ですか。
言葉遊びについて，本からうつしたことを描いている。
どこがうつしたところか，本の名前はと聞かれているが答えられない。
題の「引用するとき」のことを描いているのだろうね。

「どこがうつしたところか教科書 48 ページで確かめましょう。」
・「にた音や…しゃれです。」のところです。

「自分であれば，うつしたところが分かるように，どうしますか。」
・横に線（傍線）を引きます。
・色を変えるか，字の大きさを変えるか…。
・（ ）や「 」などカッコでくくればいい。

2 調べる 出し合う　引用とはどんなことなのだろう。

「この教材の題にもなっている『引用』とは，どんなことをするのでしょう。教科書で調べましょう。」

他の人の言葉を自分の文章や話の中で使うことだ。
自分の言葉と区別しなければならないと書いてある。
4コマ漫画の「にた音や～しゃれです。」も引用なんだ。
本に書いてあることをうつすのも引用なのね。

「どうして引用した言葉と自分の言葉を区別しないといけないのでしょう。」
・他の人の言葉が自分の言葉みたいに思われてしまうから，言葉の横取りみたいで良くないよ。
・自分の言葉みたいに使ったら，その人に悪いよ。
・他人の言葉を自分の言葉だと思われるのも嫌です。

意見を出し合うだけで，無理に結論づけなくてよい。

以外の例文も資料として用意しています。展開4でご活用ください。

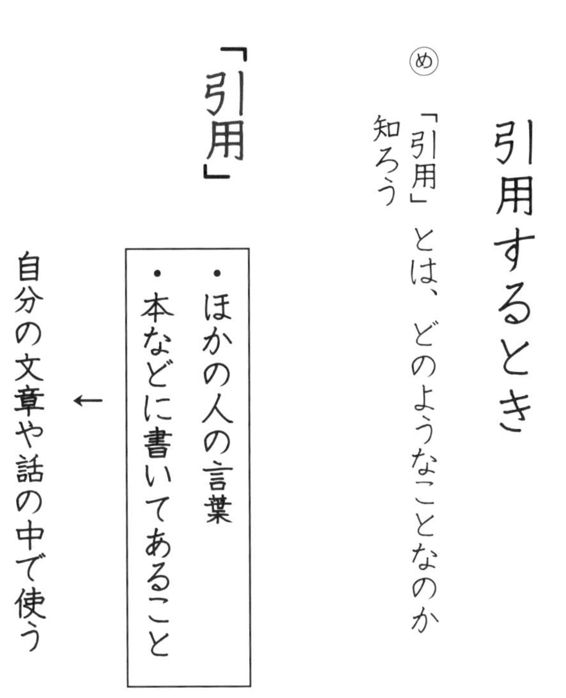

引用するとき
め
「引用」とは、どのようなことなのか知ろう
「引用」
・ほかの人の言葉
・本などに書いてあること
←
自分の文章や話の中で使う

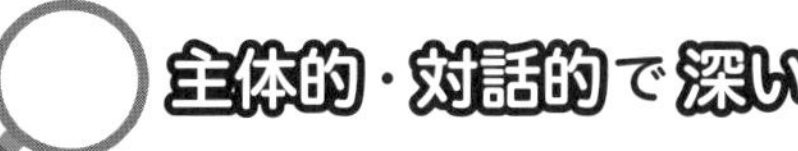

主体的・対話的で深い学び

・教科書や資料を使って，「引用」とはどんなことなのかを具体事例を通してつかませていく。1人ひとりが考えたことをグループの対話で確かめ合い，全体で交流してみんなのものにしていく。
・自分たちの生活体験も振り返らせて引用が使われている場面を思い出させ，展開4の練習で，「引用」についてのイメージを定着させたい。

準備物

・資料「きつつきの商売の感想」 DVD 収録【3_17_01】

3 交流する　引用した経験や知っていることはないだろうか。

「自分も，何か引用したことはありませんか。自分はなくても，周りでそんな例はありませんか。グループで話し合ってみましょう。」

お兄ちゃんが，社会科の調べ学習で，本に書いてあることをうつして書いていた。
学級会で「私も吉田さんと同じで『クラス遊びをした方がいい』と思います。」と言ったことがある。
生活科の勉強で，図鑑に書いてあったことをうつしたことがあった。
作文にお母さんから言われたことを，自分の考えみたいに書いたことがあったなあ。

グループで話したことを全体でも少し交流させる。

「今まで，引用したことを自分の言葉と区別していましたか。」
・全然，気にしていなかった。
・これからは，できると思う。

4 練習する　引用の使われ方を例文で確かめてみよう。

「『きつつきの商売』の感想文で，引用がどのように使われているか，確かめてみましょう。」

資料「きつつきの商売」の感想文を配る。

引用されているのはどこでしょう。
「とくとく，とくべつメニュー」というきつつきの言葉です。
「きらきらしたきれいな目」も，引用です。
「　」がついていると，引用だと分かりやすいね。

「実は，あと1か所，引用があるのです。そこはどこか見つけて，「　」をつけましょう。」

教科書で確かめさせる。

・分かった！「ずうっとずうっと～つつまれていた」までです。教科書25ページにありました。

「　」をつけさせ，引用を意識しながら音読させる。

引用するとき

第2時　(2/3)

〈決まりの理解〉基本的な知識理解だけでなく，対話を取り入れることで，より確かな理解と，なぜ

本時の目標

言葉や文を引用する場合の決まりや気をつけることが分かる。

授業のポイント

引用するときの決まりや気をつけることを教科書から読み取る。これらは，自分と他人の言葉や文を区別し，正しく引用するためであることを理解させる。

本時の評価

文章や人から聞いたことを引用する場合の決まりが分かり，気をつけることが分かっている。

板書例

○書きとめるとき
・ひらがな、かたかな、漢字も同じ
・書きうつしたところが
　後で分かるように
・書いた人、本の題名などを
　たしかめる

○人から聞いた話
・「　」をつける
・行は変えない

◇たしかめよう

○4コマまんが
○しりょう「きつつきの商売」

（たしかめポイント）
・引用に「　」は？
・元の文章そのまま？
・文字もそのまま？
・引用先は？

1 調べる つかむ　文章の引用には，どんな決まりがあるか調べよう。

「文章を引用するときには，決まりがあります。どんな決まりがあるか，教科書で調べましょう。決まりについて何か思ったことがあればそれも言いましょう。」

「　」をつけたり，本文より少し下げて，引用だと分かるようにします。
「　」をつけるのは，前の時間にも少し勉強したね。
引用だと分かればいいんだから，前の時間に言ったように（　）とかでもいいじゃないか。

②③項目も同じように話し合いながら調べていく。

・2つ目は，元の文章を，そのままぬき出す。
・ちょっとだけでも変えたらダメなのかな？
・少しでも変えたら，書いた人の考えと変わるかも。
・他人が書いた文章だから勝手に変えたらだめだよ。
・3つ目の決まりは，何から引用したか示す。

教科書の例で，具体的に確かめさせていく。

2 対話する　調べたことを書きとめるときに気をつけることは何だろう。

「引用する時，忘れたり間違いがないように，メモなどに書きとめることがあります。正しく引用するために，どんなことに気をつけたらよいでしょう。これも，教科書を読んで話し合いましょう。」

ひらがなも，カタカナも，漢字もみんな同じように書き写すのね。
内容だけでなくて文字までそのまま引用するのか。結構厳しいんだね。
本の題名だけでなくページも書いておいたら，引用したところが分かっていいね。
「　」をつけたりすると，引用したところがよく分かるね。

「これから，社会科や理科の学習でも役立ちそうですね。」

こんな決まりが必要なのかなど，より深い理解を目指します。

引用するとき

㋱ 引用するときの決まりや気をつけることを知ろう

引用の決まり

①「　」をつけたり、本文より少し下げる。
②元の文章をそのままぬき出す。
③何から引用したのかをしめす
（本の題名　書いた人、出ぱん社　年）

主体的・対話的で深い学び

・引用をする場合の決まりや気をつけることを話し合いながら，教科書で調べる。調べた内容については，自分たちの意見を出し合い，対話を通して正しく引用する意義に気づく場面を作る。

準備物

・前時の資料（きつつきの商売の感想）

3 確かめる　人から聞いたことの書き方を確かめよう。

「人から聞いた話を文章に書くときは，どのようにするのでしょう。91ページ下段の例文を読みましょう。」

例文を音読させる。

人から聞いた話は，どの部分ですか。
「何もなくても～しゃれのいいところです。」までです。
児童館の山下さんの話です。人から聞いた話も，分かるように「　」をつけます。

「人から聞いた話の書き方をまとめましょう。」
・「　」をつけて，誰の言葉か分かるようにする。
・行を変えずに，続けて書く。

「普通，話し言葉を書く場合はどうするのでしたか。」
・行を変えて「　」に書く。その後も行を変える。
・人から聞いた話は，そのまま前の文に続けて書くのか。間違えないようにしないといけないな。

4 再確認する　引用するときの決まりや気をつけることをもう一度確かめよう。

「引用の決まりや気をつけることを，もう一度確かめておきましょう。まず，4コマ漫画で確かめましょう。」

にた音や～しゃれです。これに「　」をつける。
元の文章をそのままぬき出しているね。
文字も「，」や「。」も同じだから正しく引用できている。
何から引用したかも書くんだね。そしたら本の名前も答えられる。

「前の時間の資料『きつつきの商売の感想』でも，確かめておきましょう。」
・3つの引用のどれも，漢字やひらがな，カタカナも同じで元の文をそのまま引用している。

「次の時間は，引用した言葉を入れた文章を自分で書いてもらいます。」

引用するとき

第3時 (3/3)

本時の目標

これまでの学習を生かして，引用した言葉や文を使って文章が書ける。

授業のポイント

引用をするときの決まりなど，前時までの学習を生かして，文章を書かせる。書いた文章は，グループで読み合い，正しく引用できているか確かめ合う。

本時の評価

「こまを楽しむ」から興味のあるこまを選び，本文から引用してこまと遊び方の紹介をする文章を書いている。

〈引用の実践〉ただ引用が使えればよいというだけでなく，どこを引用し，どのように使うかをしっかり

板書例

「こまを楽しむ」

(1) こまを一つえらぶ
　こまと遊び方のしょうかい
　↓
(2) えらんだこま，わけを出し合う
　↓
(3) ノートに下書き
・どこにきょうみがあるのか
・引用する言葉，しかたのくふう
　↓
（見直し）
　↓
(4) しょうかい文を書く

◇しょうかい文を読み合おう

・グループで回し読み
　→ 正しく引用できているか？

1 つかむ　引用した言葉や文をつかって文章を書いてみよう。

前2時間の学習を簡単に振り返る（引用とは何か，決まりや気をつけること，引用文を探す）。

「今日がこの勉強の最後の時間です。どんなことをすると思いますか？」

・もっと，いろいろ引用されているところを探す？
・今度は，自分で文章を書いてみる！
・どこかから引用した言葉を使って文章を書く！

「今回は，教科書から引用して自分で文章を書くことにしましょう。」

自分は何に一番気をつけて書いてみたいと思いますか。
自分の考えがきちんと伝わるような文章にする。
引用の決まりを考えて，漢字やひらがななども，そのまま使うように気をつけたい。
引用の勉強だから引用した言葉をうまく使いたいな。

2 選ぶ 交流する　紹介してみたいこまを1つ選んで交流しよう。

「教科書50ページの『こまを楽しむ』を開けてください。1番興味のあるこまと，その遊び方を紹介しましょう。」

「こまを楽しむ」を音読させる。どのこまを選ぶか考えながら聞かせる。（教師の範読でもよい。）

「なぜ，そのこまのことを書こうと思ったのか，グループで交流しましょう。」

ぼくは，鳴りごま。回ると音が出るところがすごく興味がある。
わたしは，色がわりごま。もう，引用する言葉も考えている。
ぼくは，どれにしようか迷っている。もう少し，みんなの意見を聞いて決めるつもり。

・どんなことを書くか，だんだんはっきりしてきた。
・迷っていたけど，他の人の意見を聞いて決まった！

考えて，いちばん伝えたいことを明確にした文章を書かせましょう。

引用するとき

(め) 言葉や文を引用して文章を書こう

◇ 教科書から引用して書こう

〈気をつけたいこと〉
・自分の考えがつたわるように
・引用の決まりを考えて
・引用した言葉をうまく使いたい

※ 児童の発言を板書する。

主体的・対話的で深い学び

・こまの紹介文は，自分がいちばん伝えたいことは何かを明確にさせて文章を書かせる。そのためにも，選んだこまやその理由の交流を十分行わせる。書いた文章の確かめは，正しく引用できているかどうかに限定しているが，時間があれば，内容についての感想や引用文の使い方（選んだ引用文の適否，効果的な使い方ができているかなど）にも触れると，より対話が深まるだろう。

準備物

3 書く　引用を使った文章を書こう。

「まず，自分が選んだこまについて書いてある段落を黙読しましょう。」

書く内容がまとまらなければ，２度，３度と読み返しをさせる。

そのこまのどこに興味があるのかも書き，引用の仕方を工夫して，ノートに下書きをしましょう。
ただ色が変わるだけでなく，回る早さで変わり方が違うというのがおもしろい。引用は…・
逆立ちごまの動きが面白いことをどう書こうかな…。

「書けたら，正しく引用できているか，伝えたいことが分かるように書けているか読み返して確かめ，清書をしましょう。」
・引用の漢字がひらがなになっていたから，直そう。
・文が長すぎたな。もっと短く分けよう。

4 対話する 確かめる　書いた文章を読み合って，引用の仕方を確かめよう。

「書いた紹介文をグループで回して読み，正しく引用できているか確かめましょう。」

気づいたことは，ノートにメモしておき，後で伝え合う。

・引用しているところに「　」がついていないな。
・これは，正しく引用できている。
・引用は正しいんだけど…文章のここに入れるのでいいのかな？

「では，気づいたことを伝え合いましょう。」

山田君の引用のところで１か所だけ漢字がひらがなになっていた。
ほかは，元の言葉の通りに引用できていました。
引用は元の言葉通りでいいんだけど，こまの説明じゃなくて，遊び方のところに入れた方がいい。

仕事のくふう，見つけたよ
〔コラム〕符号など

全授業時間 12 時間

◎ 指導目標 ◎

・段落の役割について理解することができる。
・書く内容の中心を明確にし，内容のまとまりで段落をつくったり，段落相互の関係に注意したりして，文章の構成を考えることができる。
・書こうとしたことが明確になっているかなど，文章に対する感想や意見を伝え合い，自分の文章のよいところを見つけることができる。
・改行のしかたを理解して文や文章の中で使うとともに，句読点を適切に打つことができる。
・比較や分類のしかた，必要な語句などの書き留め方，引用のしかたを理解し使うことができる。
・相手や目的を意識して，経験したことや想像したことなどから書くことを選び，集めた材料を比較したり分類したりして，伝えたいことを明確にすることができる。
・内容の中心が明確になるよう，積極的に書く工夫して文章の構成を考え，学習の見通しをもって，調べたことを報告する文章を書こうとすることができる。

◎ 指導にあたって ◎

①　教材について

身近にある仕事の工夫に目を向け，これらを実際に取材して分かったことを友達に報告する文章を書きます。文章の構成は,「調べたきっかけ」「調べ方」「分かったこと」「まとめ」というモデルが示されているので, それに沿って書けます。

文章を書くときは，聞き取りメモと組み立てメモをもとにして，符号の使い方や例示，絵や写真の活用，見聞きして分かったことと自分の考えの区別などを意識して書くことになります。

報告書を読む・書くという活動は，他教科も含めてこれからの学習でも度々出てきます。報告書の基本的な型をこの単元でしっかりと身につけることが，今後の学習にも生きてきます。

②　主体的・対話的で深い学びのために

報告文に書く内容を決め，文章を書き，読んだ感想を伝える活動は，児童一人一人が主体的に活動していかねばならない場面です。そのためには，学習に見通しを持ちどのようにしてゆけばよいかという具体的なイメージを持たせることが必要です。教科書の例文は，自分たちがこれから書こうとしている文章の具体的事例となります。これを十分活用して児童が対話を重ねることで，主体的な姿勢を引き出し，さらには，文章の書き方や自分が書く中身についての理解を深めさせることができます。また，対話をすることで，自分の足りない分や修正すべきことが明らかになっていきます。相互に影響し合い，援助し合うことでより良い報告文を書くことができるでしょう。

◉ 評価規準 ◉

知識及び技能	・改行のしかたを理解して文や文章の中で使うとともに，句読点を適切に打っている。 ・段落の役割について理解している。 ・比較や分類のしかた，必要な語句などの書き留め方，引用のしかたを理解し使っている。
思考力，判断力，表現力等	・「書くこと」において，相手や目的を意識して，経験したことや想像したことなどから書くことを選び，集めた材料を比較したり分類したりして，伝えたいことを明確にしている。 ・「書くこと」において，書く内容の中心を明確にし，内容のまとまりで段落をつくったり，段落相互の関係に注意したりして，文章の構成を考えている。 ・「書くこと」において，書こうとしたことが明確になっているかなど，文章に対する感想や意見を伝え合い，自分の文章のよいところを見つけている。
主体的に学習に取り組む態度	内容の中心が明確になるよう，積極的に書く工夫して文章の構成を考え，学習の見通しをもって，調べたことを報告する文章を書こうとしている。

◉ 学習指導計画　全 12 時間 ◉

次	時	学習活動	指導上の留意点
1	1	・学習のめあてや，学習のすすめ方を確かめる。 ・調べる仕事についてのイメージを持つ。	・これからの学習について，具体的なイメージと見通しを持たせる。
2	2	・身の回りから，調べて報告したい仕事を決める。 ・選んだ仕事について本などで確かめ，知りたいことをはっきりさせる。	・実際に見たり聞いたりできる仕事を選ばせる。 ・同じ仕事を選んだグループで対話させ，知りたいことを明確にさせる。
	3・4	・調べ方やメモの取り方を知る。 ・調べに行き，見聞きしたことをメモに書く。 ・調べた工夫の中から，知らせたいことを選ぶ。	・調べ方について，教科書やこれまでの経験から話し合わせ，見通しを持って取材をさせる。 ・各児童が主体的に活動できるように援助する。
	5・6	・報告文の組み立てを知り，例文で確かめる。 ・組み立てメモをつくり，交流する。	・文章の組み立て①～④を，教科書の報告文の例文と比較することで具体的に理解させる。
	7	・句読点，中点，ダッシュ，かぎ，横書きを知り，教科書の中から使用例を見つけたりワークシートで練習したりする。	・言葉や説明を読むだけでなく，例を見つけたり練習問題に取り組んだりすることで，使い方を理解させる。
	8	・報告文を書くときに気をつけることを知り，例文で確かめ，自分の文章の場合を考える。	・言葉だけの理解にならないように，具体的な場面でとらえさせていく。
	9・10	・組み立てメモからの文章化について話し合う。 ・報告する文章を書き，読み返す。	・例文やこれまで学習してきたことを踏まえて，その仕上げとして文章を書かせる。
3	11・12	・報告文を読み合い，文章の説明の仕方や書かれている内容について，感想や意見を交流する。	・読み合って気づいたこと，感想や意見は，ワークシートに簡単にメモをしておき，それをもとに感想交流をさせる。

DVD **収録（児童用ワークシート見本）**※本書 P194，195 に掲載しています。

仕事のくふう，見つけたよ

第 1 時（1/12）

本時の目標

身の回りから仕事の工夫を見つけ，報告する文を書く学習であることが分かる。

授業のポイント

教科書を読んで，学習のめあてや活動の流れを把握させ，自分がどんな活動をすればよいか見通しが持てるようにする。

本時の評価

身の回りで見られる仕事から工夫を見つけ，報告文を書く学習に進んで取り組もうとしている。

〈対話〉働く人の仕事の工夫をよく知っている児童がいます。展開２では，知っていることを出し

板書例

《学習のすすめ方》

1 調べたい仕事を決める
2 調べる
3 文章の組み立てを考える
4 文章を書く
5 読み合い、感想をつたえる

☆調べてこよう

身の回りの仕事

× 家事（すいじ、せんたくなど）は、なし

1 めあてつかむ　教科書から，学習のめあてや内容を知ろう。

「今日から勉強していく題をみんなで読みましょう。」

「仕事の工夫，見つけたよ」を一斉音読する。

・仕事の工夫を見つける勉強をする？

「仕事の工夫を見つけて，どうするのですか。」

・組み立てを考えて，報告する文章を書きます。

教科書 P92 上段の 4 行の文（みなさんの〜伝えましょう）を一斉音読する。

どんな報告文を書くのか，もう少し詳しく言いましょう。
身の回りで仕事をしている人の工夫を見つけて報告する。
友だちに報告する文章です。
組み立てを考えて，分かりやすく書きます。

「大体どんなことを勉強していくか分かりましたか。」

・はい，分かりました。

2 対話する　教科書の絵を見て学習のイメージを膨らませよう。

教科書 P92 の絵を見て話し合う。

「これは，何の絵ですか。」

・パン屋さん，スーパー，図書館です。
・そこで働いている人の絵です。
・こんな人たちの仕事の工夫を見つけるんだね。
・図書館で働いている人でもいいんだ。

「どんな仕事をしているのか，もう少し話し合いましょう。」

パン屋さんは，お店でパンを売っている。
図書館の人は，本の貸し出しをしたり，整理をしたり…
自分の店でパンを焼いて売っているところもあるよ。
この人はスーパーのレジで仕事をしている人かな？

「どんな仕事をしているのか分かることも，報告する文章を書くために必要ですね。」

合い，この単元への関心を高めるようにしましょう。

仕事のくふう、見つけたよ

㋱ 学習のめあてやないようを知り、見通しをもとう

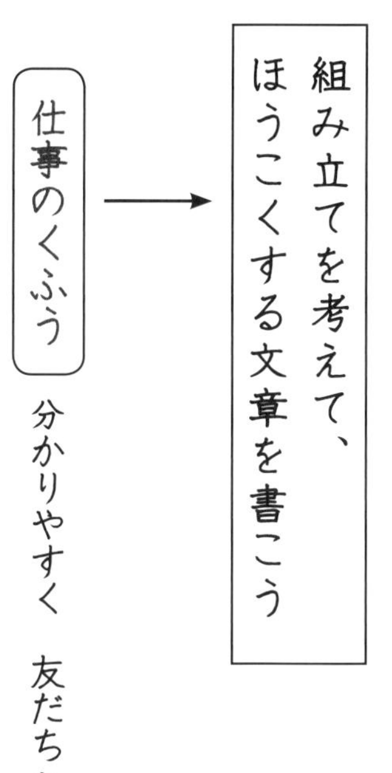

組み立てを考えて、ほうこくする文章を書こう
仕事のくふう
分かりやすく　友だちへ

主体的・対話的で深い学び

・教科書の絵なども活用して，これからどんな学習をしていくのかのイメージや見通しを持たせ，進んで学習に取り組んでいこうとする主体的な姿勢を持たせる。これから学習していく内容について，教科書の記述やイラストをもとに対話をさせ，イメージを膨らませていく。次時に向けての課題を出すことで，2時間目の学習へ児童の意識もつなげていきたい。

準備物

3 見通す　学習のすすめ方を確かめよう。

「では，これからどのように学習を進めていくのか確かめましょう。」

教科書 P92 の「学習のすすめ方」を読む。

・はじめに調べたい仕事を決めて，詳しく調べる。
・文章の組み立ても考えて書くんだ。
・今度も，最後に読み合って，感想を伝える。

「学習のすすめ方で，何か思ったことや聞きたいことがありますか。」

詳しく調べるって，どうやって調べるのですか。

「こまを楽しむ」でも，文章の組み立てが出てきたけど，今度はどんなことを勉強するのですか。

感想は，伝えるだけですか，感想文を書くのですか。

必要なことだけ，ここでは説明を加えておく。

4 調べる　身の回りにどんな仕事があるのか，次時までに調べてこよう。

「次の時間までに，身の回りにどんな仕事があるのか，見つけてきましょう。今まで，気がついていなかった仕事があるかもしれませんよ。」

「何か質問はありますか。」

図書館があったから，市役所の仕事や，お医者さんや看護師さんでもいいですか。
炊事や洗濯など家で家族のためにしている仕事は無しにしましょう。それ以外なら，どこで，どんな仕事をしていてもいいですよ。
家でパソコンを使って仕事をしているのでもいいですか。
お母さんの仕事でもいいですか。

「それでは，たくさん仕事を見つけてきてください。」

見つけた仕事に関わる本や資料があれば持ってくるよう伝える。

仕事のくふう，見つけたよ
第 2 時 (2/12)

本時の目標
調べたい仕事を決め，知りたいことを明確にすることができる。

授業のポイント
どんな仕事を選ぶかがポイントになってくる。実際に見たり聞いたりして調べられるのかも判断材料にして，仕事を選ばせる。

本時の評価
身の回りから調べたい仕事を選び，仕事内容を確かめて知りたいことを明確にしている。

〈調べる〉児童の調べたいことが，本に掲載されていないこともあります。児童の調べたい内容を

板書例

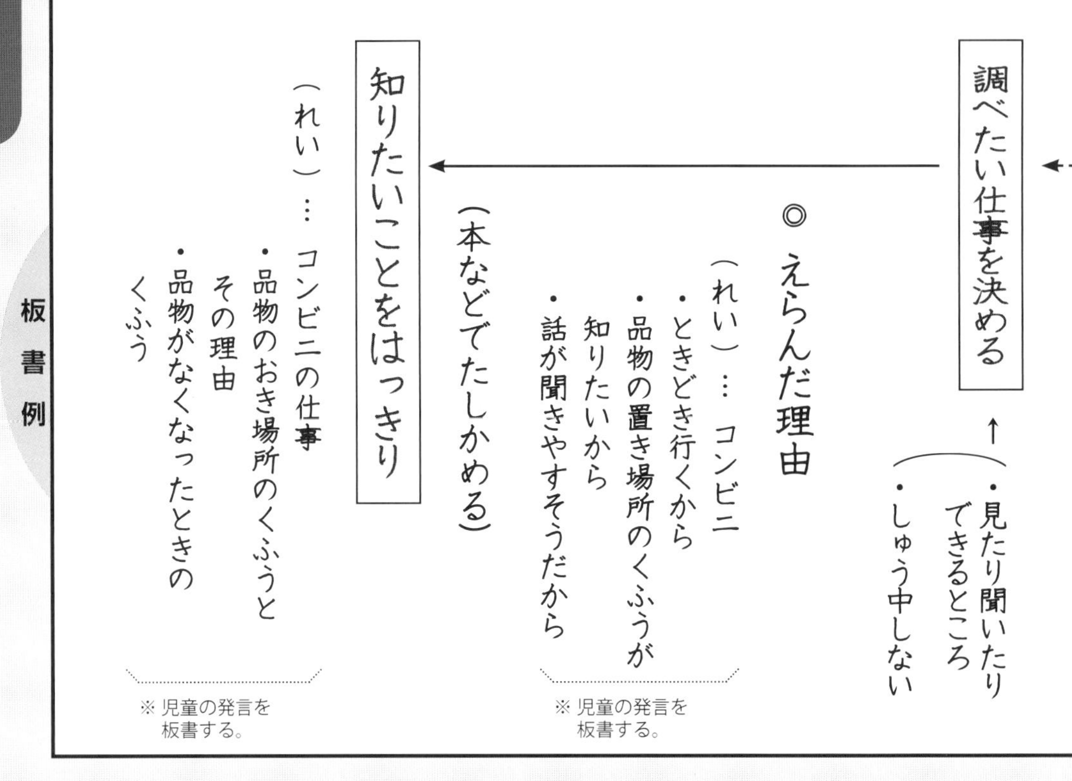

調べたい仕事を決める
・見たり聞いたりできるところ
・しゅう中しない
◎ えらんだ理由
（れい）… コンビニ
・ときどき行くから
・品物の置き場所のくふうが知りたいから
・話が聞きやすそうだから
（本などでたしかめる）
知りたいことをはっきり
（れい）… コンビニの仕事
・品物のおき場所のくふうとその理由
・品物がなくなったときのくふう
※ 児童の発言を板書する。
※ 児童の発言を板書する。

1 交流する　身の回りにどんな仕事があったか，発表し合おう。

「身の回りにある仕事を，たくさん調べてこられましたか。」
・今まで，全然知らなかった仕事があった。
・あまり，ありませんでした。

どんな仕事があったか，発表しましょう。
少し離れているけど，コンビニがありました。
農家があるから，話が聴けそうです。
いつも通っている歯医者さんがあります。小児科のお医者さんもある。

「発表を聞いて，思ったことがあれば言いましょう。」
・ぼくの家の近くにも何とか事務所というのはある。
・デイサービスセンターにおばあちゃんが行っているけど，そこでも仕事をしている人がいる！
・喫茶店があった。今思い出した！

2 決める 発表する　調べて報告したい仕事を決めよう。

「では，調べてきたり発表を聞いた中で，調べてみたい仕事を１つ選んで決めましょう。」
・ぼくは，もう決めているよ。
「ちょっと待って下さい。決めるときに注意しておかなければならないことはないですか。」

同じところに大勢が行ってしまったら，相手に迷惑がかかるね。
見せてもらったり，話を聞かせてもらえるところでないと調べられないね。
他に，こんなところはダメというのはないかな？

「今話し合ったことも考えて，調べたい仕事を１つ決めましょう。」
・決めた！

選んだ仕事を全員発表させる。あまりにも集中している等，必要な場合は調整をする。

事前に把握しリサーチしておくとよいでしょう。

仕事のくふう，見つけたよ

㋱ 調べたい仕事を決め，知りたいことをはっきりさせよう

《身近な仕事》

農家　コンビニ
はいしゃさん　おいしゃさん
デイサービス
きっさ店　さか屋…

主体的・対話的で深い学び

・各自で主体的に調べてきた身の回りの仕事を交流することで，対象とする仕事についての視野を広げる。同じ仕事を選んだグループで対話することで，話し合いの焦点が絞れて具体的に話し合いができる。また，自分が知りたいことを明確に自覚し，仕事の内容についての認識を深めることにもつながり，修正もできる。
・調べたい仕事を決めた後，その仕事について児童が主体的に本やインターネットなどですぐ調べられる環境で授業をするとよい。（図書館など）

準備物

・（できれば）仕事に関わる本や資料（各自）

3 対話する 調べる　選んだ仕事について調べよう。

同じ仕事を選んだ児童どうしでグループを作る。

「どうしてその仕事を選んだのか，グループで交流しましょう。」
・近所にコンビニがあって，時々買いにいくから。
・いろいろな品物を売っているけど，店に置く品物のことで何か工夫をしているのか知りたいから。
・お店の人に話が聞きやすそうだから決めた。
「仕事の中身や工夫などについて，（図書館の）本でもう少し確かめてみましょう。」

コンビニって，品物を置いてある場所が大体決まっているんだ。
レジでは，コンピューターにつながっているみたいだね。
全国にすごく多くのチェーン店があるんだって。

本で確かめたことは，ノートにメモをさせておく。

4 対話する 確認する　仕事の工夫について知りたいことをはっきりさせよう。

「調べてみたい仕事について，どんなことが知りたいかはっきりしてきましたか。グループで知りたいことを発表し合いましょう。」

ぼくは，コンビニでは，どこにどんな品物を置くのか，なぜそこに置くのか知りたい。
そういえば，違うコンビニが２件あるけど，品物の並べ方は似ているね。
わたしは，品物が売切れたり，少なくなってきたらどうするのか知りたいと思った。

「今の話し合いも参考にして，知りたいことをはっきり決めましょう。友達の意見を取り入れてもいいですよ。」
・ぼくは，はじめに考えた通りにする。
・品物がなくなったらどうするのかぼくも知りたいから，それに変えよう。
・なぜそんな工夫をするのかも聞いた方がいいな。

仕事のくふう，見つけたよ

第 3,4 時 (3, 4/12)

本時の目標

取材したことをメモにまとめ，見つけた工夫の中から伝えたいことを選ぶことができる。

授業のポイント

どのような取材ができるかがポイントになってくる。何を見たり聞いたりして，どのようにメモを取って来るか，事前の準備をしっかりとさせておく。

本時の評価

知りたいことをしっかりと取材してメモにまとめ，見つけた工夫の中から伝えたいことを選んでいる。

〈メモ〉児童は，生活の中でメモをする経験があまりありません。メモの取り方について学んだ後，

板書例

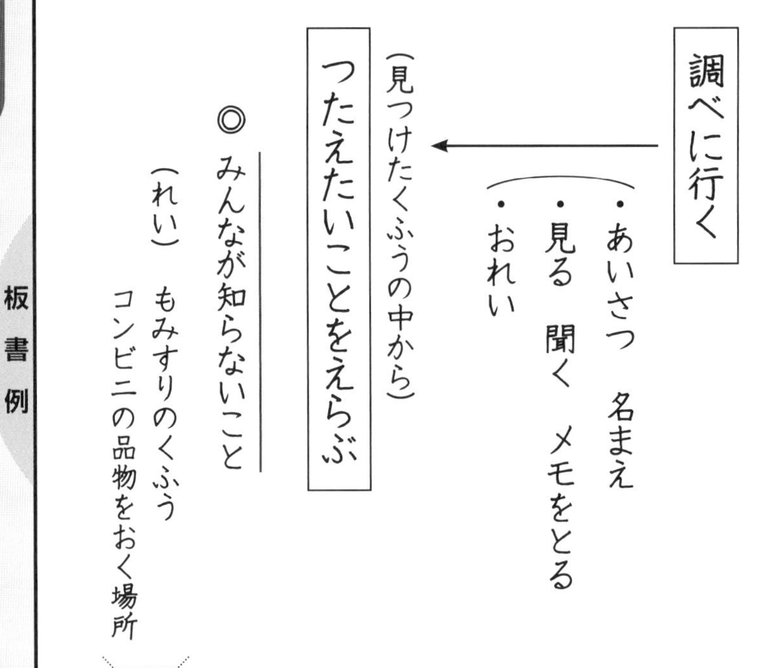

・聞いた人
・しつもん
・答え
・気づいたこと、思ったこと
聞いた人
しつもん
答え
気づいたこと・思ったこと
調べに行く
・あいさつ　名まえ
・見る　聞く　メモをとる
・おれい
（見つけたくふうの中から）
つたえたいことをえらぶ
◎ みんなが知らないこと
（れい）もみすりのくふう
コンビニの品物をおく場所
※ 児童の発言を板書する。

1 対話する つかむ　どんなことを，どのように調べればよいのだろう。

教科書 P93 ②くわしく調べようを読み，話し合う。

・本などで確かめるのは，前の時間にしたね。
・見たり聞いたりして調べます。見学に行くのか！
・メモにまとめてきます。
・見つけた工夫の中から伝えたいことを選びます。
・それを報告する文章に書くんだね。

これまでに見たり聞いたりして調べに行ったことがありますか。その時，よかったことや失敗したことなどを言ってください。
生活科で自然公園へ行きました。公園のおじさんにいろいろ教えてもらってよかった。
社会科で，市役所の人の話を聞きに行ったのですが，しっかり聞いていなかったのでメモがとれなかった。

教科書の記述の他に，これまでの他教科での体験なども出し合い，調べ方や注意点などをつかませる。

2 知る 対話する　メモの取り方を確かめよう。

P93 下のメモ例を見て，メモの取り方を確かめる。

「これは，どこの誰に話を聞いた時のメモですか。」
・ひかりスーパーの店長の木村さんです。
・メモの上に書いてあります。
「何が書いてありますか。」
・質問が書いてあります。
・答えが書いてあります。店長さんの答えです。

「メモの取り方や気をつけることについて，教科書の例やこれまでの経験から分かることを話し合いましょう。」

質問を先にメモに書いていけば，うまく質問できるね。
答えは，こんな風に短くメモすればよいことが分かりました。誰に聞いたかも書いてあるね。
話を聞くときは，しっかり聞いて，すぐにメモをする。
話を聞いて，そのとき気がついたことや思ったことも書くといいと思う。

実際にメモを取る体験をすると実感が伴います。

仕事のくふう、見つけたよ

㋱ 知りたいことを調べ、その中からつたえたいことをえらぼう

調べ方

・どんなくふうをしているか

・見る　聞く

・メモ…短くまとめる

主体的・対話的で深い学び

・調べ方やメモの取り方は，教科書だけでなく，これまでの学習経験も出し合って話し合わせ，取材活動の見通しを持たせる。
・取材は，児童一人一人の主体性が求められる活動である。確かな準備をして，満足できる成果が得られるように配慮する。

準備物

・カメラ
（後で報告文を書くときに参考としたり，報告文に貼り付けたりできるように，可能な範囲で教師や付き添いの大人で写真を撮らせてもらうとよい。）
・メモ帳（各自）

3 【校外学習】調べる　仕事の工夫を調べに行こう。

調査の方法は，学校や児童の実情に合わせる。できれば，同じ仕事を選んだグループ別で，保護者の協力も得て，時間内に一斉に行かせるのが望ましい。

「みんな，メモと鉛筆を持ちましたか。書き間違いは線で消しましょう。消しゴムは持っていきません。」

小さなメモ帳や台紙をつけるなど書きやすく工夫する。

「行ったら初めと最後に何をしますか。」
・はじめに自分の名前を言って，あいさつをします。
・最後は，お礼を言って帰ります。

自分が気がついたことや思ったこともメモしておこう。
話を聞いても分からないことがあれば，もっと聞いてみるよ。
ちょっと緊張するな。うまく聞けるかな？
わたしは，お店の中の絵もかいてみようかな。

調べに行く（往復も含め最低でも１時間は必要）。

4 選ぶ　調べた工夫の中から，伝えたいことを選ぼう。

「調べに行って，自分が知りたかった工夫が分かりましたか。」
・はい。知らなかった工夫がいろいろありました。
・こんな工夫をしていたのかとびっくりしました。
「では，見つけてきた工夫の中から，友達に伝えたいことを選びましょう。みんなが知らないことを選ぶ方がいいですね。」

メモを見直しながら，考えさせる。

稲刈りのことはみんなよく知っているから，その後の籾摺りから出荷までの工夫を書こう。

コンビニの品物の置き方は，ぼくも全然知らなかったから，それを書こう。

「選べましたね。次からは，報告する文章を書く勉強です。」

仕事のくふう，見つけたよ
第5,6時（5,6/12）

本時の目標
報告文の組み立てが分かり，組み立てメモを作ることができる。

授業のポイント
報告する文章の組み立てを，教科書の例文（谷口さんが書いた，ほうこくする文章）を参照しながら，具体的にとらえさせる。

本時の評価
報告文の組み立てを教科書で確かめ，自分の報告文の組み立てメモを作っている。

〈メモ〉書く内容を箇条書きで短くメモします。後で構成を修正しやすいように，付箋を使用すると，

板書例

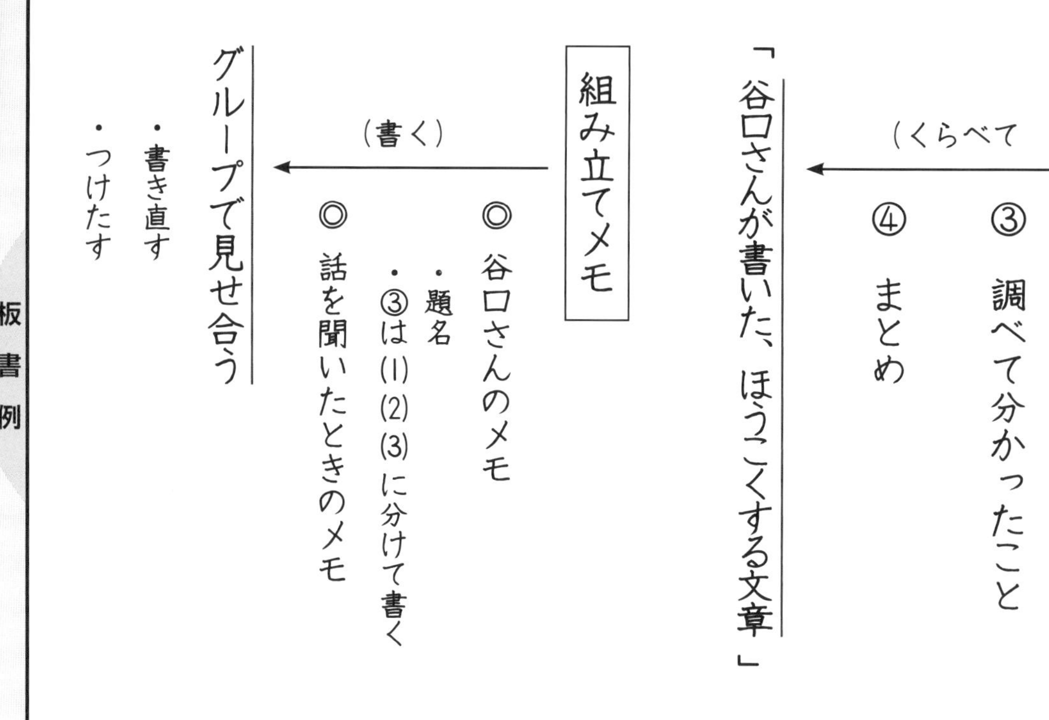

③ 調べて分かったこと
④ まとめ
（くらべて
「谷口さんが書いた、ほうこくする文章」
組み立てメモ
◎ 谷口さんのメモ
・題名
・③は(1)(2)(3)に分けて書く
◎ 話を聞いたときのメモ
（書く）
グループで見せ合う
・書き直す
・つけたす

1 知る　報告する文章はどのような組み立てで書けばよいのだろう。

教科書 P94「ほうこくする文章の組み立てをたしかめよう。」を読む。

「文章は，どのようなまとまりに分けるのですか。」
・つたえたいことは，内容のまとまりに分けます。
「いくつのまとまりから組み立てるのですか。」
・4つのまとまりから組み立ててあります。

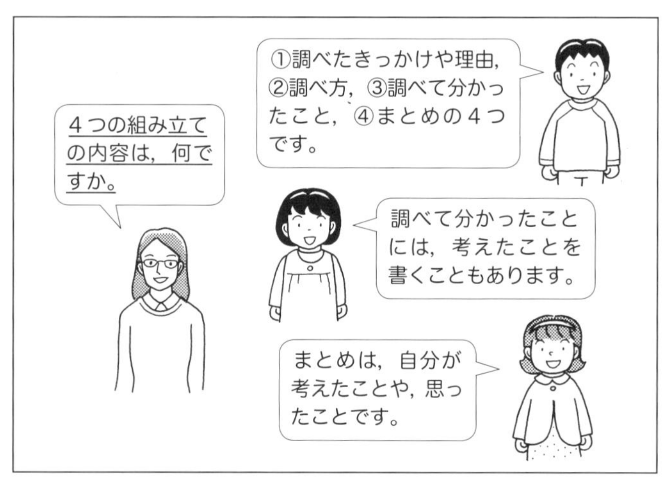

4つの組み立ての内容は，何ですか。
①調べたきっかけや理由，②調べ方，③調べて分かったこと，④まとめの4つです。
調べて分かったことには，考えたことを書くこともあります。
まとめは，自分が考えたことや，思ったことです。

「どんな組み立てにするのか，分かりましたか。」
・だいたい分かったと思うんだけど…。

2 比べる つかむ　教科書の例文と組み立てを見比べて確かめよう。

「文章の組み立ての①～④に当てはまるのは，95ページの谷口さんの書いた，ほうこく文章のどこですか。」
・同じ①～④のところです。
「組み立ての①に当たるところを読みましょう。」

一斉音読する。

・買い物を頼まれて，よくスーパーに行ってたんだ。
・それで，商品の並べ方が気になったのか。

同じように②③④も音読をして，具体的にどのように書いてあるか確かめていく。

「とくに」と強調して，おすすめ品の並べ方についての考えを書いている。
今度スーパーに行ったときにしたいことも書いてまとめている。
④は，この報告する文書のまとめだね。

展開４の活動がより取り組みやすくなるでしょう。

たしかめる）

仕事のくふう、見つけたよ

㋱ ほうこくする文章の組み立てをたしかめ、組み立てメモを書こう

ほうこくする文章の組み立て

① 調べたきっかけや理由

② 調べ方

主体的・対話的で深い学び

・文章の組み立てが具体的に理解できるように，「谷口さんのほうこくする文章」と①～④を比較させます。この場合，どの児童も理解できるようにグループで対話をしながら対比させていく。組み立てメモの作成は各自の主体的な活動になるが，書いた後でグループで交流し，内容を相互点検させる。

準備物

3 書く　組み立てメモを作ろう。

「谷口さんが書いた組み立てメモを読んでみましょう。」

教科書 P94 の「■組み立てのメモ」を読む。

「このメモを見て，気づいたことや，ここがいいとか，もっとこうした方がいいという意見は，ありませんか。」

題名が書いてある。
「調べて分かったこと」が⑴⑵⑶と短く書いてあるので分かりやすい。
「調べた理由」「調べ方」「まとめ」も何について書くのか，簡単に書いたらいい。

「教科書や今出た意見なども参考にして，自分の組み立てメモを書きましょう。」

見たり聞いたりしたときのメモを見ながら，組み立てメモを書かせる。

・ぼくは，教科書みたいに簡単に書いておこう。
・わたしは，何を書くかも少し入れて書こう。

4 対話する 見直す　組み立てメモを交流して，見直そう。

「書いた組み立てメモを，グループの中で見せ合いましょう。」

「友達のメモで参考になることがあれば取り入れましょう。直したらいいところがあれば伝えましょう。」

調べて分かったことの中に，調べた理由と関係のないことが入っているよ。
題名が抜けている。調べて分かったことは⑴⑵⑶と番号をつけて書く方がいい。
調べた理由やまとめも，一言書いた方が文章を書きやすそうだね。

「見せ合って，直したいところがあれば，自分の組み立てメモを書き直しましょう。」
・１つだけつけ足そう。
・字が間違っていたから，書き直そう。

〈作文〉作文を学ぶには，説明的文章を活用します。句読点の使い方は，読みやすい文章のお手本と

仕事のくふう，見つけたよ
第 7 時 (7/12)

本時の目標
符号などの意味と使い方を，例文を教科書から探して確かめながら理解できる。

授業のポイント
教科書の中から使い方の具体例を探して確かめ，符号を実際の文章の中で使えるようにすることを目指す。

本時の評価
符号などの意味を理解し，例文を教科書から探して使い方を確かめながら理解している。

板書例

ダッシュ（ー）→ ①せつめいをおぎなう
②とちゅうで止める場合

かぎ（「」）→ ①会話
②書名・題名
③思ったこと
④ほかの文と分けたい

横書き
→・左から右へ書く
・読点はコンマ（，）
・数字は算用数字（１２・・・）
・「一つ」「二日目」などは漢数字

◇練習しよう
・ワークシート
・教科書から見つける
・書きうつし

1 知る 練習する　句読点について知り，使い方の練習をしよう。

教科書 P97「符号など」の句読点の説明を読む。

「句読点とは何で，どんな使われ方をするのですか。」
・丸（。）が句点，点（，）を読点という。
・句点は文の終わりで，読点は文の中の意味の切れ目にうって読みやすくします。

教科書の４番目の例文（入学式の日も…）を視写し，具体的な使われ方を確認する。

「こまを楽しむ」など既習教材の一部分から句読点を抜いた文を書き出したワークシート「句読点の使い方」を配る。

ワークシートの文に，句点や読点を書き込みましょう。
ずぐりは雪の上で回してたのしむこまですふつうにこまは…？句点は分かるけど…。
分かった。いっぽう，ずぐりは，雪の上で～作られています。だね。

「書けたら，教科書を見て確かめましょう。」

2 知る 探す　中点とダッシュについて知り，使われている例を探そう。

教科書の中点とダッシュの説明を読む。

「中点とダッシュは，どのように使うのですか。」
・中点は，言葉を並べる場合に使います。
・ダッシュは，説明を補う場合と，言い切りにせず，途中で止める場合に使います。

教科書の例文を視写し，具体的な使われ方を確認する。

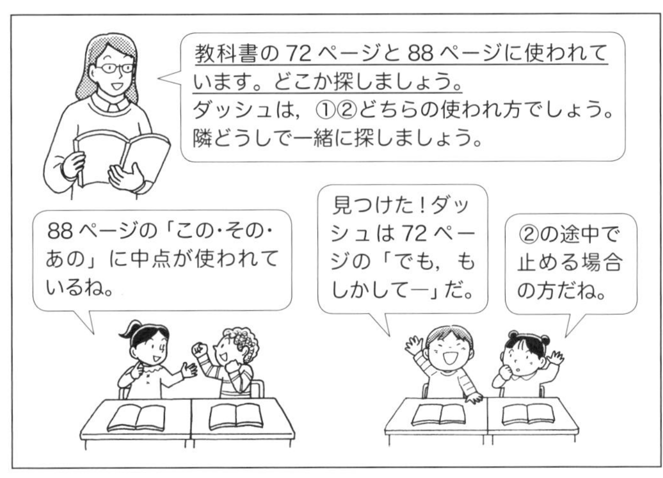
教科書の 72 ページと 88 ページに使われています。どこか探しましょう。
ダッシュは，①②どちらの使われ方でしょう。
隣どうしで一緒に探しましょう。
88 ページの「この・その・あの」に中点が使われているね。
見つけた！ダッシュは 72 ページの「でも，もしかして―」だ。
②の途中で止める場合の方だね。

なります。「かぎ」は，物語的文章を活用します。

仕事のくふう、見つけたよ（符号など）

ⓜ 句読点、中点、ダッシュ、かぎ、横書きについて知ろう

句読点 ┌ 句点（。）→ 文の終わり
　　　 └ 読点（、）→ 意味の切れ目

中点（・）→ 言葉をならべるとき

主体的・対話的で深い学び

・来句読点の打ち方は，各自で主体的に練習し教科書で正しく打てているか確かめる。教科書の中から，中点・ダッシュ・かぎを見つける活動は，ペアまたはグループで対話しながら見つけ，確かめ合う。横書きに直す活動は，各自で主体的に取り組み，グループで答えを確かめ合う。

準備物

・ワークシート「句読点の使い方」
（既習教材の一部分から教師が準備する）

・ワークシート「たて書き文をよこ書き文にしよう」
（児童用ワークシート見本 DVD 収録【3_18_01】）

3 知る 探す 「かぎ」の使い方が分かり，使われている例を探そう。

教科書の「かぎ」の説明を読む。

「『かぎ』は，どんな時に使うのですか。」
・会話や思ったことに使うのは，知っていたよ。
・書名や題名にも使う。
・特に他の文と分けたい言葉にも使う。

「①会話や③思ったことは，物語の中に出てきそうですね。3年生で習った中で探してみましょう。」
・会話は「きつつきの商売」でいっぱい出てきます。
・思ったことは「まいごのかぎ」でりいこの思ったことがたくさんありました。

26，38，91ページにでてくる「　」はそれぞれどの使い方でしょう。
26ページは「きつつきの商売」で，②題名です。
91ページは「言葉で遊ぼう」小野という人の書いた②本の題名です。
38ページの「音」「訓」「朝」「チョウ」などは，④他と分けたい言葉です。

4 知る 書く 横書きするときの約束を知り，横書きで書いてみよう。

教科書の横書きの説明を読む。

「横書きの時は，どのように書くのですか。」
・左から右に書きます。
・縦書きは，右から左だから反対だね。
・読点は，コンマを使います。
・算用数字を使いますが，「一つ」や「二日目」などは漢数字を使います。

ワークシート「たて書き文をよこ書き文にしよう」を配る。

「ワークシートの縦書き文を横書きに書き直して，グループで答えを確かめましょう。」

家ぞく四人は，4人と書くんだよ。ここが違っている。
コンマに直すところは，全部できているね。
「3日目」は，数字に直さないで漢数字のままだよ。

仕事のくふう，見つけたよ

第 8 時 (8/12)

本時の目標

報告文を書くときの留意点を確かめ，自分の書く文章に当てはめて考えることができる。

授業のポイント

留意点を例文や自分が書こうとする文章に当てはめて，具体的に理解させる。本時と第９・10 時の時間配分は状況に合わせて流動的に考える。

本時の評価

報告文を書くときの留意点が確かめられ，自分の書く文章に当てはめて考えている。

〈事実と意見〉児童は，事実と意見が区別できないことが多くあります。教科書の例から，事実と

板書例

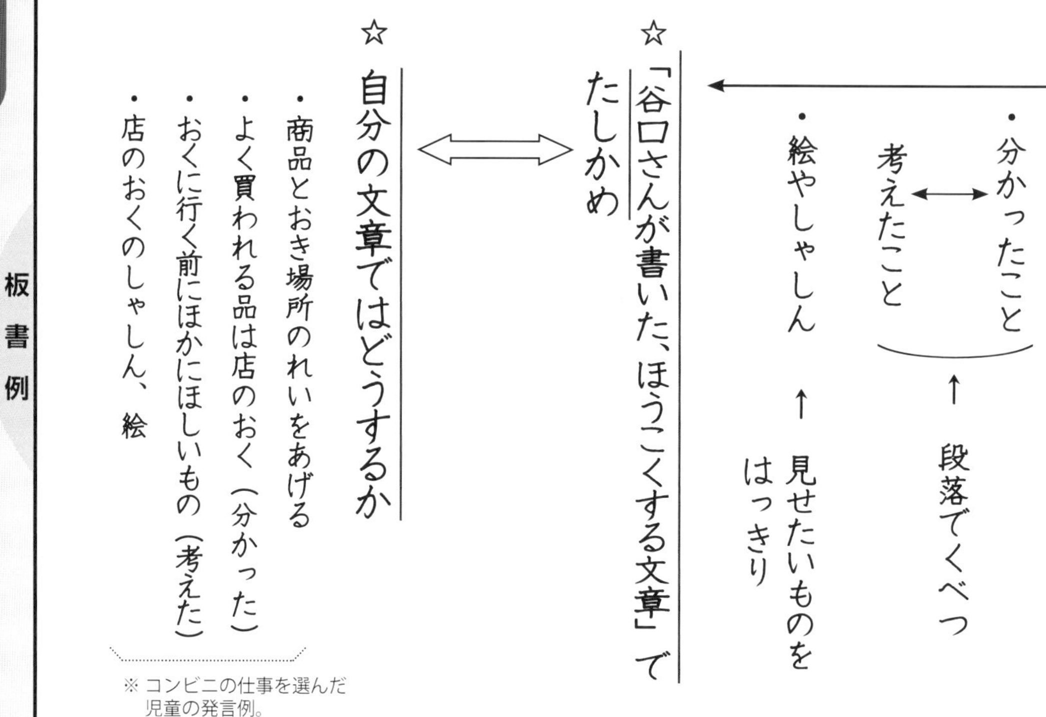

・分かったこと
考えたこと
↑ 段落でくべつ
・絵やしゃしん
↑ 見せたいものを はっきり
☆「谷口さんが書いた、ほうこくする文章」で たしかめ
☆ 自分の文章ではどうするか
・商品とおき場所のれいをあげる
・よく買われる品は店のおく（分かった）
・おくに行く前にほかにほしいもの（考えた）
・店のおくのしゃしん、絵
※ コンビニの仕事を選んだ児童の発言例。

1 確かめる 対話する　報告文での例のあげ方について考えよう。

教科書 P94「ほうこくする文章を書こう」を読み，気をつけて書くことを確かめていく。

「１つ目に，何が書いてありますか。」
- 例をあげて書くことです。
- 仕事のことをよく知らない人のためです。

「『谷口さんが書いた，ほうこくする文章』では，どこに書かれていますか。」
- おすすめ品の例のところです。その季節が一番おいしい野菜や行事に合った食べ物とあります。

自分の文章でも例を入れるか，お隣と紹介し合いましょう。
コンビニのどこにどんな商品をおくか例をあげて，なぜそうするのか説明する。
農家では，夏にどんな作物を作っているか例をあげて，仕事を紹介するよ。

2 確かめる 対話する　分かったことと考えたことの区別について考えよう。

「気をつけることの２つ目は何が書いてありますか。」
- 調べて分かったことと，考えたことの違いが区別できるように段落を分ける。
- 段落の勉強は前にしたから，分かります。

「谷口さんの文章には，どこに考えたことが書いてありますか。③の中で見つけましょう。」

「たしかに～手にとりたくなります。」の文が，考えたことです。
行をかえて，１字下げて書いてあるから段落分けができている。

③の文を読んで，グループで話し合って見つけさせる。

「自分が聞いてきたときのメモで，どれが分かったことで，どれが考えたことか区別できますか。」
- 多分，できると思うけど…。

「教科書 94 ページの『分かったこと，考えたこと』に分けた表を見ましょう。」

意見をていねいに検討していきながら理解を深めましょう。

仕事のくふう、見つけたよ

㋱ ほうこくする文章を書くときに
気をつけることを確かめよう

ほうこくする文章を書くとき
〈気をつけること〉
・れいをあげる → よく知らない人のため

主体的・対話的で深い学び

・報告文を書く時の留意点を学んでいくが，教科書の説明を読み流すだけでは身につかない。具体的な文章の中でどのように使われているかを確かめ，隣どうしやグループで対話することで，理解が深められていく。また，対話することで，文章を書こうとする意識も高めていける。

準備物

3 つかむ 分類する　調べて分かったことと考えたことを分けてみよう。

「教科書 94 ページの表を声を出して読みましょう。」
- 分かったこと「お客さんがよく～おいてある。」，考えたこと「目につく場所に～とりたくなる。」

「これは，組み立てメモのどの部分のことですか。」
- 調べて分かったことの（1）です。
- おすすめ品のおき方について，調べて分かったこと，それについて考えたことが分けて書いてある。

表の 2 項目も同じように確かめる。

自分が調べてきたことも分かったこと，考えたことに分けて表にしましょう。今から考えたことをつけ足してもいいです。

コンビニでは，よく買われる品物は奥においてて，お客に店内を歩いて一品でも多く買ってもらえる工夫をしている。

ぼくも，奥まで行く間に，欲しいものがあって，買ってしまったことがあった。

4 選ぶ　絵や写真などの載せ方を考えて選ぼう。

「絵や写真の載せ方は，どう書かれていますか。」
- 見せたいものがはっきり分かるものにする。

「谷口さんの文章に載っているのは何の写真ですか。」
- 品物がいっぱい並んでいる。
- 分かった！これがおすすめ品なんだ。
- 写真を見たら，どんなものが並んでいるか分かる。
- これなら，おすすめ品がすごく目立つね。

どんな絵や写真を載せてみたいか，交流しましょう。
コンビニの奥の棚をうつした写真か，店の中全体の絵がいいな。
精米しているところは機械しか見えないから，どうしよう…。

「次は，いよいよ自分が報告する文章を書きます。だいたいどんな文章にするか，考えてきましょう。」

仕事のくふう，見つけたよ

第9,10時（9,10/12）

本時の目標

仕事の工夫を報告する文章を書くことができる。

授業のポイント

前時までに，組み立てメモの作成，符号の学習，書き方で気をつけることの確かめなどに取り組んできた。それらの学習を踏まえて，報告文を書く。

本時の評価

組み立てメモや聞き取りメモをもとにして，仕事の工夫を報告する文章を書いている。

〈推敲〉読み手が読みやすい文章にすることが，書き手の相手に対する思いやりです。推敲のポイント

板書例

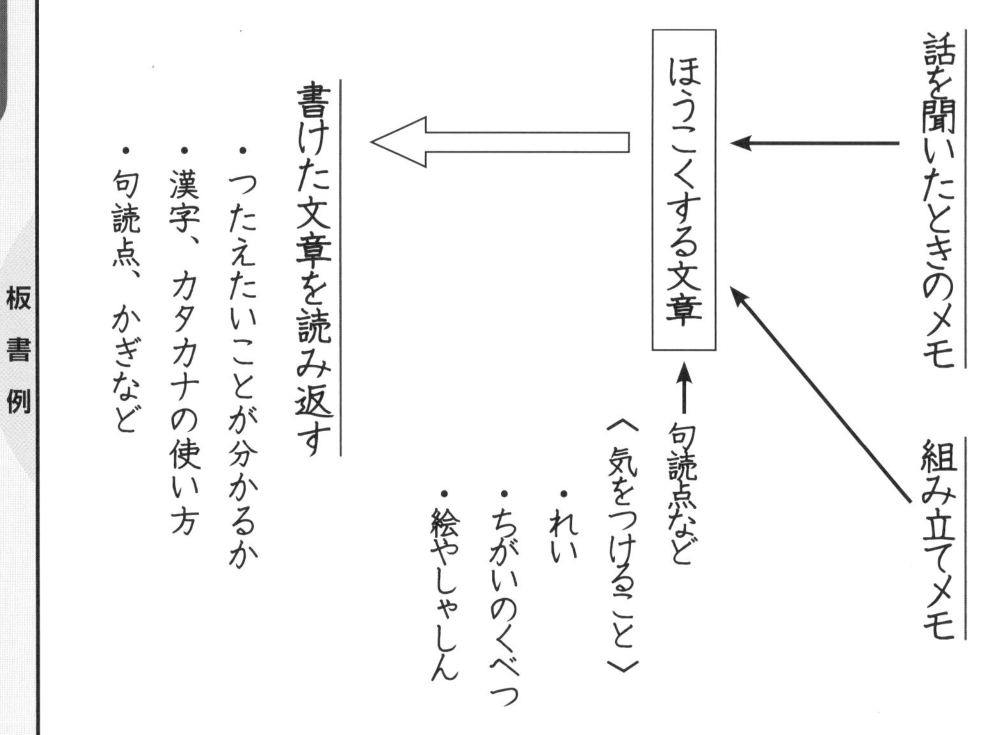

話を聞いたときのメモ
組み立てメモ
ほうこくする文章
句読点など
〈気をつけること〉
・れい
・ちがいのくべつ
・絵やしゃしん
書けた文章を読み返す
・つたえたいことが分かるか
・漢字、カタカナの使い方
・句読点、かぎなど

1 読む 出し合う　谷口さんの文章を読んで書き方について思ったことを話し合おう。

「『谷口さんが書いた，ほうこくする文章』を音読しましょう。この文章の書き方で，いいなと思うところ，直した方がいいなと思うところを，読んだ後で発表してもらいます。」

調べた理由が，よく分かるように書いてある。よく買い物に行くから，知りたいことも気がついたんだ。

1つ1つの文が短いのでよみやすい。わたしは，いつもだらだら書いてしまうから参考になりました。

スーパーのどこを見てきたかとか，調べ方をもっと詳しく書いた方がいいと思う。

「自分が文章を書くときの参考になることがありましたか。」

・「1. 調べた理由」のように，見出しをつけて書くと分かりやすいです。

2 比べて 確かめる　組み立てメモから，どのように文を書くか比べて確かめよう。

「組み立てメモから，どのように文章を書いて行ったらよいのでしょう。谷口さんの文章の③の部分で確かめてみましょう。」

・③は，組み立てメモの「おすすめ品のおき方」に当たるところだったね。

組み立てメモの1行が文章では10行になっています。何が書いてありますか。なぜこんなに書けたのですか。
チラシの宣伝やおすすめ品の例が書いてある。
店長さんから聞いた話や，自分が考えたことも書いてある。
話を聞いたメモに，いろいろ書いていて，その内容を文章に入れたんだ。

を示し，自分で推敲できる力を育てましょう。

仕事のくふう、見つけたよ

㋱ 仕事のくふうをほうこくする文章を書こう

《谷口さんの文章を読んで》

・よいところ
調べた理由がよく分かる
文が短く読みやすい

・なおすところ
調べ方をもっとくわしく

※児童の発言を板書する。

主体的・対話的で深い学び

・谷口さんの文章を参考にして，自分が書く文章の構想を固めていくが，この時も，友達の意見をよく聞き，自分の文章に取り入れられることは積極的に取り入れさせる。書いた文章の見直しも，先ずは自力で校正させたいが，隣どうしでの確かめ合いでさらに確実なものにしていく。

準備物

・話を聞いた時のメモ
・組み立てメモ
・報告書を書く用紙

3 書く　報告する文章を書こう。

「いよいよ，自分が報告する文章を書きます。今までいろいろ準備をしてみましたね。どんな準備をしてきたか振り返ってみましょう。」
・調べたい仕事を決めて，知りたいことを調べに行った。聞いた話は，メモに書いてきた。
・文章の組み立てを考えて，組み立てメモを作った。
・句読点などや気をつけて書くことも勉強した。

「どれも大事な準備ですが，今から文書を書くときは，何をもとにして書けばいいのですか。」
・話を聞いたメモと，組み立てメモです。

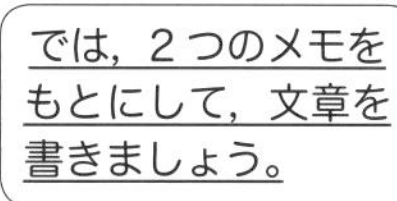
では，２つのメモをもとにして，文章を書きましょう。

書き始めは，どうしようかな。谷口さんのように自分のしたことから書こう。

調べて分かったことの中に，自分の考えをどういれようかな…。

4 読み返す　書いた文章を読み返し，手直しをしよう。

「書けたら自分で読み返して，字や符号の使い方の間違いはないか，伝えたいことが分かるように書けたか確かめましょう。その後で，隣どうしで見せ合って，確かめてもいいですよ。」

調べて分かったことのところの説明が分かりにくいかな？
ここは，他の言葉と区別できるように「　」をつけた方がいいよ。
そうだね。ありがとう。書き直すね。他に直すところは，もうない？

「読み返してみて，直した方がよいところがあれば書き直しましょう。」
・特に，直すところはないからこのままでいい。
・漢字に直せるところは，書き直しておこう。

仕事のくふう，見つけたよ
第11,12時（11,12/12）

本時の目標
報告文を読み合って，内容や書き方について，感想や意見を伝え合うことができる。

授業のポイント
友達の報告文を読み，内容や書き方について気づいた意見や感想をワークシートに書き，それをもとに意見交流させる。

本時の評価
報告文を読み，内容や書き方について，感想や意見を相手に分かるように伝えている。

〈感想交流〉感想を交流する視点を明確にします。「字がきれいです」のような，ねらいから外れた

板書例

感想・意見をつたえる

○ せつめいのしかたについて
・問いかけの文がよかった
・絵がよかった
※

○ 調べたことについて
・知らないくふうが分かった
・行って，たしかめてみたい
※

〈全体で〉

発表する

《学習をふりかえろう》

◎ ほうこくする文書を書くとき
→ 組み立てを考える
・つたえたいこと
・分かったことと，考えたこと
・絵やしゃしん

※児童の発言を板書する。

1 読む 交流する　感想文を読み合おう。

グループの中で，順に報告文を回して読み合う。感想や意見をワークシートにまとめてから，隣に回し，次の人の報告文をまた読むようにする。

「読んだ感想や意見は，短くまとめてワークシートに書きましょう。」

わたしと同じ仕事について書いているけど，調べた理由は違うな。
自分の文章と比べると違いが分かっておもしろい。
説明がよく分からないところがあるな。
ぼくもよく見ているけど，こんな仕事の工夫があるなんて知らなかった。

・読めて感想も書けたから，回すよ。
・早いなあ。わたしは，今書き方についての感想を書いているところ！

2 対話する　報告文の書き方や説明のしかたについて，感想や意見を伝え合おう。

「では，感想や意見を交流しましょう。先ず，文章の書き方や説明の仕方について，意見や感想を伝え合いましょう。」

グループ内で，報告文１つずつについて，意見や感想を述べていく。進行役は班長やグループの中で選んだ人に任せるか，順に交代していってもよい。

絵を入れる場所を工夫していたし，絵も上手でした。
はじめに，大川くんの説明のしかたについて感想や意見を言って下さい。
～について皆さんはどう思いますか。と問いかけているところがよかった。

・司会を交代します。次は，山田さんの報告について，感想や意見を言ってください。
・なぜ農家の仕事を選んだかがよく分かった。

全員の分を伝え合うまで続ける。

感想を述べ合うことがないようにしましょう。

仕事のくふう、見つけたよ

め 友だちのほうこく文を読んで、感想や意見をつたえよう

〈グループで〉

ほうこくする文章を読み合う

みんなの文章を読む
↓
ワークシートに書く

（・せつめいのしかた
・調べたこと

主体的・対話的で深い学び

・この時間は，感想文を読み合ってワークシートにまとめる活動をした後は，すべてが対話や交流の時間になる。自分の意見を積極的に伝えると同時に，友達の意見をしっかり聞くことも大事にしたい。聞いた友達の意見に対して自分の意見や考えが持てるようになれば，学習としてはさらに深まったと言える。

準備物

・ワークシート「ほうこくを読んだ感想・意見」
（児童用ワークシート見本 DVD 収録【3_18_02】）

3 対話する 発表する　調べた内容について，感想や意見を伝え合い，全体交流もしよう。

「次は，調べた内容について感想や意見を伝え合いましょう。」

展開２と同様にグループ内で，感想や意見を伝え合う。

今度は，ぼくが司会をします。青木くんの報告文について，感想や意見を言ってください。
コンビニが，品物を売るために，すごく工夫していることが分かった。
今度コンビニに行ったときに，確かめてきます。

「最後にクラス全体で報告文を発表してもらいます。」
・ぼくは，パン屋さんがおいしいパンを焼く工夫を発表します。
・わたしは，畳屋さんの仕事の工夫について発表します。

グループから代表で発表させても，希望者に発表させてもよい。前時の後で集めて読んでおいた中から教師が選んだ特徴的な報告文も発表に含める。

4 振り返る 交流する　学習してきたことを振り返ろう。

「教科書の『ふりかえろう』と『たいせつ』読んで，ほうこくする文章を書くときに自分たちが取り組んだことを確かめ合いましょう。」

伝えたいことを，内容のまとまりで４つに分けたね。組み立てメモも作った。
分かったことと考えたことも，表で整理をして，段落を分けて区別した。
絵や写真を使ったら，分かりやすくなったね。
問いかけるような文も入れると読んでみようという気になる。次はまねをしてみようと思っている。

「最後に，学習した感想を自由に言いましょう。」
・報告する文章の書き方が分かってよかった。他の勉強でも書けそうな気がします。
・今まで知らなかった仕事の工夫が，いっぱい分かってとても面白かった。
・句読点やかぎなどの使い方が分かってよかった。

ワークシート 第7時

たて書き文をよこ書き文にしよう

家族四人で、山へキャンプに行きました。夕食は、バーベキューです。ぼくは、大きな肉を二つに切りました。とてもおいしかったです。
三日目の朝、十一時ごろに出発して、家に帰りました。

名前（　　　）

仕事のくふう、見つけたよ

ワークシート

第11・12時

ほうこくを読んだ感想・意見

名前（　　　　　　）

ほうこくした人	感想・意見（せつめいのしかたについて）	感想・意見（調べたことについて）

※　かんたんにかじょう書きにする。

夏のくらし

全授業時間２時間

◉ 指導目標 ◉

・語句の量を増し，話や文章の中で使い，語彙を豊かにすることができる。
・経験したことや想像したことなどから書くことを選び，伝えたいことを明確にすることができる。
・積極的に語句の量を増やし，学習課題に沿って，その季節らしさを表現した文章を書こうとすることができる。

◉ 指導にあたって ◉

① 教材について

「春のくらし」に続く「きせつの言葉」の第２弾の学習になります。今回は，花火や夏の過ごし方，夏に喜ばれる食べ物が教科書に載っています。教科書の絵や文から夏らしさについて話し合い，それらをヒントにして，身の回りの生活から夏らしさが感じられるものを見つけ，文に表現する学習をします。「春のくらし」と同じようなパターンの学習になるので，児童は，何をすればよいか，ある程度の見通しを持って学習に取り組めるでしょう。

夏は，暑さの厳しい時期です。その中でも，人々は活発に活動し，夏なりの楽しみも多い時期です。それらにも目を向けさせることで，夏と関わる多様な言葉と触れ合い，感性や情操を豊かにするとともに，語彙を豊かにしていくこともできます。

② 主体的・対話的で深い学びのために

児童の周りを見回すと，家庭はもちろん児童が立ち寄る施設などでも冷房が完備しており，夏を結構快適に過ごすこともできます。夏の暑さやそれに伴う様々な季節感をどこまで児童が感じ取れるのか疑問もあります。また，教科書に書かれている絵や文のような体験をしていない児童も多いのではないかと考えられます。

本単元の課題と児童の実態の溝を埋める手だての１つとして，対話活動があります。対話を通して，自分は体験していないが友達が体験した「夏らしさ」を共有し，夏のイメージを広めていくことができるでしょう。写真等で補足をしていくのも有効です。対話で得られた新たな知識や言葉は，対話を続けることでさらに深められ，「夏」という季節の認識，感じ方も深まっていくでしょう。

◉ 評価規準 ◉

知識 及び 技能	語句の量を増し，話や文章の中で使い，語彙を豊かにしている。
思考力，判断力，表現力等	「書くこと」において，経験したことや想像したことなどから書くことを選び，伝えたいことを明確にしている。
主体的に学習に取り組む態度	積極的に語句の量を増やし，学習課題に沿って，その季節らしさを表現した文章を書こうとしている。

◉ 学習指導計画　全 2 時間 ◉

次	時	学習活動	指導上の留意点
1	1	・「はなび」の詩から，想像する， ・花火を見る絵から感じたことを話し合う。 ・身の周りから，夏を感じるもの見つける。 ・夏に関係のある言葉を集める。	・教科書の絵や文，夏らしさを感じた体験などについて話し合うことで，「夏」のイメージを豊かにする。 ・絵，写真，実物なども，補助教材として活用する。
	2	・夏の食べ物について，経験交流をする。 ・暑い夏を乗り切る工夫を話し合う。 ・身の回りで見つけた，夏を感じたことについて文章に書く。 ・書いた文章を読み合って，伝え合う。	・対話を通して，書く内容を確かなものにしていく。 ・読み合って感じたことを一言感想に書く。

DVD 収録（児童用ワークシート見本）

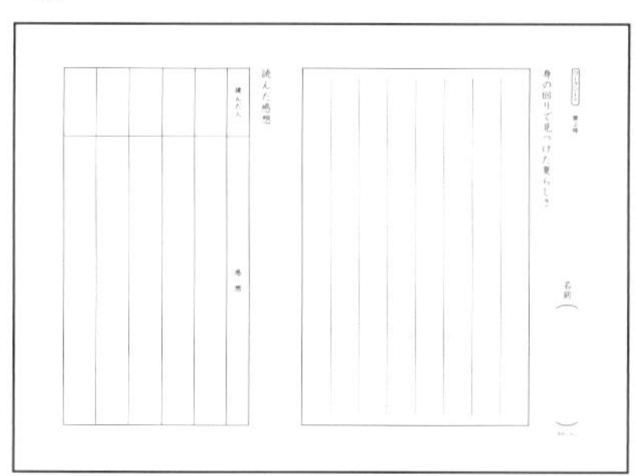

夏のくらし

第 1 時 (1/2)

本時の目標

生活の中で，夏らしいことを見つけ，話し合って夏を感じることができる。

授業のポイント

教科書の絵や文の他に，写真や具体物なども活用して，夏のイメージを豊かにする。夏に関する語彙を豊かにする。

本時の評価

生活の様々な場面で夏らしいことを見つけ，話し合いの中で夏を感じ取っている。

〈発見する〉児童が想像を膨らませ，言葉をたくさん集めることが，語彙を増やすことにつながり

板書例

《花火の絵から分かること》
・ゆかたで、えんがわ
・うち上げ花火に見とれる
・家族？
・かとり線香の入れものがおもしろい
※

※ 教科書 P99 左上の挿絵

《生活の中で感じる夏》
・朝顔の花がさいた
・プールであそぶ
・よくひえたすいか
・いなかで虫とり
※

《夏にかんけいする言葉あつめ》
・海水よく　・すいかわり
・たなばた　・ねったいや
・高校やきゅう　・夕すずみ
※

※ 児童の発言を板書する。

1 想像する 「はなび」の詩から，どんなことが思い浮かぶだろう。

題と 3 行のリード文から何を学習するか，つかませる。

「『はなび』の詩を先生が読みます。目を閉じて聞きましょう。」

「では，みんなも音読しましょう。」

全員で音読する。

「これは，どこでどんな花火をしているのでしょう。」
・自分の家の庭です。
・線香花火とか，小さな花火のようです。

この詩からどんな様子が思い浮かびますか。
花火に火をつけると暗い庭先が明るくなる。
1 つが消えたらまた，次の花火をして，次々続けている。
花火が消えても，まだ目の中に残っている。

「もう一度様子を思い浮かべながら音読しましょう。」

何人かに指名して音読させ，それを聞かせる。

2 感じる 絵から感じることは何だろう。

教科書 P99 の左上の絵を見せる。

「これは，何をしているところですか。この絵から分かることを話し合いましょう。」

家族で打ち上げ花火を見ている。みんな見とれているみたいだ。
みんな縁側に座って見ているね。右端は，おばあちゃんみたい。3 人は児童かな。
ゆかたを着ていて，涼しそう。うちわを持っている。
蚊取り線香が面白そう。何の中に入っているのかな？

「4 つの言葉が出てきますが，どれも分かりますか？」
・「すだれ」がよく分かりません。

それぞれの写真や実物を見せてもよい。

「こんな経験をしたことがありますか。」
・夏休みに，田舎のおじいちゃんの家で，打ち上げ花火を見に行ったことがあります。

似たような体験があれば発表させる。

ます。出てきた言葉から連想するのも面白いでしょう。

夏のくらし

㋱ 生活の中から夏を感じ、夏にかかわる言葉を知ろう

《詩「はなび」》↑家のにわで、せんこう花火

◎思いうかぶ様子は？
・くらいにわで明るく光る
・一つきえても、またつぎ
・目の中にのこる

※

主体的・対話的で深い学び

・教科書の詩や絵から感じ取ったこと，身の回りから感じた夏らしさや体験したことなどを，話し合い交流することで，「夏」のイメージを豊かにさせる。また対話をすることで，自分が気づかなかった言葉も知ることができ，語彙を増やしていくことになる。

準備物

・(あれば) うちわ，すだれ，かとりせんこうの写真や実物

3 発見する 身の回りの生活から，夏を感じるものを見つけよう。

「先生は，入道雲が出てくると，夏だなあと感じます。身の回りから，夏を感じるものを見つけましょう。」

事前に予告をしておいて，学校や家の周りなどで見つけて来させておいてもよい。

わたしは，朝顔の花が咲いたら，夏だなあと思う。
プールに行って，思いっきり遊んだとき，夏だなあと感じるよ。
ぼくは，よく冷えたスイカを食べたとき。かき氷が売っているのを見たときも！

グループで話しあった中から１～２の例を全体で発表して，交流させる。

・夏休みに田舎へ行って，虫取りをするときです。
・夕立と雷が鳴ったとき。ちょっと怖いけど…。
・盆踊りも，夏だなあって感じるよ。

4 集めて交流する 夏の言葉集めをしよう。

「夏に関係のある言葉集めをしましょう。どんな言葉がありますか。」
・海水浴。
・すいかわり。

２～３の例を発表させて，どんなものがあるかイメージさせる。

夏に関係のある言葉を，できるだけ多くノートに書きましょう。
え～っと，たなばた，ひまわり，せみ，カブトムシ。
熱帯夜，それから…高校野球(甲子園)。

「書けたら，発表しましょう。」
・水遊び。
・夕涼み。
・クーラー。

夏のくらし

第 2 時 (2/2)

本時の目標

身の回りで見つけた夏を文章に書き，交流して意見を伝え合うことができる。

授業のポイント

教科書の例文と，自分の体験からイメージを広げて文章を書かせる。自分が書いた文章は見直して符号や文字の間違いがないかチェックしてから回覧させる。

本時の評価

身の回りを感じることを見つけ，それを文章に書き，友達と交流して自分の意見を伝えている。

〈書く〉いつ，どこで，何を，どのようにしたかなどを短文で書きます。そして，自分が思った

板書例

《あついなつをのりきるくふう》

◎れい文や絵から思ったこと
・うち水（水をまく）
・ふうりんの音
・風をふかせる
・ふくそう
すずしく

◎みんなの家でのくふう
・ゴーヤでグリーンカーテン
・風が通るように
・水まき
※

《身の回りで見つけた，夏を感じたもの》

◎作文（れい文をヒントに）
←読みかえす
←◎読み合う（ひと言感想）

※児童の発言を板書する。

1 経験交流　夏の食べ物について，経験交流をしよう。

教科書の，夏に喜ばれる食べ物の絵を見る。

「これらの食べ物を，みんな知っていますか。」
・みつ豆は知っているよ。
・白玉って何かな？見たことがないよ。
・水ようかんとふつうのようかんとどう違うの？
・全部，冷たくて喉越しがよいものなんだろうね。

写真や実物などを見せて，簡単に説明する。

食べたことがある人は感想などを言ってください。他にも，夏に喜ばれる食べ物はありますか。
そうめんは，お昼ごはんでよく食べるよ。細くてつるつるでおいしいよ。
夏は，タピオカドリンクが，絶対おいしい。
ところてんも食べたことがある。黒蜜をかけたら甘かった。
ぼくは，かき氷が大好き！

児童が興味を持つ食べ物で導入し，本時の学習への意欲を引き出す。

2 対話する　例文と絵から，暑い夏を乗り切る工夫を話し合おう。

「教科書の右下の文を読んで，思ったことを言いましょう。何でも自由に言ってください。」
・うち水って何かよく分からないなあ。
・庭や家の表に水をまくことだよ。
・水をまくと少し涼しくなるような気がするね。

「横の絵も，どんな夏の工夫をしていますか。」
・風鈴の涼しそうな音を聞いている。
・網戸や扇風機で風を吹かせている。
・涼しそうな服装で，スイカを食べてゴロゴロ。

みんなの家では，暑い夏をのりきるため，どんな工夫をしていますか。
ぼくの家は，ゴーヤでグリーンカーテンをしているよ。
ぼくんちは，クーラーをガンガンかけまくり！
籐の敷物をして，窓を開けて風が通るようにしている。水まきもしています。

ことや理由を詳しく書くようにします。

夏のくらし

め 身の回りでみつけた夏らしさを作文しよう

《夏の食べ物》↑つめたくて、のどごしがよい
・ところてん
・白玉
・みつまめ
・そうめん
・水ようかん

◎ほかに？
・タピオカドリンク
・かき氷

※

主体的・対話的で深い学び

・作文を書く前に，夏の食べ物や過ごし方について経験交流・対話をさせて，書く材料をできるだけ多く見つけさせておく。その中から，自分が書きたいことを主体的に選ばせる。読んだ感想は，一言感想として作文を書いたワークシートに書き込む形で伝えさせる。一言感想を見て，作文を書いた児童の意見を出させることで，読んだ中身の理解を深めさせ，対話を弾ませたい。

準備物

・ワークシート「身の回りで見つけた夏らしさ」（児童用ワークシート見本 DVD 収録【3_19_01】）
・（できれば）写真（ところてん，そうめん，白玉，水ようかん，みつまめ）

3 書く　身の回りで見つけた夏を感じたことを文章に書こう。

「暑い夏を乗り切る工夫からも夏が感じられますね。他にも夏を感じることが身の回りにたくさんあります。それを作文にしましょう。」

これまで話し合ってきたことをヒントに何を書くか決め，教科書の例文を参考にしてワークシートに作文させる。

何を書こうかな。前の時間からの勉強も思い出して…。
ええっと，キャンプに行って，夜に夏の星の観察をしました。…
田舎の川で，水遊びをしたのが，楽しくて涼しかったから，あれを書こう。

「書けたら，今までに勉強してきた句読点や，文章を書く時の注意なども思い出して読み返しましょう。」
・漢字を間違えていた！
・同じ言葉を２回繰り返していたから，１つ消そう。

4 読み合う　書いた文章を読み合って，意見を伝え合おう。

「書けたら，グループの中で読み合いましょう。読んで，思ったことを一言書いて次へ回します。」

暑いから，冷たいものじゃなくて，わざと熱いものを食べるというのが面白い。
兄弟で，うちわであおぎっこをしたのが仲がよさそう。
せみの声を聞いて，夏だなあというのは，わたしも思いました。

「自分の作文に対して書いてもらった一言感想について，何か意見があれば言いましょう。」
・暑いからと言って，冷たいものばかり食べると体によくないから，わたしの家では，なるべく熱いものを食べるようにしているのです。
・ぼくが気がつかなかった句読点の間違いを教えてもらえてよかった。

本はともだち

はじめて知ったことを知らせよう／鳥になったきょうりゅうの話

全授業時間５時間

◉ 指導目標 ◉

・幅広く読書に親しみ，読書が，必要な知識や情報を得ることに役立つことに気づくことができる。
・文章を読んで感じたことや考えたことを共有し，一人一人の感じ方などに違いがあることに気づくことができる。
・積極的に幅広く読書に親しみ，学習課題に沿って，本を読んで驚いたり感心したりしたことを発表しようとすることができる。

◉ 指導にあたって ◉

① 教材について

図鑑や科学読み物などの本を読み，新しく知ったことを友達に伝えることが学習内容です。児童にとっては，読書を通して，知らなかったことに数多く触れることができる機会です。児童の好奇心を引き出し，新しく知ったことの伝え合いをすることで，その好奇心をさらに広げることができます。

「読んでみよう」で取り上げている「鳥になったきょうりゅうの話」も，児童にとっては興味深い話です。全５時間の指導計画ですが，少し多めに時間を取って新しい発見を児童と共にしていきたいものです。

② 主体的・対話的で深い学びのために

この教材を学習する上で基本的な事項となる学習課題，進め方，選ぶ本などは，１時間でとらえさせておきます。「鳥になったきょうりゅうの話」を，グループで対話しながら内容を読み取り，初めて知ったことを書き出させます。この活動を通して，科学的な読み物を読む楽しさを友達と一緒に体感させ，同時に，自分が選んだ本から知ったことを伝えるという次の学習活動のイメージをつかませておきます。そのために２時間を充てます。

それぞれの児童が選んだ本からの伝え合いをすることで，科学的な読み物に対する児童の興味を高め，もっといろいろな本を読んでみようとする意欲を育てます。

◉ 評価規準 ◉

知識 及び 技能	幅広く読書に親しみ，読書が，必要な知識や情報を得ることに役立つことに気づいている。
思考力，判断力，表現力等	「読むこと」において，文章を読んで感じたことや考えたことを共有し，一人一人の感じ方などに違いがあることに気づいている。
主体的に学習に取り組む態度	積極的に幅広く読書に親しみ，学習課題に沿って，本を読んで驚いたり感心したりしたことを発表しようとしている。

◉ 学習指導計画　全 5 時間 ◉

次	時	学習活動	指導上の留意点
1	1	・学習のめあてや進め方を確認する。 ・本を読んで新しいことを知った経験を出し合う。 ・どんな本を読めばよいか，知りたいことを早く知るにはどうするか調べる。	・対話を通して，学習内容や読書の対象となる本などをつかませる。 ・目次と索引は，実際に本を使って調べさせる。
2	2	・「鳥になったきょうりゅうの話」の前半の内容を読み取る。 ・初めて知ったことをノートに書き出す。	・文章に沿って読み取るための発問をし，答えさせる。 ・初めて知ったことをノートに書き，隣どうしで交流させる。
	3	・「鳥になったきょうりゅうの話」の後半の内容を読み取る。 ・初めて知ったことをノートに書き出す。	・文章に沿って読み取るための発問をし，答えさせる。 ・初めて知ったことを，グループ内で伝え合い，次時からの活動の練習をする。
3	4・5	・例を読んで，発表の仕方を知る。 ・読みたい本を選び，初めて知ったことをノートに書き出す。 ・メモや文章を書き，発表の準備をする。 ・発表し合い，聞いて思ったことを伝える。	・教科書の「発表のれい」から，発表の仕方をつかませる。 ・グループでの伝え合いを通じて，新たな本を読んでみたいという意欲を引き出す。

DVD **収録（イラスト）** ※本書 P207，209「準備物」欄に掲載しています。

はじめて知ったことを知らせよう
第1時 （1/5）

〈調べる〉児童の既知の情報には不正確なものが多くあります。目次や索引を使って，児童が関心の

本時の目標
本を読んで初めて知ったことを知らせるという学習課題を設定し，学習の見通しを持つことができる。

授業のポイント
教科書を読み，話し合いの中で学習課題や見通しを理解する。今回読む対象となる書物についての基礎的な知識をつかむ。

本時の評価
本を読んで初めて知ったことを知らせるという学習課題が分かり，見通しを持って学習しようとしている。

板書例

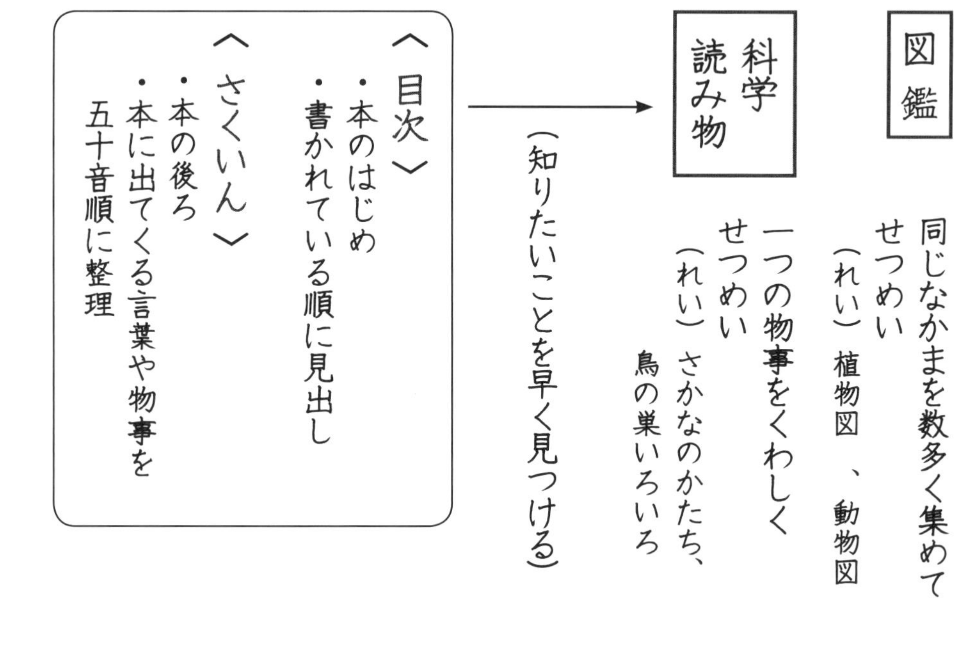

図鑑
同じなかまを数多く集めて
せつめい
（れい）植物図　、動物図
一つの物事をくわしく
せつめい
（れい）さかなのかたち、
鳥の巣いろいろ
科学読み物
（知りたいことを早く見つける）
〈目次〉
・本のはじめ
・書かれている順に見出し
〈さくいん〉
・本の後ろ
・本に出てくる言葉や物事を
五十音順に整理

1 めあて つかむ　どんな学習をどのように進めるのか知ろう。

教科書 P100 を読む。

これからどんな勉強をしていくのでしょう。絵は何をしているところですか。
本を読んで初めて知ったことを友達に知らせる勉強です。
自然や生活や社会についての新しい知識だから物語の本ではない。
絵は，読んだ本の紹介をしているところだね。

「学習のすすめ方も確かめておきましょう。」
- 本を読んで，何かを知ったことを思い出す。
- そんなこと，覚えているかなあ～。
- 本を選んで読みます。「鳥になったきょうりゅうの話」を読むのかな？
- それは，例として教科書に載っている話です。
- 友達と伝え合う。新しく知ったことを伝える。

2 思い出す 出し合う　本を読んで新しいことを知った経験はないだろうか。

「教科書に，本で何かを知った時の例が書いてあります。読んで，感想を言いましょう。」
- ゾウのおなかの音って，どんな音なんだろう。
- バナナの白い筋を食べたら栄養がいっぱいでいいね。
- ぼくも，恐竜図鑑を見てみたいな。

自分たちも本で何かを知ったことを思い出しましょう。
ぼくたちが見ているキノコは，実は花のようなもので，本当の体は，地面の中にある細い糸のようなものなんだって。読んでびっくりしたよ。
コウモリは，超音波を出してそれが跳ね返る音を聞くから暗闇でも飛べるんだって。

「本を読んで新しく知ったこととは，どんなことか分かりましたか。」
- 読むと，驚いたり，よく分かるようになったりしたことだ。
- こういうことを友達に伝えていくんだね。

ある事柄の新たな気づき，発見を得る活動を取り入れます。

はじめて知ったことを
知らせよう

Ⓜ 学習のめあてや、すすめ方を知ろう

本を読んで、はじめて知ったこと
↓
友だちに知らせる

しぜん
生活
社会
についての本

主体的・対話的で深い学び

・教科書の例から，どんなことを出し合えばよいのかをつかんでから，グループで，「本から何か新しく知ったこと」を発表し合う。友達の発表を聞いて「それなら，自分にも経験がある」と思いつける児童がいれば，グループで対話する値打ちがある。
・目次と索引については，各グループに1冊ずつ本を持たせる。みんなで目次と索引を見つけさせ，実際に知りたいことを見つける練習をさせる。

準備物

・目次と索引がある本（各グループに1冊ずつ。内容は何でもよい。）

3 調べる　今回は，どんな本を読めばよいのだろう。

「では，どんな本を読めばいいのか，話し合って考えましょう。」
・動物のこととか，食べ物のこととかが書いてある本です。草や木のことを書いた本もかな。
「動物や植物や食べ物の本だけでしょうか。」
・う～ん，宇宙のこととか，大気のことも。
・自然や生活や社会のことって，書いてあったからもっとありそうだね。
・乗り物や，料理や，電化製品でもいいのかな。
「そうですね。いろいろありそうですよ。」

図書館でどんな本を探せばよいのか，教科書 102 ページで確かめましょう。
図鑑なら家にもあるよ。いろいろ説明が載っているね。
科学読み物の本は，いろいろな種類がありそう。題を見れば分かりそうだね。

4 調べる　知りたいことは，どうすれば早く見つけられるのだろう。

「本から知りたいことがあるときは，どうすれば早く見つけられるでしょう。」

教科書 P102 の下段で「目次」「索引」について読む。

・目次で調べたら，どこから知りたいことが書かれているかが分かります。
・目次で，見出しを見つけてその中から探せばいい。
・索引は，言葉がアイウエオ順に並んでいるから，細かく調べられるね。

目次と索引が載っている本をグループに 1 冊ずつ配る。

実際に本で目次と索引があるのを確かめて，試しに使ってみましょう。
目次に「鳴く虫の仲間」と出ているから，鈴虫について書いてあるところを探そう。
索引は 50 音順に，本に載っている言葉が全部書いてある。これならすぐに探せるね。

鳥になった きょうりゅうの話
第 2 時 (2/5)

本時の目標
「鳥になったきょうりゅうの話」の前半の内容を読み取り，初めて知ったことを書き出すことができる。

授業のポイント
文章に即して書かれている内容を読み取り，初めて知ったことに着目させる。

本時の評価
「鳥になったきょうりゅうの話」の前半の内容を読み取り，初めて知ったことをノートに書き出している。

〈感想交流〉 心に残ったことや疑問に思ったことなど，感想の視点を事前に共有します。そうする

板書例

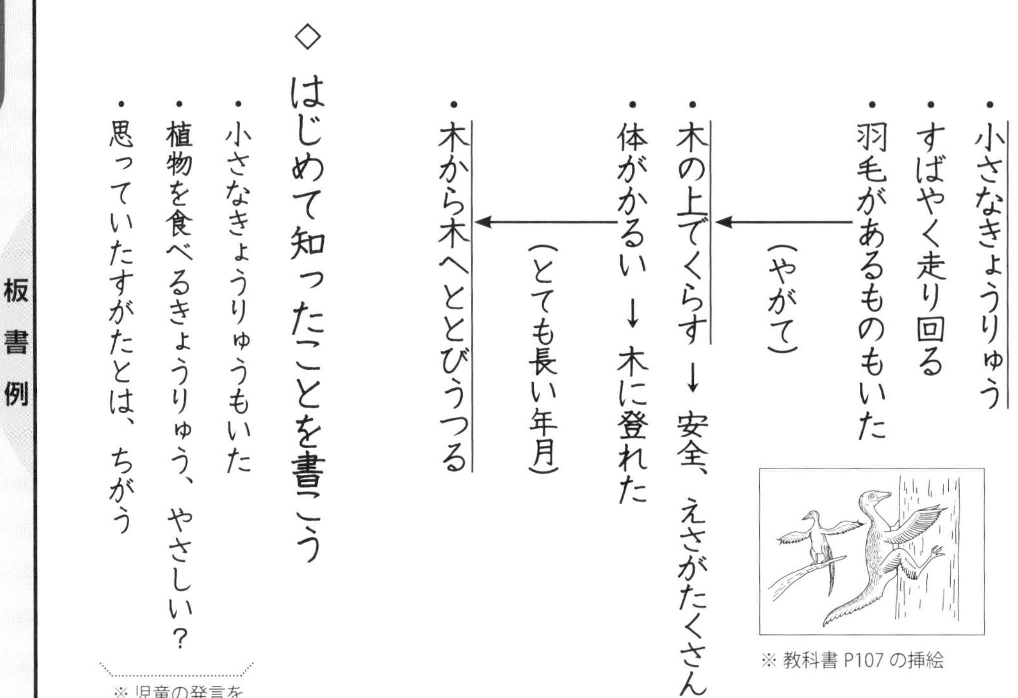
・小さなきょうりゅう
・すばやく走り回る
・羽毛があるものもいた
（やがて）
・木の上でくらす ↓ 安全、えさがたくさん
・体がかるい ↓ 木に登れた
（とても長い年月）
・木から木へととびうつる
◇はじめて知ったことを書こう
・小さなきょうりゅうもいた
・植物を食べるきょうりゅう、やさしい？
・思っていたすがたとは、ちがう
※ 児童の発言を板書する。
※ 教科書 P107 の挿絵

1 音読する 交流する 「鳥になったきょうりゅうの話」を音読し，感想を言おう。

まず，教師が範読する。

・へえ～，恐竜が鳥になったなんて，知らなかった。
・ぼくは，知ってたよ !!

「では，みんなにも読んでもらいます。」
交代しながら音読する。

初めて読んだ感想を発表してください。
いろいろな恐竜がいるんだなあと思いました。木登りする恐竜がおもしろい。
ぼくは，恐竜が大好きなので，とても面白かった。
今見ている鳥が恐竜から生まれてきたなんて，とても信じられないです。

導入として，自由に思ったことを発表させる。一言感想程度でよい。

2 読み取る 対話する 教科書 P106 L14 までを読み，分かったことを発表し合おう。

初めから P106 の 14 行目までを再度音読する。

「恐竜の映画や化石を見たことがある人はいますか。」
・ジュラシックパークという映画を見たよ。ちょっと怖かった。
・福井県の恐竜博物館に行った。日本にも恐竜がいたなんてびっくりだった。

少し経験交流をしてから本文の読解に入る。

「恐竜が住んでいたのは，いつ頃ですか。」
・ずうっと，ずうっと大昔。今はいません。
「どんな恐竜がいたのか，グループで分かったことを話し合いましょう。」

植物を食べる恐竜がいて，その恐竜を食べる肉食の恐竜もいた。
うろこに覆われた体や羽毛に覆われた恐竜もいた。その両方をもつ恐竜って，どんなのかな？
暮らしやすいところだから色々な恐竜がいたんだね。

ことで，感想が述べやすくなります。

はじめて知ったことを知らせよう

鳥になったきょうりゅうの話

め 話の前半を読みとり、はじめて知ったことを書こう

きょうりゅう

・ずうっとずうっと大昔
・あたたかくてくらしやすい
・植物を食べるもの、肉食のもの
・かたいうろこか、羽毛か、そのりょうほう

主体的・対話的で深い学び

・1人で分かるのではなく，グループや隣どうしで対話をすることで，分かったことを共有させる。そのことで，読み取りを確かなものにしていき，広い視野で読み取っていくこともできる。初めて知ったことも，1人ひとり違うが，隣どうしでの交流はさせておきたい。

準備物

・黒板掲示用イラスト　DVD 収録【3_20_01】

3 読み取る 対話する　教科書 P108 L3 までを読み，分かったことを発表し合おう。

P106 の 16 行目から P108 の 3 行目までを音読する。

「ここでは，どんな種類の恐竜が出てきましたか。」
- ねこや犬ぐらいの小さな恐竜です。
- 小さい！これじゃあ，ちっとも怖くないよ。
- 素早く動き回ってトカゲやネズミに似た動物を捕まえて食べていた。
- 羽毛が生えているものもいた。

「これらの小型恐竜の中でどんな行動をするものが出てきたのですか。」

木の上で暮らし始めた。敵にも襲われなくて安全で，えさの虫もたくさんいたから。
体が軽いから，手足をばたばた動かして木に登れた。
長い年月の間に，木から木へと飛び移って暮らすようになった。

教科書の絵も見て，イメージを膨らませる。

- 変な恰好だな。でも何となく鳥っぽいな。

4 書き出す　初めて知ったことをノートに書こう。

「恐竜のことがいろいろ分かってきましたね。それでは，ここまで読んできて初めて知ったことをノートに書きましょう。いくつ書いてもいいですよ。」

恐竜って大きいと思っていたけど，小さい恐竜もいることが分かった。
植物を食べる恐竜がいると分かったけど，優しいのかな？
教科書の絵をみたら，思っていた恐竜の姿と全然違っていた。

「書けたら，どんなことを初めて知ったのか，隣どうしで交流しましょう。」
- 虫などを食べる恐竜がいたと初めて知った。
- 恐竜が虫を食べるなんて，何だかおかしいね。
- 大きいものが小さいものを食べていたんだよ。

鳥になった きょうりゅうの話 第3時（3/5）

本時の目標

「鳥になったきょうりゅうの話」の後半の内容を読み取り，初めて知ったことを書き出すことができる

授業のポイント

前時の学習の続きとして，文章に即して書かれている内容を読み取り，初めて知ったことに着目させる。最後に，初めて知ったことを交流する。

本時の評価

「鳥になったきょうりゅうの話」の後半の内容を読み取り，初めて知ったことをノートに書き出している。

板書例

〈比較検討〉比較，検討して異なるものから共通点を見出す力は，これから求められる読解力の

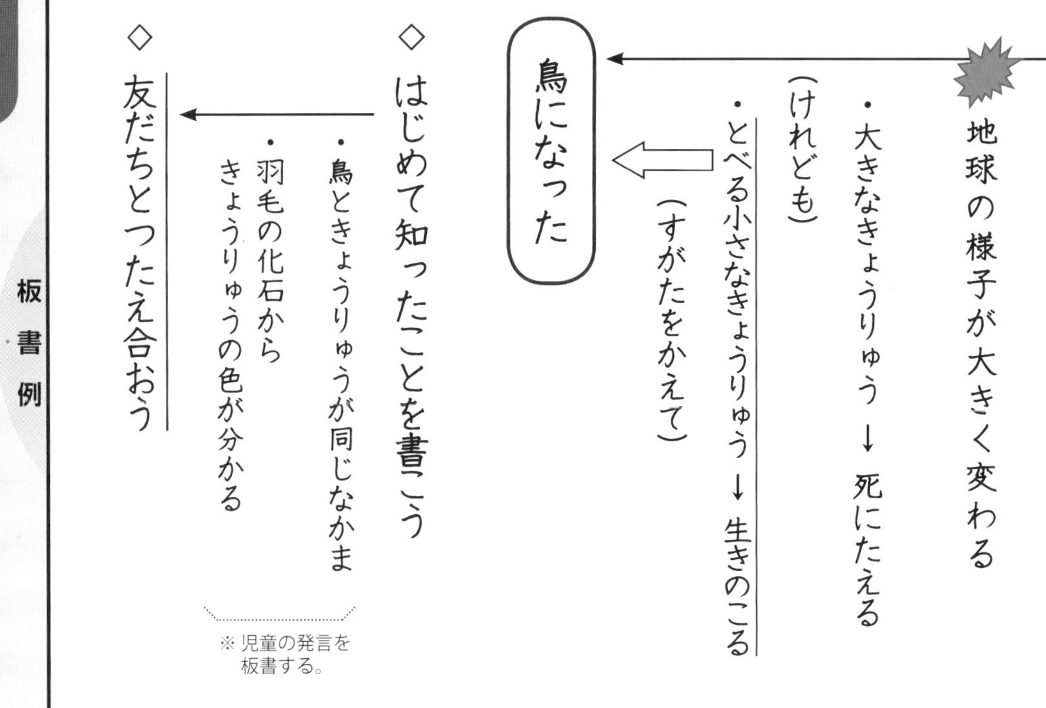

地球の様子が大きく変わる
・大きなきょうりゅう ↓ 死にたえる
（けれども）
・とべる小さなきょうりゅう ↓ 生きのこる
（すがたをかえて）
鳥になった
◇はじめて知ったことを書こう
・鳥ときょうりゅうが同じなかま
・羽毛の化石から きょうりゅうの色が分かる
◇友だちとつたえ合おう
※児童の発言を板書する。

1 読み取る 対話する 教科書 P108 L5 ～ P109 L7 を読み，分かったことを発表し合おう。

前時で分かったことを簡単に復習する。

・木の上でくらす小さな羽毛の生えた恐竜が出てきた。
・長い年月が経つうちに，木から木へ飛び移って暮らすようになりました。

P108 の 5 行目～ P109 の 7 行目を音読する。

「これらの恐竜の子孫の中に，どんなものがあらわれて，どんな生活をするようになったのですか。」
・手足の羽毛が伸びて翼の形になった。
・空を飛べ，遠くまでえさを求めて飛んで行った。

この後，どんな出来事が起こったのでしょう。
飛ぶことができる小さな恐竜は生き残った。どうして生き残れたのかな。
地球の様子が大きく変わり，大きな恐竜はほとんど死に絶えた。
きっと遠くまで逃げられるし，えさだって少しでも生きられると思う。

2 読み取る 対話する 教科書 P109 L9 ～最後までを読み，分かったことを発表し合おう。

P109 の 9 行目～最後までを音読する。

「いま，みんなが見ている鳥は，何だったのですか。」
・鳥は，生き残った恐竜だった。

「鳥を，恐竜と比べてみましょう。」
・体のつくりは，恐竜とよく似ている。
・空を飛ぶには小さくて軽い方が都合がいいし，食べ物も少なくてすむので，体が小さくなった。

「最後に筆者は恐竜について，どんなことを言っていますか。」

昔の大きな恐竜はもういないけど，鳥という恐竜の仲間が元気に生きていると，筆者は言いたかったんだよ。
すごく色のきれいな恐竜がいたら，面白いね。恐竜のファッションショーみたいだね。
羽毛の化石の発見で，恐竜の色が少しずつ分かってきている。

１つです。比較検討する視点を明確にして読み取ります。

はじめて知ったことを知らせよう

鳥になったきょうりゅうの話

め 話の後半を読みとり、はじめて知ったことを書いてつたえ合おう

羽毛のある小さなきょうりゅう

・手足の羽毛
↓ つばさになる

・空を遠くまでとべる
↓ えさ

※ 教科書 P108 の挿絵

主体的・対話的で深い学び

・読み取ったことについてグループで対話をして，分かったことやそれについて思ったことなどを共有できるようにする。
・「初めて知ったこと」を伝え合うことで，友達との共通点や相違点を認識することができ，自分の学習に確信が持て，また認識も広まる。

準備物

・黒板掲示用イラスト DVD 収録【3_20_02】

3 書き出す 初めて知ったことをノートに書こう。

「鳥は，恐竜の生き残りだということが分かりましたね。それでは，今日勉強したところで，初めて知ったことをノートに書きましょう。」

羽毛の化石から，恐竜の色が分かるなんて初めて知った。
地球の様子が変わって，大きな恐竜が死に絶えたって，知らなかった。何が起きたのかな。
鳥が生き残った恐竜なんて，びっくりした。
わたしも同じ。とても小鳥と恐竜が同じ仲間なんて，信じられない。

「前の時間と今日とで，初めて知ったことは，いくつになりましたか。」
・ぼくは，七つあります。
・わたしは，十になりました。

「たくさんのことを初めて知ったのですね。」

4 伝え合う 初めて知ったことを友達に伝え合おう。

「それでは，初めて知ったことをグループの友達に伝え合いましょう。思ったことがあれば，言ってもいいですよ。」

１人が１つずつ伝えていき，それを何周か繰り返す。同じことは，発表しないようにする。

恐竜は，わにのようなものだと思っていたけど，羽毛のある恐竜がいたことを知りました。
恐竜が木に登るなんて，思っても見なかった。よく，こんなことが分かったね。
わたしも，同じことを，初めて知った。鶏みたいな恐竜もいたのかな…。
恐竜の羽毛の色か少しずつ分かってきたことを知りました。どんな色なのかな。

グループからいくつかを全体に発表してもよい。

はじめて知ったことを知らせよう
第 4,5 時（4,5/5）

〈伝え合う〉相手の伝えたいことの中心は何か，聞く目的は何かを明確にします。質問したり感想を

本時の目標

選んだ本を読んで初めて知ったことを書き，友達に伝えることができる。

授業のポイント

自分が読みたい本を図書館で選び，前時までの学習と同じように初めて知ったことを書く。発表のためのメモまたは文章を書かせて，発表させる。

本時の評価

自分が読みたい本を選び，読んで初めて知ったことを書き出し，友達に伝えている。

板書例

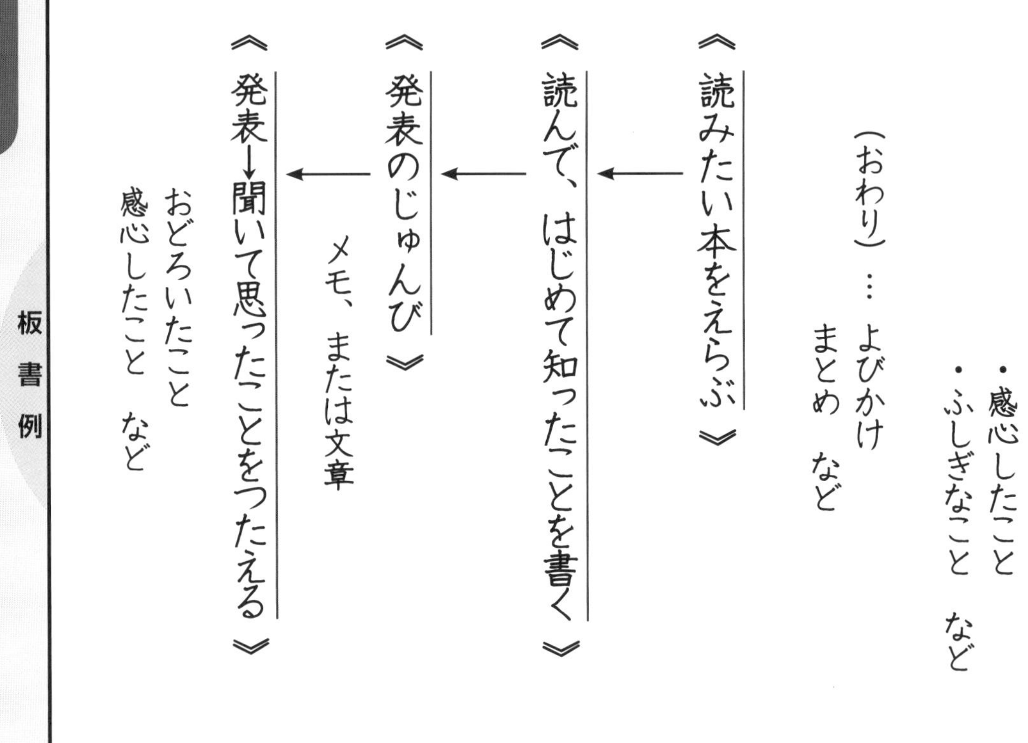

・感心したこと
・ふしぎなこと　など
（おわり）…よびかけ
まとめ　など
《読みたい本をえらぶ》
《読んで、はじめて知ったことを書く》
《発表のじゅんび》
メモ、または文章
《発表→聞いて思ったことをつたえる》
おどろいたこと
感心したこと　など

1 めあて つかむ　教科書の「発表のれい」を読んで発表のしかたを知ろう。

「今度は，自分が選んだ本を読んで，初めて知ったことを発表してもらいます。どのように発表すればよいか教科書104ページの発表例を読みましょう。」

「前に文章の組み立てを勉強しましたね。ここはどんな組み立てで発表していますか。」

「はじめ」「中」「おわり」に分けてあるね。はじめに本を選んだ理由を言っている。
中は，本に書いてあったことを紹介している。驚いたことや感心したことなど。
「おわり」は，呼びかけを書いているけど，他のまとめでもいいね。
はじめて知ったことは，「中」で紹介するんだ。

「発表のしかたが分かりましたか。」
・すごく，しっかり考えて発表しているなあ。
・こんなにうまく，発表できるかな。

2 読む　本を選んで，読もう。

「教科書の『この本，読もう』で，どんな本を紹介していますか。」
・『ファーブル昆虫記』は知っているよ。
・『宇宙人っているの？』が面白そう。読んでみたいな。

「この中の本でも，他の本を選んでもかまいません。図書館へ行って，読みたい本を選びましょう。」

何か読みたい本が見つかった？ぼくは，どれにしようか迷っている。
おじいちゃんが蘭を育てているから，蘭の本を読みたいな。
教科書に載っていた「塩の絵本」があったので，これを読むよ。

「読みたい本が見つかったら，読みましょう。同じ本を選んだら，一緒に読んでもいいですよ。でも，初めて知ったことは，自分で書いてくださいね。」

選んだ本を各自で読む。

伝えたりするために，メモを取りながら聞きます。

はじめて知ったことを知らせよう

㋱ 本を読んで、はじめて知ったことをつたえよう

教科書より

発表のれい

（はじめ）…本をえらんだ理由

（中）…書いてあったこと
・おどろいたこと

主体的・対話的で深い学び

・教科書の「発表のれい」を見て，グループでどのように発表すればよいか確かめ合う。グループのどの児童も，発表の仕方が分かるように助け合わせる。発表の準備ができたら，グループで1人ずつ順に，発表し，聞いて思ったことを伝えていく。発表を伝え合うことで，本についての関心を深め，もっと違う本も読んでみたいという意欲を育てる。

準備物

3 書く　初めて知ったことや思ったことを書き，発表の準備をしよう。

「読めたら，先ずノートに，初めて知ったことを書き出しましょう。」

・これは，もう２回もやっているから，できるよ。
・塩は結晶になっている！すごくきれいだな。
・風で飛ばされる種があるんだ。50km も飛んだことがあるって，すごいな。

「思ったことがあれば，つけ加えましょう。」

・体の色を周りに似せる昆虫がいる。まるで忍者みたいだな。どうしてそんなことができるのかな。

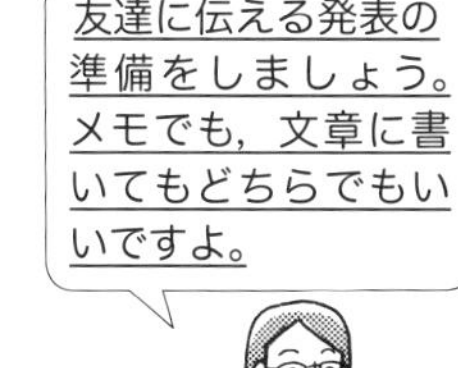
友達に伝える発表の準備をしましょう。メモでも，文章に書いてもどちらでもいいですよ。

メモさえあれば，それを見ながら，発表できるから，それでいいや。
うまく発表できる自信がないから，教科書の例のように文章に書いておこう。

4 伝え合う　発表を聞いて，思ったことを友達に伝えよう。

発表の前に，隣どうしで練習をさせておく。

・大体まとまっていたけど，下ばっかり向いてしゃべらないようにした方がいいよ。

「では，グループで，初めて知ったことを発表し合いましょう。発表を聞いた人は，驚いたり感心したことなど感想を伝えましょう。」

順番に発表し，発表の度に聞いて思ったことを伝える。

今の発表について，感想を言います。ぼくが感心したのは…

世界には，塩の湖があるそうなので，どんなところか見てみたい。

いろんな方法で塩を作っているのだと感心した。

塩って粉だと思っていたけど，岩のような塩があるのに驚いた。

「発表を聞いて，読んでみたい本があれば，ぜひ読んでみましょう。」

わたしと小鳥とすずと / 夕日がせなかをおしてくる

全授業時間 2 時間

◉ 指導目標 ◉

- 文章を読んで感じたことや考えたことを共有し，一人一人の感じ方などに違いがあることに気づくことができる。
- 文章全体の構成や内容の大体を意識しながら音読することができる。
- 文章を読んで理解したことに基づいて，感想や考えをもつことができる。
- 友達との感じ方の違いに積極的に気づこうとし，学習課題に沿って，詩を読んで思ったことや感じたことを深めようとすることができる。

◉ 指導にあたって ◉

① 教材について

「味わう」というのは，一読して分かるということとは異なり，言葉について深く考え，何度も吟味することで今まで見えなかった新しい発見をするという経験をすることです。

『わたしと小鳥とすずと』は道徳の教科書にも掲載され，最後の「みんなちがって，みんないい。」が教訓的に扱われることが多い詩です。しかし，最後の一文に至るまでの言葉を「味わう」と，第一連にも第二連にも「ない」という否定形が複数回使われていることに目が行きます。自分を肯定できないネガティブな感情をくぐったうえでの「みんなちがって，みんないい。」なのです。それは「すずと，小鳥とそれからわたし，」という語順も相まって，読み手次第では，自分自身に言い聞かせているように受け取るかもしれません。そうした受け取り方を教室で交流してみるのもよいでしょう。

『夕日がせなかをおしてくる』は「夕日」が擬人化して描かれています。現実的には比喩表現としてとらえられますが，そこは詩，言葉でできた虚構の世界。本当に「夕日」がせなかをおし，でっかい声でよびかけている想像をして「味わう」ことをしてみましょう。「夕日」は「ぼくら」と共に一日を過ごした友達なのです。明日も一緒に遊ぼうと互いに呼びかけあっているのです。そうした一読しただけでは気づきにくいことを，「味わう」ことを通して教室で共有したいものです。

② 主体的・対話的で深い学びのために

主体的に深く考えるために，気づいたことや表現への疑問点などを本文に直接書き込むことをお勧めします。まずは一人でじっくりと詩と対話させます。そして，書き込んだことを児童どうしで交流することでさらに新しい気づきが生まれます。「わたしと小鳥とすずと」の最後の「と」の意味などは，児童から出てこなければ授業者も一読者として児童に疑問として投げかけてもよいでしょう。

また，文字を読むことが困難な児童へは，あらかじめ範読や他の児童の音読を聞く機会を増やしたり，家庭の協力で音読の課題を重ねたりして，音声での理解を目指します。書き込みは語句に対応していなくてもかまいません。空いているところに自分の考えを書かせればよいでしょう。

◉ 評価規準 ◉

知識及び技能	文章全体の構成や内容の大体を意識しながら音読している。
思考力，判断力，表現力等	・「読むこと」において，文章を読んで理解したことに基づいて，感想や考えをもっている。 ・「読むこと」において，文章を読んで感じたことや考えたことを共有し，一人一人の感じ方などに違いがあることに気づいている。
主体的に学習に取り組む態度	友達との感じ方の違いに積極的に気づこうとし，学習課題に沿って，詩を読んで思ったことや感じたことを深めようとしている。

◉ 学習指導計画　全２時間 ◉

次	時	学習活動	指導上の留意点
1	1	・『わたしと小鳥とすずと』を読む。 ・本文に気づいたことや疑問を書き込む。 ・書き込んだことをグループで話し合う。 ・グループで話し合ったことを全体で交流する。	・範読後，音読させる。 ・書き込みしづらい児童へ声かけをする。 ・「ない」の多用など１人では気づきにくい点を取り上げて考えさせることで，学習を通して深く読めたという実感を与える。
	2	・『夕日がせなかをおしてくる』を読む。 ・本文に気づいたことや疑問を書き込む。 ・書き込んだことをグループで話し合う。 ・グループで話し合ったことを全体で交流する。	・範読後，音読させる。 ・書き込みしづらい児童へ声かけをする。 ・「ぼくら」と「夕日」がどんな関係かを考えさせる。

詩を味わおう

第 1 時 (1/2)

本時の目標

「わたしと小鳥とすずと」を読み，表現から自分の思ったことを話し合うことができる。

授業のポイント

「一人読み」,「対話」は時間を区切って行う。最後の交流と音読に 20 分くらいの時間がとれるようにする。

本時の評価

詩の表現から思ったことを書きこみ，話し合えている。

板書例

〈音読〉一人読みやグループでの話し合いを通して気づいたことを音読に生かすようにします。

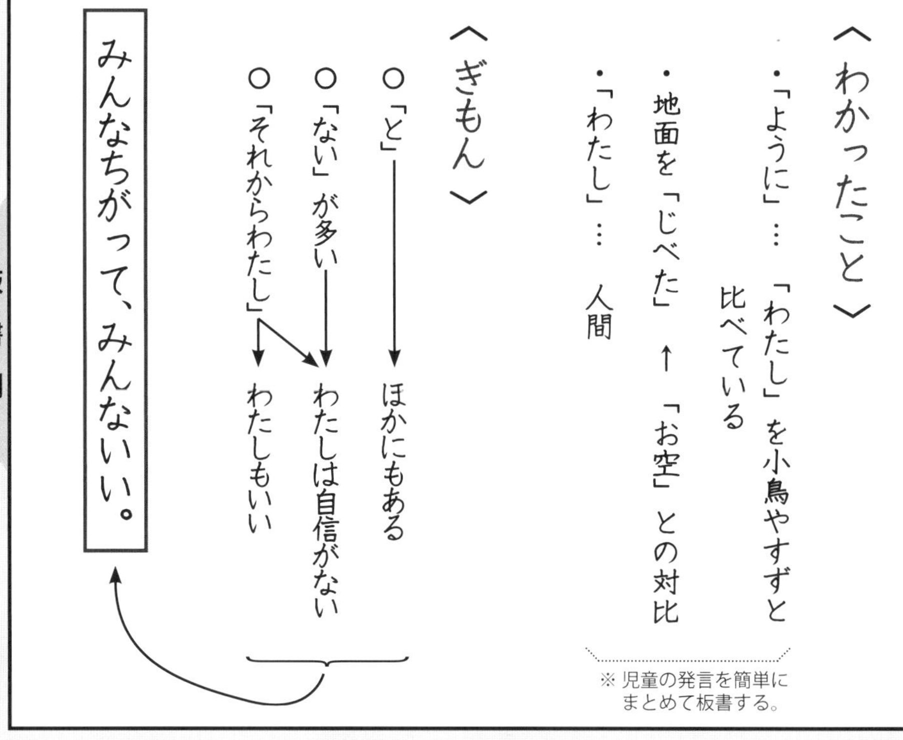

グループで話し合い
〈わかったこと〉
・「ように」… 「わたし」を小鳥やすずと比べている
・地面を「じべた」↑「お空」との対比
・「わたし」… 人間
〈ぎもん〉
○「と」→ほかにもある
○「ない」が多い→わたしは自信がない
○「それからわたし」→わたしは自信がない
→わたしもいい
みんなちがって、みんないい。
※ 児童の発言を簡単にまとめて板書する。

1 音読する 書き込む　詩を音読し，気づいたこと，疑問などを本文に書き込もう。

「今日は詩の勉強をします。まずは先生が読みます。」

教科書 P112，113『わたしと小鳥とすずと』を範読し，続いて一斉音読やいくつかの方法で音読させる。

気づいたこと，疑問に思ったことなどを，本文の横に線を引いて書き込みましょう。
「ない」がたくさん出てくるな。
最後の一文が好きだな。

「全体について思ったことなどは，空いている部分に書き込みましょう。」

書き込みは語句に対応していなくてもよい。机間指導を行いながら，書き込みを励ましていく。「面白いことに気づいたね。」「たくさん線が引けたね。」「これは誰も気づいていなかったよ。」など声をかけながら，授業で取り上げたいものも見つけておく。

2 対話する　書き込んだ内容をもとに話し合おう。

「書き込んだことを，グループに分かれて発表し合いましょう。なかまの意見でいいなと思ったものも本文に書き込んでおきましょう。」

・「ように」のところに線を引いて，「わたし」は小鳥やすずと比べていると気づきました。
・「たくさんなうたは知らないよ」に線を引いて，確かにそうだなと思いました。

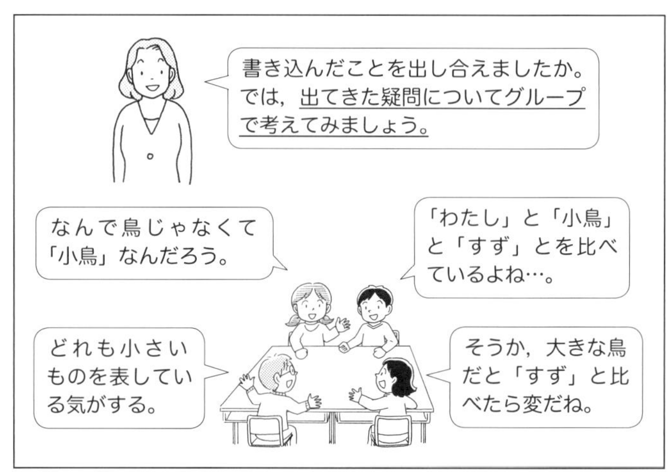

書き込んだことを出し合えましたか。では，出てきた疑問についてグループで考えてみましょう。
なんで鳥じゃなくて「小鳥」なんだろう。
「わたし」と「小鳥」と「すず」とを比べているよね…。
どれも小さいものを表している気がする。
そうか，大きな鳥だと「すず」と比べたら変だね。

発表が進んだグループには，互いに発表し合ったことについて話し合わせる。新しい気づきをさらに深めさせたい。

詩を　味わおう

わたしと小鳥とすずと

金子（かねこ）みすゞ（ず）

ⓜ 表現から思ったことを話し合おう

一人読み

気づいたこと、ぎもんに思ったこと

⇐ 線を引く → 書きこみ

（全体について思ったことも）

主体的・対話的で深い学び

- 主体的に深く考えるために，気づいたことや表現への疑問点などを本文に直接書き込ませ，まずは一人でじっくりと詩と対話させる。
- 書き込んだことを児童で交流することでさらに新しい気づきが生まれるようにする。
- 題名の最後の「と」の意味などは，児童から出てこなければ授業者も一読者として児童に疑問として投げかけてもよいだろう。

準備物

3 交流する　出し合ったものを全体で共有しよう。

初めにグループごとに「気づいたこと」をクラス全体で出し合わせる。

出し合ったものでおもしろいなと思ったものを発表しましょう。
1班では，「じべた」という読み方がついていることに気づきました。「じめん」と読むより，「お空」との違いがすごく感じられます。
2班では，「わたし」は人間だと気づきました。…

「分かったこと」や「思ったこと」で出し合わせてもよい。

- 「わたし」も「小鳥」も「すず」も，できることとできないことがあるって，いう通りだなあと思いました。
- 「それからわたし」というところで，わたしもいいんだって感じがしました。
- 「みんなちがって，みんないい」のところは，何だか明るい気分になれて好きです。

4 交流する 音読する　出し合った疑問について考えよう。

各グループで疑問に思ったことを出させる。疑問に思ったことのいくつかを取り上げ，全体で考える。

題名の最後の『と』はどういう意味でしょう？
『と』があると，まだ続きがありそうです。
他のものもいいということだと思います。
他のものもあわせて，『みんないい』ってことかな。

「『ない』が多く出てきますね。『小鳥は空を飛べるけど，わたしは地面をはやく走れる』という書き方だったらどう感じますか。」

- 「ない」を使ったほうが，ネガティブというか，自分に自信がない感じがします。

観点を絞って考えさせる。

「では，最後に学習したことを思い出しながら，もう一度音読しましょう。」

詩を味わおう

第 2 時 (2/2)

本時の目標

「夕日がせなかをおしてくる」を読み，表現から自分の思ったことを話し合うことができる。

授業のポイント

「一人読み」，「対話」は時間を区切って行う。最後の交流と音読に 20 分くらいの時間がとれるようにする。

本時の評価

詩の表現から思ったことを書きこみ，話し合えている。

板書例

〈音読〉ぼくらと夕日がそれぞれ声を掛け合うところをどのように読むとよいかを検討すると，

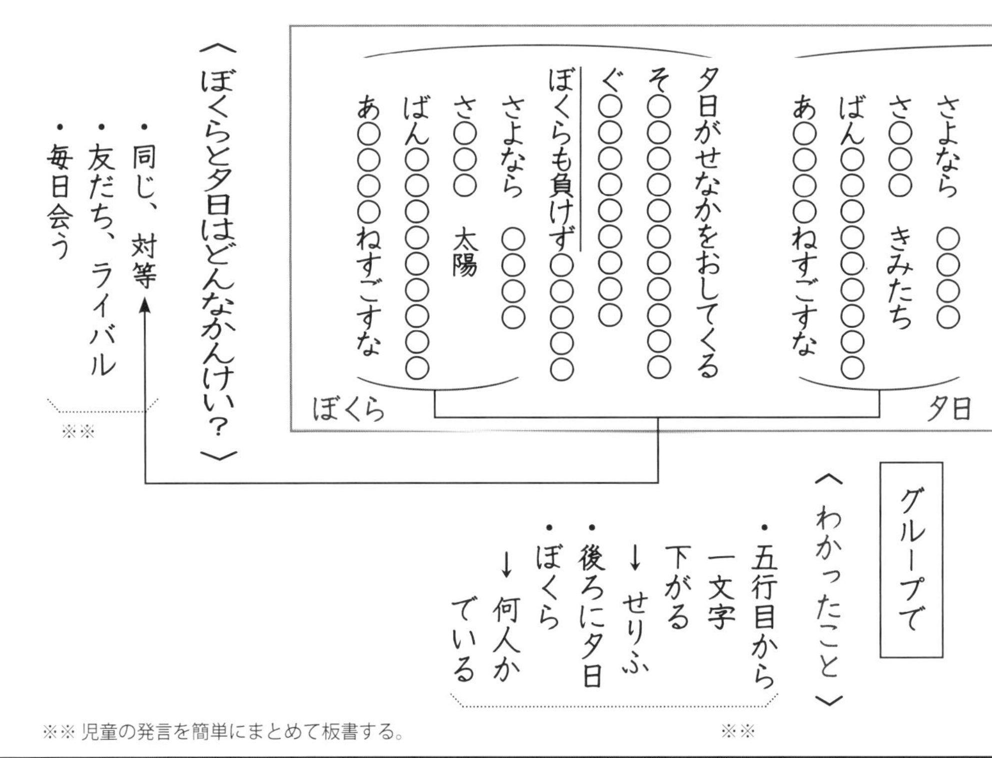
さよなら　〇〇〇
さ〇〇〇　きみたち
ばん〇〇〇〇〇〇〇〇
あ〇〇〇ねすごすな
夕日
夕日がせなかをおしてくる
そ〇〇〇〇〇〇〇〇〇〇
ぐ〇〇〇〇〇〇〇〇〇
ぼくらも負けず〇〇〇〇〇
さよなら　〇〇〇
さ〇〇〇　太陽
ばん〇〇〇〇〇〇〇〇
あ〇〇〇ねすごすな
ぼくら
〈ぼくらと夕日はどんなかんけい？〉
・同じ、対等
・友だち、ライバル
・毎日会う
※※
グループで
〈わかったこと〉
・五行目から一文字下がる
↓せりふ
・後ろに夕日
・ぼくら
↓何人かでいる
※※
※※ 児童の発言を簡単にまとめて板書する。

1 音読する 一人読み　詩を音読し，気づいたこと，疑問などを本文に書き込もう。

教科書 P114, 115『夕日がせなかをおしてくる』を範読し，続いて斉読などいくつかの方法で音読させる。

「詩がいくつかに分かれているものの，1つのまとまりを『連』と言い，この詩は2つの連でできています。」

気づいたこと，疑問に思ったことなどを，本文の横に線を引いて書き込みましょう。
第一連と第二連は似ているな。
「まっかなうで」って何だろう。

「全体について思ったことなどは空いている部分に書き込みましょう。」

書き込みは語句に対応していなくてもよい。机間指導を行いながら，書き込みを励ましていく。「面白いことに気づいたね。」「たくさん線が引けたね。」「これは誰も気づかいていなかったよ。」など声をかけながら，授業で取り上げたいものも見つけておく。

2 対話する　書き込んだ内容をもとに話し合おう。

「書き込んだことを，グループに分かれて発表し合いましょう。なかまの意見でいいなと思ったことも本文に書き込んでおきましょう。」

- 「せなかをおしてくる」に線を引きました。後ろに夕日があることが分かるね。
- 5 行目から 1 文字下がっていることに気づいたよ。
- 1 字下がっているところは台詞だね。
- 1 連目は夕日の台詞で，2 連目はぼくらの台詞だ。

書き込んだことを出し合えたグループは，出てきた疑問について考えてみましょう。
なんで夕日はあわてているのだろう。
もうあとちょっとで，太陽が沈むぎりぎりの時間なんだよ。
日が沈むと暗くなるからじゃないかな。

発表が進んだグループに声かけし，互いに発表し合ったことについて話し合わせる。

いろいろな工夫が見られます。

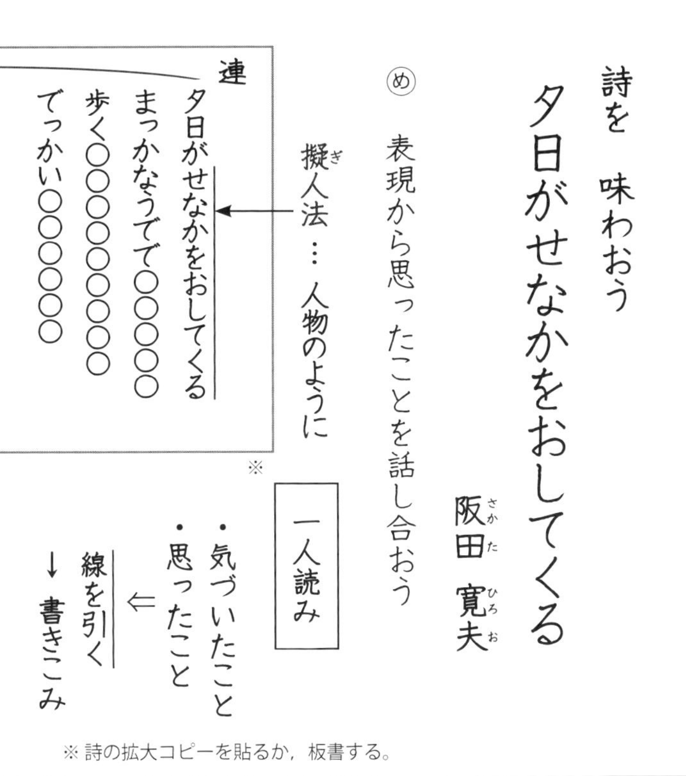
詩を　味わおう
夕日がせなかをおしてくる
阪田寛夫
め　表現から思ったことを話し合おう
擬人法…人物のように
連
夕日がせなかをおしてくる
まっかなうでで○○○○○
歩く○○○○○○○○
でっかい○○○○○○
※
一人読み
・気づいたこと
・思ったこと
⇐
線を引く
↓書きこみ
※詩の拡大コピーを貼るか，板書する。

主体的・対話的で深い学び

・主体的に深く考えるために，気づいたことや表現への疑問点などを本文に直接書き込ませ，まずは一人でじっくりと詩と対話させる。
・書き込んだことを児童で交流することでさらに新しい気づきが生まれるようにする。
・「ぼくら」と「夕日」の関係などは，詩全体をとらえないと考えられない視点のため，展開4の際に児童から出てこなければ授業者も一読者として児童に疑問として投げかけてもよいだろう。

準備物

・教科書 P114，115の詩の拡大コピー（黒板掲示用）

3 交流する　出し合ったものを全体で共有しよう。

初めにグループごとに「気づいたこと」をクラス全体で出し合わせる。

「出し合ったものでおもしろいなと思ったものを発表しましょう。」

・1班では，台詞の文が1文字下がっていることに気づきました。
・2班では，「ぼくら」から，何人かでいることに気づきました。太陽も「きみたち」と言っています。

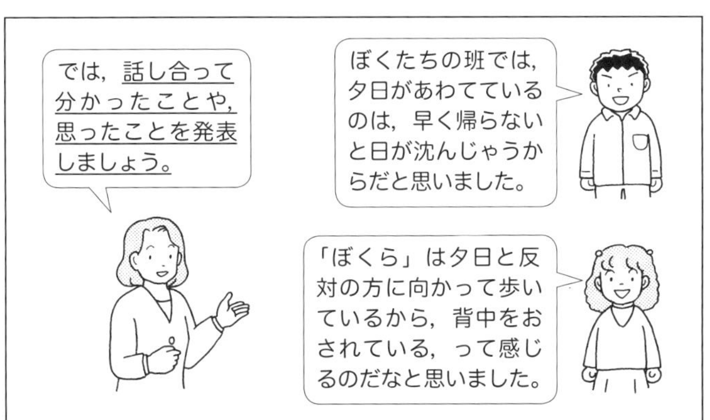
では，話し合って分かったことや，思ったことを発表しましょう。
ぼくたちの班では，夕日があわてているのは，早く帰らないと日が沈んじゃうからだと思いました。
「ぼくら」は夕日と反対の方に向かって歩いているから，背中をおされている，って感じるのだなと思いました。

分かったこと，思ったことも出し合わせ，全体で共有する。

4 交流する 音読する　出し合った疑問について考えよう。

各グループで疑問に思ったことを出させる。疑問に思ったことのいくつかを取り上げ，全体で考える。

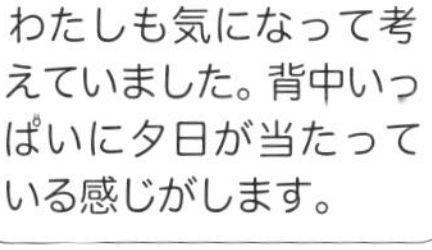
わたしも気になって考えていました。背中いっぱいに夕日が当たっている感じがします。

みんなが注目した『まっかなうでででおしてくる』について考えてみましょう。それは，どんな感じでしょう？

夕日の光がすごく当たっていて，後ろを向いていても分かるんだと思います。

「ぼくらと夕日はどんな関係だと思いますか？」

・「負けず」だからライバルみたいだと思います。
・全く同じ台詞を返しているところから，ライバルのような友達のような関係だと思います。
・毎日一緒にすごす友達みたいだと思います。

「学んだことをいかして音読してみましょう。」

学習後，2つの詩を例に詩作させてもよい。

山小屋で三日間すごすなら

全授業時間 3 時間

◉ 指導目標 ◉

・比較や分類のしかたを理解し使うことができる。
・目的や進め方を確認して話し合い，互いの意見の共通点や相違点に着目して，考えをまとめることができる。
・目的を意識して，集めた材料を比較したり分類したりすることができる。
・互いの意見の共通点や相違点に積極的に着目し，学習の見通しをもって，グループで話し合おうとすることができる。

◉ 指導にあたって ◉

① 教材について

「対話の練習」では，児童の想像がふくらむ楽しい話題をもとに，学校生活に役立つ対話スキルを学びます。身近な課題に取り組み，対話することの価値を実感することで，日常生活にいきるコミュニケーション能力を伸ばすことを目指します。

3 年生の「山小屋で三日間すごすなら」の教材は，児童が「子どもたんけんたい」として，自分だったら何がしたいか，持って行くとしたら何がいいかを考え，グループで話し合いのできる楽しい教材となっています。

② 主体的・対話的で深い学びのために

この教材では，「考えを広げる話し合い」の仕方と「考えをまとめる話し合い」の仕方を児童に経験させることができます。それぞれのポイントを示しながら，実感を伴いながら児童に話し合い活動をさせるようにします。グループメンバーで付箋を使って，比較したり分類したりする活動や条件に従って意見をまとめていく活動では，児童の主体的，対話的な学びの姿が多く見られることでしょう。

また，各グループの話し合いの結果の交流では，ワールドカフェ形式での話し合いの場を設定し，全員が発表者となるようにしています。発表者は，あながち「できる人だけ」に陥りがちです。この形式では，だれもが発表者となるため，自分たちが話し合ったことをとにかく伝えなくてはなりません。発表に自信のない児童も，他のグループの発表者の話し方の工夫などを参考にして，上手に話す術を学ぼうとするでしょう。教師も「うまくかしこまって話さなくても，いつも通りにおしゃべりするように話せばいいのですよ」と声かけし，気軽に話ができる雰囲気づくりを心掛けましょう。

◎ 評価規準 ◎

知識 及び 技能	比較や分類のしかたを理解し使っている。
思考力，判断力，表現力等	・「話すこと・聞くこと」において，目的を意識して，集めた材料を比較したり分類したりしている。 ・「話すこと・聞くこと」において，目的や進め方を確認して話し合い，互いの意見の共通点や相違点に着目して，考えをまとめている。
主体的に学習に取り組む態度	互いの意見の共通点や相違点に積極的に着目し，学習の見通しをもって，グループで話し合おうとしている。

◎ 学習指導計画　全 3 時間 ◎

次	時	学習活動	指導上の留意点
1	1	・教科書 P116 を基に，子どもたちだけで三日間過ごすという設定を捉え，「山小屋で三日間すごすなら何を持っていくか」という話題を確かめる。 ・グループでしたいこと，持っていきたい物をたくさん出し合う。 ・考えを付箋に書き出し，共通点で分類して整理する。	・児童から質問を出させ，テーマに対する 1 人ひとりの捉えにずれが生まれないようにする。 ・考えを広げることを目的とした話し合いのポイントを示し，それを意識して話し合いができるようにする。
	2	・グループでしたいことを決めて，持ち物を 5 つ選ぶ。	・考えをまとめる話し合いのポイントを示し，グループで円滑に話し合いができるようにする。
	3	・各グループの話し合いの結果を発表する。 ・学習を振り返り，話し合いで大切にしたいことをまとめる際には，「考えを広げる話し合い」「考えをまとめる話し合い」というキーワードを使って，感想を書く。	・交流の仕方を示し，実際に交流している様子を解説しながら，見る時間を設定する。 ・それぞれの話し合いにどのような違いがあったかについても，感じたことを言い合わせる。

山小屋で三日間すごすなら

第  時　(1/3)

本時の目標

山小屋で３日間過ごすとしたら，何をしたいか，持ち物は何が必要かを出し合い，比較したり分類したりすることができる。

授業のポイント

「考えを広げる話し合い」で大切なことは，互いの意見を認め合う雰囲気づくりとなる。「いいね」を合い言葉に，いろいろな意見や考えを出し合えるように声かけをする。

本時の評価

目的を意識して，集めた材料を比較したり分類したりしている。

〈対話〉互いの意見に「いいね」を合言葉に認め合います。また，意見を分類したグループに短い

板書例

〈活動のながれ〉

①持って行きたいものをふせんに書き出す

②グループの人とふせんを使って、意見を交りゅうする

③なかま分けして整理する

考えを広げる話し合いのポイント

・おたがいの考えをみとめ合おう

・合言葉は「いいね！」

・全員が参加者（さんかしゃ）になろう

・出された考えを、なかま分けして整理しよう

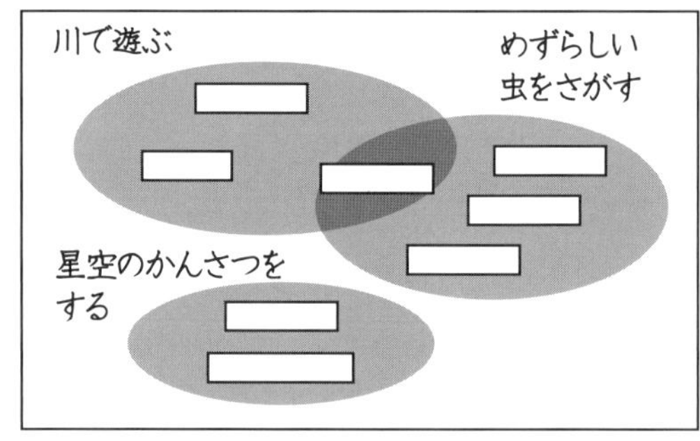
川で遊ぶ
めずらしい虫をさがす
星空のかんさつをする

※ 教科書 P117 の分類の図

1 めあて 想像する　テーマについて，共通理解を図ろう。

「これから，わたしたちは，子どもたんけんたいとなって，『山小屋で３日間過ごす』ということになります。どんな感じがしますか。」

・楽しそうだなあ。

・どんなことをするのだろう。

「子どもだけで，『自然とふれ合う』としたら，どんなことをしてみたいか，どんなものを持って行きたいかを話し合っていきます。」

山小屋の周りは，自然がいっぱいです。どんな様子を想像しますか。
きれいな水の川や，たくさんの生き物がいそうです。
虫取りできそう。夜は星がとてもきれいだろうなあ。

教科書 P116 の挿絵も見ながら想像を広げる。

2 つかむ 書く　どんなことをしたいのか，何を持って行くのかをそれぞれ考えよう。

「教科書 116 ページの〈持ち物の決まり〉を確かめましょう。」

・食料，水。それから，着替えは持っていくのか。

・この他に，グループで５つまで持っていける。

「では，どんなことをしてみたいのかを考えて，必要な持ち物を考えます。１枚の付箋に，１つの持ち物を書きます。できるだけたくさん付箋に書きましょう。」

きれいな星空を見たい。夜，外に行くには，懐中電灯がいる。
きれいな川で遊びたい。魚を捕まえたいから，あみがあるといいな。
きれいな鳥がいそう。カメラを持って行って，写真を撮りたい。

自分だったら，何をするために，何を持って行くかをそれぞれ個人で考えさせる。

言葉で名前を付けるように検討します。

山小屋で三日間すごすなら

め　しぜんにふれ合うために、どんな持ち物がひつようかを出し合おう

※ 教科書 P116 の挿絵

・きれいな川
・美しい星空
・いろいろな生き物
・たくさんの植物

※ 児童の発言を板書する。

〈持ち物の決まり〉
・食料、水
・着がえ
このほか、グループで五つまで持っていける

主体的・対話的で深い学び

・展開2の活動で，自分の意見や考えを準備することが，参加意識を高めることになる。そのためにも，導入で児童が「学びたい」「考えたい」と思うことができるようにしたい。

準備物

・付箋（各グループに1束ずつ）
・画用紙 (グループ分)
・教科書 P116の挿絵の拡大コピー
・教科書 P117「分類の図」の拡大コピー

3 対話する　自分が持っていきたい物をグループで出し合おう。

「次に，グループごとに意見を交流しましょう。」

意見を出し合いながら，付箋を台紙となる画用紙に貼らせる。このとき，「何がしたいのか」，「なぜこの持ち物が必要なのか (理由)」を一言ずつ話しながら貼るように指示する。

「1 人 1 つずつ考えを出していきましょう。」

わたしは，きれいな星空をみんなと見たい。寝転がって見るのに，シートがほしい。
ぼくは，虫取りがしたいから，虫あみを持って行きたい。
川遊びで，水の中の生き物を捕まえたいから，虫かごを使いたい。
わたしも星を見たいから，懐中電灯を持って行きたい。

「1 人 1 つずつ」ではなく，「1 人が考えをすべて話してから，次の人に替わる」という方法もある。クラスの実態に合わせて，交流の仕方を考えて活動させる。

4 対話する　意見が似ている物どうしで分類し，整理しよう。

「いろいろな考えが出ましたね。では，その意見を似ている物どうしで仲間分けをしていきましょう。」

分類の仕方については，教科書 P9 の「分ける・くらべる」を参考にさせる。また，P117 の1の分類図をもとに，どのようにしたらよいかを確認してから，活動に入らせる。

仲間分けがうまくできた。ぼくたちのしたいことは，虫取りか川遊びでいけそう。
虫あみは魚を捕まえるときも使えるね。虫かごもそうだね。
確かに，川遊びをするときも，シートを使うことができるね。
それじゃあ，他にどんな持ち物が必要かな？

仲間分けをして線で囲ったら，教科書の分類のようにそれぞれに項目名をつけさせる。

山小屋で三日間すごすなら

第２時 (2/3)

〈合意形成〉仲間と折り合いをつけながら話し合い，合意形成を図ります。話し合って，なるべく

本時の目標

グループで何をするのかを決めて，話し合って必要なものを５つ選ぶようにしよう。

授業のポイント

「考えをまとめる話し合い」では，自分のしたいことばかり優先せず，グループのみんなと納得しながら，話し合わせるようにする。

本時の評価

目的や進め方を確認して話し合い，互いの意見の共通点や相違点に着目して，考えをまとめている。

板書例

〈活動のながれ〉

① 何をしたいのか、グループの人と話し合って決めよう

② したいことに合った持ち物を五つえらぼう

③ なぜ、そのように決めたのかをせつめいできるようにしよう

〈持ち物の決まり〉

・食料、水

・着がえ

このほか、グループで五つまで持っていける

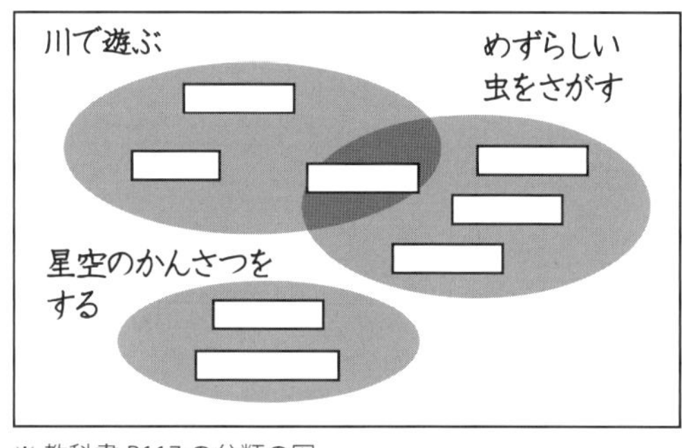

川で遊ぶ
めずらしい虫をさがす
星空のかんさつをする

※ 教科書 P117 の分類の図

1 めあて つかむ　話し合いの進め方を確かめよう。

「今日は前の時間に話し合ったことをまとめていく学習をします。まず，『考えをまとめる話し合い』のポイントを確認しましょう。」

教科書 P117 の[2]を読み，確認する。

「では，今日の学習の流れを一緒に確認しましょう。今日は，どのように話し合いをすすめていきますか。」

昨日，話し合ったことから，持ち物を５つ選びます。
そうですね。ただし，その前に何をしたいかを決めてから，それにあったものを５つ選びましょう。
発表するから，理由もちゃんと準備しないといけないね。

児童が見通しをもって学習できるようにする。児童から考えが出てこなければ，教師が示しても構わない。

2 対話する　グループでしたいことを決めよう。

「では，子どもたんけんたいとなって，どんなことをするのかを決めましょう。『考えをまとめる話し合い』のポイントに気をつけてまとめていきましょう。」

・目的にそって，大事なことの順番を決める。

・より多くの人が大事だと考えたものを選ぶ。

昨日の話し合いでは，虫取りと星空を見ることの２つが出ていたね。
持ち物を見ていくと，虫取りの方が仲間分けでも多く選ばれているね。
より多くの人が…とあるから，このグループは「虫取り」にしようか。
そうしよう。賛成！

前時の付箋 (考え) を活用しながら，話し合いを進めさせる。

グループメンバーが納得する意見になるようにします。

山小屋で三日間すごすなら

㋱ グループでしたいことを決めて、持ち物を話し合ってえらぼう

考えをまとめる話し合いのポイント

・目的にそって、大事なことの順番を決めよう
・より多くの人が大事だと考えたものをえらぼう

主体的・対話的で深い学び

・本時は，考えをまとめる話し合いをする。一部の意見や考えでまとめていくのではなく，グループ全員が意見を出し合い，納得し合いながら5つの持ち物を決めていかせたい。できるだけ全員の意見が取り入れられるような話し合いを目指す。

準備物

・前時で使った画用紙と付箋

3 対話する 持って行きたい持ち物を５つまで決めよう。

「それぞれのグループでしたいことは決まりましたか。今度は，持って行くものを５つまで決めましょう。」

前時までにグループで出ている意見を使っても構わない。それで足りない場合は，グループの仲間とさらに話し合わせる。

虫取りであるといいのは，昆虫図鑑じゃないかな？すぐに調べることができるよ。
手で触るのが怖いから，軍手があると嬉しいな。
虫めがねがあると，虫の体や様子がよく見えると思うな。見てみたいなあ。
前の日にしかけをするのはどうかな。お父さんが前に言っていたよ。

「グループで話し合って，考えはまとまりましたか。持ち物を５つまで決めることができましたか。」
・みんなの意見を大事にして，まとめられました。

4 対話する 持ち物を決めた理由を確かめよう。

「グループで，持ち物を５つまで決めることができましたか。できたグループは，なぜその持ち物を選んだのか，理由を考えましょう。まだ，決めることができていないグループは，持ち物を決めましょう。」

虫かごは，捕まえた虫の観察に持って行く。虫かごがなかったら，観察するのに困るよね。
虫あみは，高いところや飛んでいる虫を捕まえるのに便利だよ。
虫めがねは，小さな珍しい昆虫を細かく見るのに役立つからね。
軍手は，危険な昆虫もいると思うので，あった方が安全だね。

理由を出し合わせ，本当に目的（自分たちがしたいこと）にそったものを選べたかを確かめ合わせる。

「次の時間は，それぞれのグループで考えたことを交流しましょう。」

山小屋で三日間すごすなら
第 3 時 (3/3)

本時の目標
グループで話し合うことに協力して取り組み，目的に沿って，互いの意見の共通点や相違点に着目し考えをまとめようとすることができる。

授業のポイント
全員が発表者となる「ワールドカフェ方式」を取り入れ，さまざまなグループの発表を聞き，情報や発表の工夫の共有を図る。

本時の評価
グループで話し合うことに協力して取り組み，目的に沿って，互いの意見の共通点や相違点に着目し考えをまとめようとしている。

〈交流〉全員が発表者になる経験を積みます。失敗感を与えないように，準備段階でグループ全員が

板書例

・全員が発表者をけいけんする
・全員が発表をしおわったら、聞いてきたことの交りゅうをする

交りゅうするときのポイント
・ほかのグループの考えと自分のグループの考えを比べながら聞こう
・にているところ、ちがうところに気をつけて聞こう
・感想が言えるように聞こう

◇学習したことをまとめよう
〈キーワード〉
・考えを広げる話し合い
・考えをまとめる話し合い

4人×4グループでの話し合い移動表

	せつめい役（自分の班で発表）
1 回目発表	Aさん
2 回目発表	B
3 回目発表	C
4 回目発表	D

1 めあて つかむ　話し合いの進め方を確かめよう。

「今日は前の時間に話し合ったことを交流する時間です。グループで話し合って決めたことを，他のグループの人に説明してもらいます。今日は，『ワールドカフェ形式』という交流の方法を取り入れて，発表します。」
・ワールドカフェなんてかっこいいな。
・何をするのだろう。

1人の人がグループのところに残って，発表者となります。それ以外の人は，他のグループの発表を聞きに行きましょう。全員が順番に発表者となります。
よし，1回目はぼくが発表者をやるね！
発表者は全員がするんだ。どきどきするけど，頑張ろう!!

ワールドカフェの仕方を簡単に説明する。

2 知る　ワールドカフェのやり方を学ぼう。

「では，実際に1つのグループを例にして，ワールドカフェ方式をして，そこからやり方を学びましょう。」

〈ワールドカフェ形式での話し合い〉
①各グループのうち，1人が説明役（ホスト）として残り，発表する。
②グループの他の人は，それぞれ違うグループの話を聞きに行く。
③2回目，3回目…と発表者は入れ替わって，全員が発表を経験する。

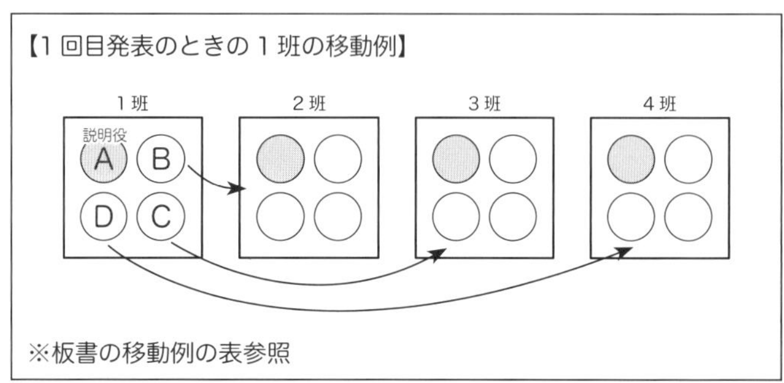
【1回目発表のときの1班の移動例】
1班
2班
3班
4班
説明役
A
B
C
D
※板書の移動例の表参照

「他のグループの発表を聞いた人は，自分が発表するときに，他の班の考えや発表の工夫，話の仕方などを取り入れて発表するといいですね。」

説明できるようにします。

山小屋で三日間すごすなら

ⓜ グループで話し合って決めたことを交りゅうしよう

ワールドカフェ形式

〈ワールドカフェのながれ〉
・グループの一人がせつめい役でのこり、発表する
・ほかの人はちがうグループの発表を聞きに行く

（1班の人の動き）例

	2班へ 聞きに行く	3班へ 聞きに行く	4班へ 聞きに行く
	Bさん	Cさん	Dさん
	A	D	C
	D	A	B
	C	B	A

主体的・対話的で深い学び

・全員が発表者となる「ワールドカフェ方式」を取り入れている。具体的には，各グループで話し合って決めたこと（山小屋で三日間過ごすときにしたいことと，5つの持ち物）について，説明役で残った人が，他のグループから来た人に発表する。1人目の説明役（発表者）が上手だと，それを聞いてきた人が説明役をするときの参考として，自分の発表に生かせることが期待できる。

準備物

3 交流する　他のグループの考えを聞こう。

「それでは，最初に発表する人は，グループのところに残りましょう。残りの人は，違うグループの発表を聞きに移動しましょう。発表を聞く人は，自分のグループの考えと比べながら聞きましょう。」

後で他のグループはどのような考えだったかを意見交流することを告知し，発表を聞いた感想が言えるようにしっかり聞いてくるよう，伝えておく。

これから３班で考えたことを発表します。３班では，こども探検隊として，星空観察をすることにしました。持って行くものは，懐中電灯，シート，蚊取り線香，星座盤，星座の図鑑です。特に，星座図鑑と星座盤があれば，すぐに何の星座かが分かります。

星座盤は，すっかり忘れていました。あると便利ですね。

発表時間は１人１分程度。また，聞いている人が質問したり，感想を言ったりする時間も１分程度確保する。

4 交流する まとめ　全体で感想を交流し，キーワードを使って書いてまとめよう。

「それぞれの話し合いの発表を聞いて，どのような違いがありましたか。感じたことを発表してください。」
・したいことは同じ「川遊び」でも，他の班では持ち物が違っていました。やりたいことを理由から考えてしっかり話し合えたから，違ったのだと分かりました。

「これまで学習してきたことを，２つのキーワード『考えを広げる話し合い』と『考えをまとめる話し合い』を使ってまとめましょう。」

考えを広げる話し合いでは，友達の意見を「いいね」と認め合うことが大切です。…

…考えをまとめる話し合いでは，みんなの意見を大事にすることを学びました。…

ノートにまとめさせ，書き終わったら発表させる。

「この学習で学んだ力を他でも使っていきましょう。」

ポスターを読もう

全授業時間２時間

◎ 指導目標 ◎

・文章を読んで理解したことに基づいて，感想や考えをもつことができる。
・比較や分類のしかたを理解し使うことができる。
・ポスターを読んで理解したことに基づいて，進んで感想や考えをもとうとし，学習課題に沿って，友達と伝え合おうとすることができる。

◎ 指導にあたって ◎

① 教材について

児童が日常生活の中で目にしている，ポスターを教材として取り上げ，同じことを知らせるポスターにも違いがあるのはなぜかという疑問から，ポスターが作られた目的や主に対象とする相手を考えさせていきます。

児童は普段，何気なくポスターを眺め，情報を受け取っています。ここでは，同じ行事を知らせるポスター２枚を取り上げ，内容を比べていく学習活動を通して，比較や分類の仕方を学ばせます。今後，児童がポスターを見る視点が少し変わり，他教科や学校・学級での活動の中でポスターを作る機会に，この学習を生かすことができればよいでしょう。

② 主体的・対話的で深い学びのために

児童が，日常生活の中で見ているポスターについて，グループで経験交流をさせることで，ポスターがどのように活用されているかの全体像に迫らせます。ポスターの役割についての教科書の説明を具体的に補足することもできます。

教科書に例示された２つのポスターの比較は，グループで対話をすることで，より多角的にとらえることができ，ポスターの特徴や役割の理解を深めることができるでしょう。比較，分類の手法についても，グループで確かめ合うことで，より確かなものとして身につけさせていきます。

◎ 評価規準 ◎

知識 及び 技能	比較や分類のしかたを理解し使っている。
思考力，判断力，表現力等	「読むこと」において，文章を読んで理解したことに基づいて，感想や考えをもっている。
主体的に学習に取り組む態度	ポスターを読んで理解したことに基づいて，進んで感想や考えをもとうとし，学習課題に沿って，友達と伝え合おうとしている。

◎ 学習指導計画　全２時間 ◎

次	時	学習活動	指導上の留意点
1	1	・学習のめあてとポスターについて知る。 ・どこで，どんなポスターを見たことがあるか，経験交流をする。 ・教科書の「ポスターのれい」から工夫を見つける。	・ポスターを見た経験を交流し，ポスターの目的や主に貼られている場所について理解させる。 ・グループの対話を通して，ポスターの工夫に気づかせていく。
	2	・２つのポスターを比べ，どちらに参加したくなるか，共通した内容，相違のある内容，表現の仕方の違いなどについて話し合う。 ・ポスターに違いがあるのはなぜか考え，ポスターを読むときに気をつけることを話し合う。	・グループでの対話で学習を進める。 ・ポスターには，それぞれの目的や対象とする相手があり，それに応じて表現や内容も変わってくることを理解させる。

ポスターを読もう

第時　(1/2)

本時の目標

身の回りに様々なポスターがあることを知り，ポスターを作る目的や工夫が分かる。

授業のポイント

どんなポスターを知っているか発表し合い，ポスターの例から工夫を見つける。

本時の評価

身の回りに様々なポスターがあることを確かめ，ポスターを作る目的や工夫が分かっている。

〈工夫〉どんな工夫がされているのか，見つけたことを出し合います。キャッチコピーをいくつか

板書例

人が多く集まるところに多い

《どんな》

・かん光地のせんでん
・ふりこめサギのちゅうい
・虫ばよぼう　・町のびかうんどう

※※

◇くふうを見つけよう

（れい）読書週間のポスター

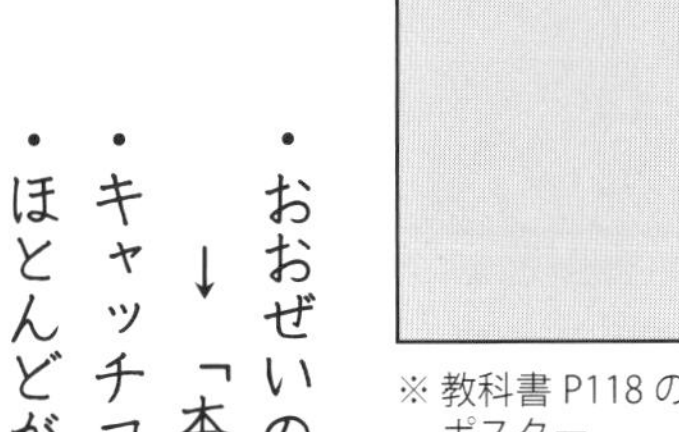
※教科書P118のポスター

・おおぜいの人が本を読む絵 → 「本を読もう」とよびかけ
・キャッチコピーが大きな字 → 目立つ
・ほとんどが絵 → 何だろう？と見る

※※

※※児童の発言を板書する。

1 めあてつかむ　学習のめあてを知り，ポスターについて知ろう。

「今日からの勉強の題をみんなで読みましょう。」
・ポスターを読もう。
　教科書P118の10行目まで読む。

「どんなことを勉強するのですか。」
・ポスターを読むときに，どんなことに気をつけるとよいか。
「みんなは，ポスターを見たことがありますか。」
・もちろん，あります。
　何枚か実物のポスター見本を見せる。

・あっ，○○のポスターだ。知ってる！

このポスターとは，一体何なのですか。
教科書に書いてある。知らせたいことを1枚の紙にまとめたもの。
行事の案内，マナーの呼びかけ，商品の宣伝などが書いてある。
言葉と写真や絵などで，人を引きつける工夫がされています。

2 交流する　どこでポスターを見たか発表しよう。

「ポスターをどこで見たか，知っていることを出し合いましょう。」

そういえば，駅にもポスターが何枚か貼ってあったな。駅前の商店街でも貼ってあった。
電車に載ったら，同じポスターが何枚も吊り下げてあったよ。
学校の掲示板にも貼ってあるよ。児童会の掲示板にもあった。
町内の掲示板にあった。お医者さんの待合室にもあった。

「ポスターは，どんなところに多くありましたか。」
・駅や電車の中です。
・商店街とか，お店が多い所。
・分かった。人が多く集まるところです。
・人に知らせるのだから，たくさんの人が見てくれる場所に多いんだね。

準備して，共通点を見つけるのもよいでしょう。

ポスターを読もう

㋱ どんなところにどんなポスターがあるか
たしかめ合い、ポスターのくふうを見つけよう

・あんない、よびかけ、せんでん
・知らせたいことを一まいの紙に
・言葉、絵、写真 → 人を引きつける

※ポスター見本

※ 準備したものを掲示する。

《どこで》
・電車の中　・えき　・しょう店がい
・学校のけいじばん　・おいしゃさん

※※

主体的・対話的で深い学び

・どこで，どんなポスターを見たか，グループで交流することで，様々なポスターが，人が集まるところに多く張られていることを理解させる。ポスターの工夫は，対話をすることで，1人では気づかなかったことに目が向いたり，自分の考えが確かめられたりできる。

準備物

・ポスター（2～3枚）
・教科書 P118のポスターの拡大コピー（黒板掲示用）

3 交流する　どんなポスターを見たことがあるか発表しよう。

「では，どんなポスターが貼ってありましたか。」

商店街で大安売りのポスターが貼ってあった。くじ引きもあるんだって。
交番に，振り込め詐欺が何とかっていうポスターが貼ってあったよ。
文化財の一般公開とか書いてあって，お寺の写真が載っているポスターがあった。
観光地の宣伝のポスターが電車の中に吊り下げてあった。

「学校の中には，どんなポスターがありましたか。」
・保健室に虫歯予防のポスターが貼ってあった。
・児童会の掲示板に運動会のポスターがあった。

「教科書に出てきた中で，マナーの呼びかけポスターが出ていないけど，何か見たことはありますか。」
・たばこのポイ捨てやめようポスターがあった。
・町の美化運動のポスターもあったなあ。

4 対話する 見つける　ポスターの工夫を見つけよう。

「教科書 118 ページのポスターを見ましょう。これは，何を知らせるポスターですか。」
・読書週間だよというお知らせのポスターです。
・「読書をしましょう」と呼びかけています。
「キャッチコピーって，何ですか。」
・相手を引きつけるように工夫された短い言葉です。

「このポスターには，見る人を引きつけ，知らせたいことを伝えるどんな工夫がしてあるでしょう。気づいたことを話し合いましょう。」

いろいろな大勢の人が本を読んでいる絵を入れて，本を読もうとよびかけている。
キャッチコピーが，大きな字で，目立つようにしてある。
ちょっと変な人達が同じ向きで本を読む絵なので，何だろうと思ってみてしまう。

ポスターを読もう
第2時 (2/2)

本時の目標

ポスターを比べて違いや共通点を見つけ，ポスターを読むときに気をつけることを考えることができる。

授業のポイント

ポスターを比べて違いや共通点を見つけ，そのポスターが作られた目的や相手を考える。また，ポスターを読むときの注意点を考える。

本時の評価

2枚のポスターを比べて違いや共通点を見つけ，ポスターを読むときに気をつけることを考えている。

〈想定〉自分が祭りの実行委員なら，2つのポスターをどこに貼りますか」と問うと，ポスターを

板書例

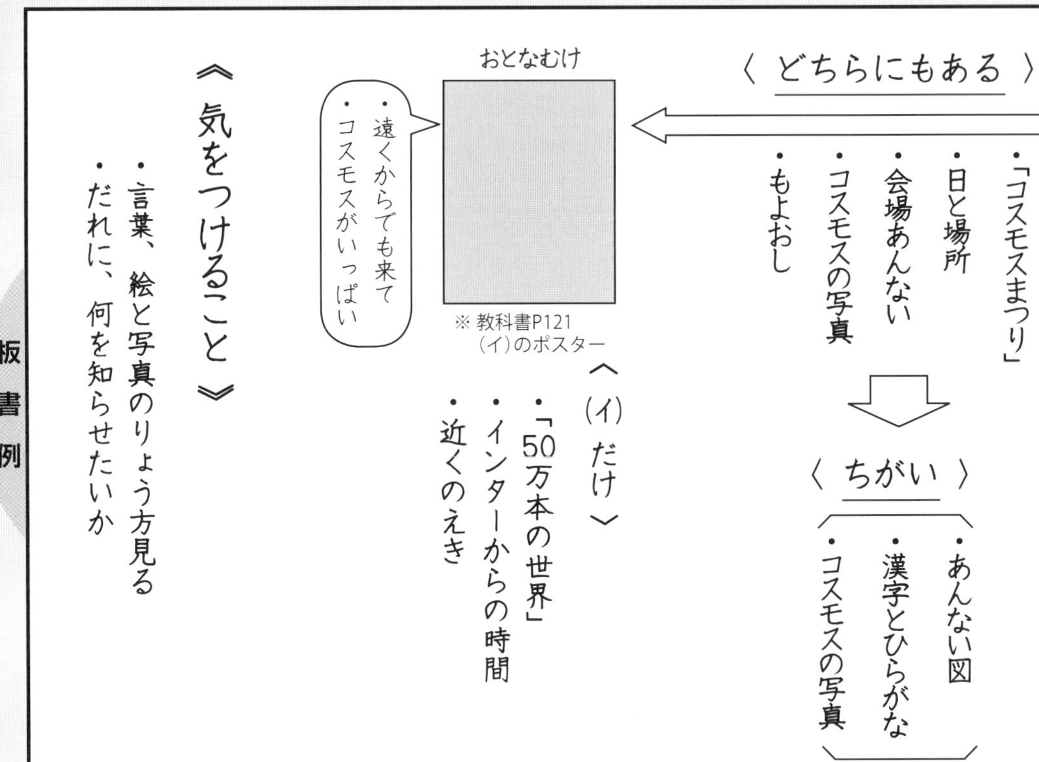

〈どちらにもある〉
・「コスモスまつり」
・日と場所
・会場あんない
・コスモスの写真
・もよおし
〈ちがい〉
・あんない図
・漢字とひらがな
・コスモスの写真
おとなむけ
・遠くからでも来て
・コスモスがいっぱい
※ 教科書P121
(イ)のポスター
〈(イ)だけ〉
・「50万本の世界」
・インターからの時間
・近くのえき
《気をつけること》
・言葉、絵と写真のりょう方見る
・だれに、何を知らせたいか

1 選ぶ 交流する　どちらに参加したくなるだろう。

教科書P120，121の2枚のポスターを見る。

「これは，何のポスターですか。」
- コスモス祭りのポスターです。
- どちらも同じコスモス祭りのポスターです。
- 10月17日（土）・18日（日）にあります。

「どちらのポスターの方がお祭りに行きたくなりますか。理由も言って話し合いましょう。」

ぼくは（イ）だな。写真をみたらコスモスがすごく多いから見てみたい。
わたしは（ア）の方が行きたくなる。子どもが笑っていて楽しそうだから。
わたしは（ア）ね。中学生のコンサートとか，コスモスくんショーもあるから，楽しそう。
ぼくも（ア）。みんな集まれって書いてある。子どもに呼び掛けているみたい。花火大会も楽しみだよ。

2 比べる 対話する　2つのポスターを比べて相違点をまとめよう。

「2つのポスターを比べて，どちらにもあることは何ですか。ノートに書きましょう。」
- コスモス祭りという題。
- 日と場所もどちらにもある。

「どちらかだけあることは何ですか。」
- 子どもの写真と「みんな集まれ」の言葉は（ア）です。
- 広場ステージの内容と花火大会のお知らせも（ア）だけです。
- （イ）には，50万本という数が書いてあります。

それぞれの問いで分かったことを箇条書きにする。

どちらにもあるけど，示され方が大きく違うところはどこでしょう。
会場案内図が（イ）は駅や高速からの行き方で，（ア）は公園内の地図です。
コスモスの写真が全然違う。（ア）はイラストが入っていて，字も太くて読みやすい。
（ア）はひらがなが多いけど，（イ）は漢字が多い。

貼るねらいや目的などを考えやすくなります。

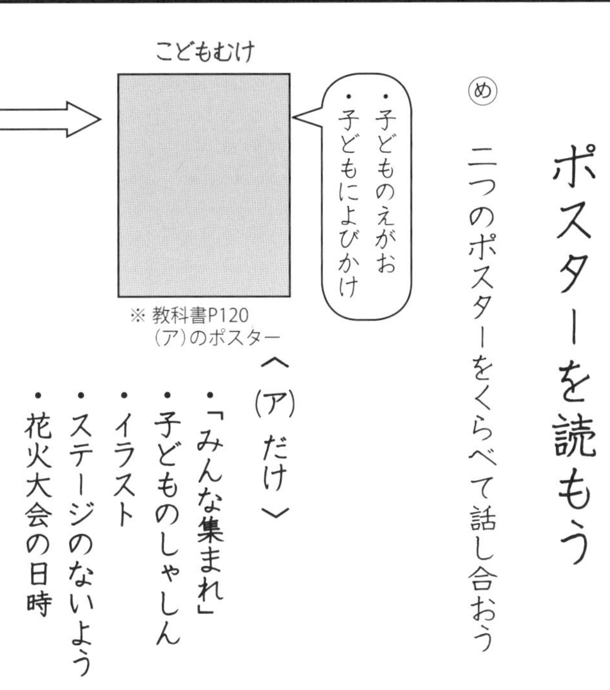

ポスターを読もう
め 二つのポスターをくらべて話し合おう
こどもむけ
・子どものえがお
・子どもによびかけ
※ 教科書P120
(ア)のポスター
〈(ア)だけ〉
・「みんな集まれ」
・子どものしゃしん
・イラスト
・ステージのないよう
・花火大会の日時

主体的・対話的で深い学び

・この時間は，グループでの対話で学習を進める。ポスターには，それぞれ目的や対象とする相手があり，それによって違いがあることを話し合いを通して気づかせ，理解させていく。今後，他教科などで，自分がポスターを作る機会もあると思われる。そのときに，この学習が思い出されれば，進んで目的に応じたポスター作りができるだろう。

準備物

・（ア）（イ）のポスターの拡大コピー（黒板掲示用）

3 対話する とらえる　ポスターの違いがあるのはなぜだろう。

「同じコスモス祭りのポスターなのに，どうしてこんなに違うのでしょう。ポスターが作られた目的や知らせたい相手から考えてみましょう。」

（イ）は，大人向けで，遠くからも来てほしいから，駅や高速からの道順が書いてある。
（イ）は，50万本とか，コスモスがいっぱいの写真を入れて，大人に行ってみたいと思わせようとしている。
（ア）は，子どもに来てもらうためのポスターだと思う。だから中心に子どもの写真があったり，ひらがなが多い。
そうだね。（ア）は，広場ステージで楽しいことがいっぱいあると知らせたり，コスモスくんや花火のイラストが入っているね。

「誰に何を知らせるかでポスターも違ってきますね。」
- （ア）は子どもに楽しいよと知らせている。
- （イ）は大人にコスモスがすごいと知らせている。

4 まとめ 振り返る　ポスターを見るときに，気をつけることは何だろう。

「同じことを知らせるポスターでも，いろいろな違いがあることが分かりましたね。」
- はい，比べてみて面白かった。
- これから，ポスターを見たとき，どんな工夫がしてあるとか，誰に見てほしいとか，いろいろ考えて見られるね。

自分たちがポスターを読むときには，どんなことに気をつけたらいいと思いますか。
言葉と絵や写真の両方を見て，内容を知るようにする。
誰に何を知らせたいのかを考えて見る。
宣伝ポスターで余計な物まで買わされないようにする。

もう一度「ポスターのれい」を見て，感じたことを発表する。

- いろいろな人，大勢の人に見てもらいたいんだ。
- みんなが同じ方を向いているのも意味がありそう。

へんとつくり

全授業時間２時間

◉ 指導目標 ◉

・漢字が，へんやつくりなどから構成されていることについて理解することができる。
・今までの学習をいかして，漢字のへんやつくりなどに関心をもち，積極的に漢字の構成を理解しようとすることができる。

◉ 指導にあたって ◉

① 教材について

本教材は，「へん」と「つくり」からなる漢字を取り上げて学習します。同じ「へん」や「つくり」を持つ漢字がいくつもあることから，それらの共通点を探させ，その漢字の持つ意味を類推し，漢字には一定の型があることに気づかせます。このことは，新出漢字が多くなり覚えるのが負担になりつつあるこの時期の児童に，漢字についての新たな視点と興味を示すことになります。また，漢字を意味や同じ部分を持つまとまりとしてとらえることで，より合理的な漢字習得にもつながります。

この教材で扱っている漢字以外にも，教科書巻末に記載されている既習漢字には，「へん」と「つくり」から構成されている漢字が多くあります。これらを十分利用することは，今後の学習での教科書の漢字一覧表の活用にもつながっていきます。

② 主体的・対話的で深い学びのために

２時間の学習のどちらも，漢字組み合わせパズルから導入し，学習の最後もパズルづくりとそれを使ったゲームで締めくくります。「漢字」＝「覚える」＝「難しい」という児童の漢字学習のとらえ方を覆し，楽しく活動させることで主体的な学習への意欲を引き出します。

教科書の漢字一覧表から漢字を探すなどの作業はできるだけ独力で行わせます。漢字を見て気づいたことや，「へん」「つくり」の意味を考えたりする活動はグループでの対話を重視して活動させます。個人主体の活動で主体性と自信を身につけさせ，対話を通して，児童は自分とは違う視点に気づき，認識を広め，深めていくことができるでしょう。

◉ 評価規準 ◉

知識 及び 技能	漢字が，へんやつくりなどから構成されていることについて理解している。
主体的に学習に取り組む態度	今までの学習をいかして，漢字のへんやつくりなどに関心をもち，積極的に漢字の構成を理解しようとしている。

◉ 学習指導計画　全 2 時間 ◉

次	時	学習活動	指導上の留意点
1	1	・「へん」と「つくり」を組み合わせて漢字を作り，読んでみる。 ・語・詩・調・話の 4 つの字を見て，共通点を見つける。 ・「ごんべん」について理解し，「ごんべん」のつく字を探す。 ・「きへん」，「にんべん」，「さんずい」の漢字を探し，意味を考える。	・共通点としての「へん」やその意味については，児童に見つけさせるようにする。 ・意味は，分かりやすい字を取り上げて考えさせる（ここでは，「きへん」，「にんべん」，「さんずい」を取り上げる）。
	2	・漢字組み合わせパズル 2 で作った漢字を仲間に分け，共通点としての「つくり」に気づく。 ・「おおがい」の意味を知り，他の「つくり」の意味も考える。 ・漢字組み合わせゲームを作ってゲームをする。	・ゲーム感覚で楽しみながら活動し，「つくり」についての理解を深める。 ・「つくり」の意味は「へん」よりも分かりにくいものが多いので，深入りせず，分かりやすいものを 2 ～ 3 取り上げる。「 つくり」にも意味があるということが分かればよい。

DVD **収録（漢字パズルカード，漢字カード）**※本書 P238，239 に掲載しています。

へんとつくり

第 1 時 (1/2)

本時の目標

漢字の左側の部分が「へん」であることを知り，それぞれの「へん」が表す意味が分かる。

授業のポイント

同じ「へん」を持つ漢字があることに気づかせる。それらを比べることによって，「へん」が表す意味を考えさせる。

本時の評価

漢字の左側の部分が「へん」であることを知り，それぞれの「へん」が表す意味を考えている。

〈漢字集め〉展開 3, 4 の漢字集めは，児童の漢字に対する関心を高めます。普段の漢字の学習でも，

板書例

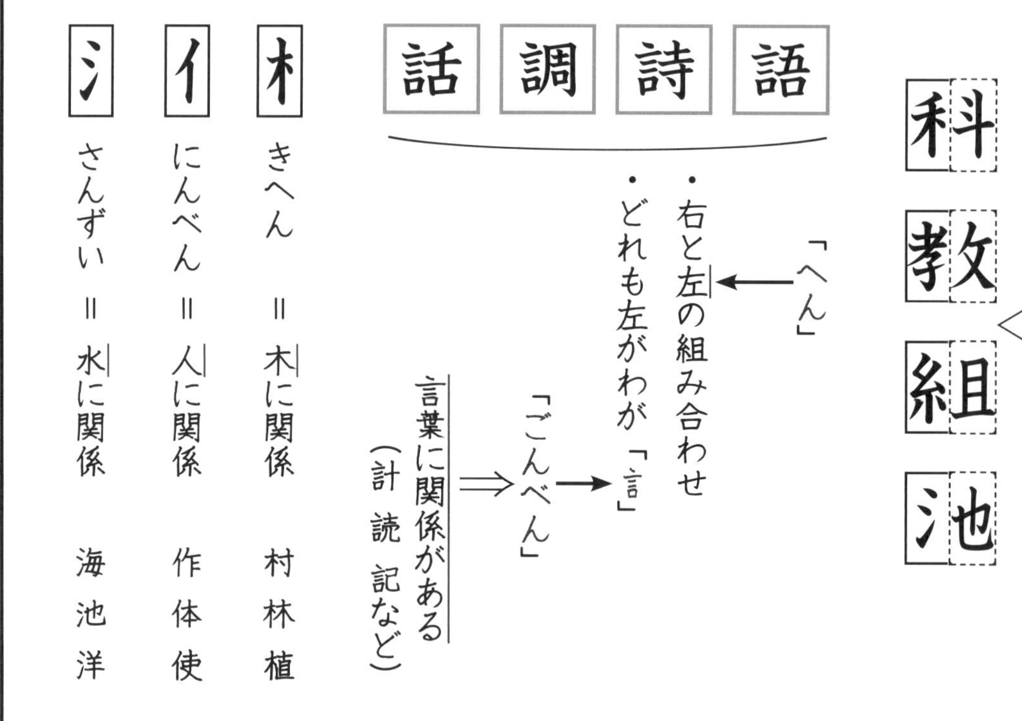

科
教
組
池
「へん」
・右と左の組み合わせ
・どれも左がわが「言」
「ごんべん」
言葉に関係がある
（計 読 記など）
話 調 詩 語
木 きへん ＝ 木に関係 村 林 植
亻 にんべん ＝ 人に関係 作 体 使
氵 さんずい ＝ 水に関係 海 池 洋

1 組み合わせる 漢字組み合わせパズルをしよう。

「カードを組み合わせて，漢字を作るパズルをしましょう。」

個人，またはグループにカードを配って操作させる。（黒板に拡大したカードを貼り，操作させてもよい。）

・う〜ん，難しくて分からない。

「点線で囲まれたカードと実線で囲まれたカードがあるけど，どうしてかな。」

・分かった！実線のカードは左で，点線は右にくる。

では，２つのカードを組み合わせて，漢字を作りましょう。
「孝」と「攵」で「教」になる。
じゃあ「糸」と「且」で「組」ができるね。
「禾」と「斗」で「科」ができる。
残ったのは，「氵」と「也」で「池」になる。これ，面白いね。
禾 + 斗 = 科

「作った漢字を見て，分かったことは，ありますか。」

・どの漢字も左と右の２つの部分の組み合わせでできている。

2 比べる つかむ 4つの漢字を比べ，「へん」について調べよう。

語，詩，調，話の４文字のカードを黒板に貼る。

「この４つの漢字を見て気づいたことはありますか。」

・これも右と左に２つの部分が組み合わされてできています。

・どれも左側が言になっている。

「言のように，漢字の左側にある部分を『へん』といいます。言は『ごんべん』といいます。」

「『ごんべん』のついた漢字は，何に関係がある字でしょう。」

言葉に関係があると，教科書に書いてある。ほんとうかな？
「語」は日本語とか英語とかに使うから言葉に関係あるね。
「詩」も「話」も言葉に関係がある。「調」も何か言葉に関係ありそうだね。

どの字も，言葉に関係があることを確認する。

へんと言葉の意味を関連付けながら学習しましょう。

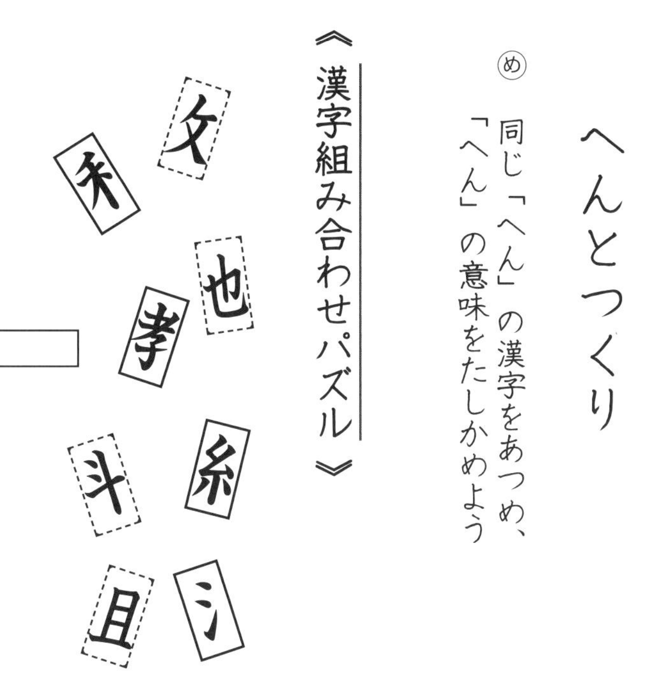
へんとつくり
め 同じ「へん」の漢字をあつめ、「へん」の意味をたしかめよう
《漢字組み合わせパズル》
文
禾
也
孝
糸
斗
氵
且

主体的・対話的で深い学び

・「ごんべん」のつく字や他の「へん」の字を教科書の漢字一覧から探す作業は各自で行わせ，言葉で関係があるかどうかはグループで話し合って確かめさせる。個人でできる活動はできる限り各自の主体性にまかせ，確認などの作業や，個人の作業ではできない児童が出てきそうな活動は，できる限るグループでの対話を取り入れる。

準備物

・「漢字組み合わせパズル」用の漢字の「へん」と「つくり」のカード（各グループ数（または個人数），及び黒板掲示用拡大版）
DVD 収録【3_24_01】

・「語」「詩」「調」「話」カード（黒板掲示用拡大版）
DVD 収録【3_24_02】

3 探す とらえる 「ごんべん（言）」のつく字を集めて言葉に関係があるか確かめよう。

「他に『ごんべん』のつく字は，どんな字がありますか。」

教科書にある「これまでに習った漢字」（P148 ～ P156）から探させる。

「計」を2年で習っていた。
「読」も，言弁の字だ。もう他にはないかな。
2 記 キ しるす
「記」が，あった！

「それぞれ，言葉と関係ありましたか。」
・「記」は日記の記だから，言葉に関係あるね。
・「読」も読むのは言葉を読むのだから関係ある。
・「計」はどうかな？計画を立てるのは，言葉でするから言葉に関係ありそうだね。

4 集める 確かめる いろいろな「へん」を集めて，意味を確かめよう。

「教科書には，他にどんな『へん』が載っていますか。」
・「きへん」。板や柱。
・「にんべん」。休むや係。「さんずい」。油，港。

「この３つの『へん』の字をもっと探しましょう。」
・「きへん」は，村，林，校，相，横，様，植。
・「にんべん」は，作，体，使，住，仕。
・「さんずい」は，海，汽，池，深，漢，決，温，酒，洋。

それぞれ，何に関係がありますか。
「きへん」は，木に関係がありそうだね。
「にんべん」は，みんな人に関係がある。
「さんずい」は，水に関係がある。
「へん」の名前から，何となく検討がつくね。

他にどんな「へん」があるか，教科書で調べさせる。

・「糸」「弓」「亻」「女」「禾」いろいろあるね。

へんとつくり

第 2 時 (2/2)

本時の目標

漢字の右側の部分が「つくり」でありことを知り，それぞれの「つくり」が表す意味が分かる。

授業のポイント

同じ「つくり」を持つ漢字があることに気づかせ，それらを比べることで，「つくり」が表す意味について考えさせる。

本時の評価

漢字の右側の部分が「つくり」であることを知り，それぞれの「つくり」が表す意味を考えている。

〈学習遊び〉児童には遊びを通して学ぶ力があります。展開４のパズルづくりでは，児童の楽しく

板書例

動　顔　朝　助　明　頭

☆ 気づいたこと

頁、力、月 → がつく字が二つずつ

どれも右がわ ＝「つくり」

☆「つくり」のいみ

頁　おおがい ＝ 頭に関係

力　ちから ＝ 力に関係

月　つき ＝ 年月に関係

《漢字パズルをつくろう》

日＋青→晴　糸＋田→細　言＋己→記

日＋寺→時　糸＋会→絵　言＋売→読

など

1 組み合わせる　漢字組み合わせパズル２をしよう。

顔，頭，動，助，朝，明，の６文字の左右を分けた 12 枚のカードをグループごとに配る。

「漢字組み合わせパズル２をします。今度は，12 枚のカードを使います。どんな漢字ができるでしょう。」

・前よりカードが多くなって難しそう。
・おもしろい。前に１回やっているからできるよ。

「重」と「力」で，「動」ができる。他にできるのは何かな？
分かった！「彦」と「頁」で「顔」ができるよ。
じゃあ「且」と「力」で「助」になる。あと３文字だね。残っているのは…。
月
力
豆
日
重
且
頁
力
且
月
力
彦

2 対話する つかむ　組み合わせた漢字を見比べ，「つくり」を知ろう。

黒板に，児童から出された順に漢字を貼る。

組み合わせた６つの漢字を見て，気づいたことを言いましょう。
「頁」が付く字が２つあります。
「力」と「月」のつく字も２つずつあります。
「へん」は左側だったけど，今度は，全部右にあります。

「今度も同じ部分を持つ漢字がありましたね。力，頁，月のような漢字の右側の部分を『つくり』といいます。」

「他にも，どんな『つくり』があるか，教科書の漢字表で調べてみましょう。」

・攵，彡，斤，阝，刀，欠，見，鳥。
・いろいろあるね。

学ぶ時間を大切にしましょう。

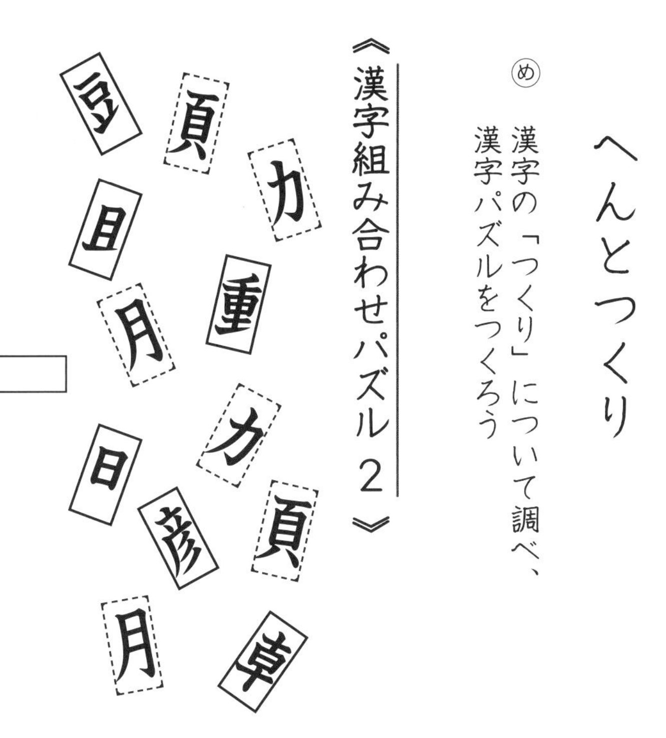
へんとつくり
め 漢字の「つくり」について調べ、漢字パズルをつくろう
《漢字組み合わせパズル２》
頁
力
重
月
力
日
彦
頁
月
卓

主体的・対話的で深い学び

・漢字組み合わせパズル2で，児童が主体的に学習に取り組めるように興味を引きつける導入とする。カードの枚数が多く難しくなるので，グループで協力しながら組み合わせさせる。その流れで，気づいたことも意見を出し合い，「つくり」を見つけさせ，意味も話し合わせる。漢字パズル作りは，できる限り独力で作らせたいが，児童の状況に応じて，隣どうしで援助し合ったり，グループで協力させたりしてもよい。最後は，楽しみながら，「へんとつくり」についての理解を深めさせる。

準備物

・「漢字組み合わせパズル2」用の漢字の「へん」と「つくり」のカード（各グループ数） DVD 収録【3_24_03】
・漢字パズル作り用の白紙カード（1人8～10枚）

3 対話する とらえる 「つくり」の意味を考えよう。

「『さんずい』は水に関係があるなど，それぞれの『へん』には意味がありました。では『つくり』もそれぞれ何に関係があるのか，考えてみましょう。」

教科書で，「頁」の名前と意味を確かめさせる。

・「頁」は，「おおがい」と言って，頭に関係がある。

「他に，意味が分かる「つくり」はありますか。」

「月」は，1月，2月，3月…の月だから，年や月や日に関係がありそう…。
物を動かすにも，何かを助けるときにも力がいるから，「力」は，力を使うことに関係がある。
「見」は見ることに関係，「鳥」は鳥に関係…で分かりやすい。

いくつか，意味の分かりやすいものだけを取り上げる。他は，「へん」と合わせて，自由研究の課題などにするとよい。

4 まとめ 漢字パズルを作って遊ぼう。

「では，最後に『へん』と『つくり』に分けられる漢字を集めてパズルを作りましょう。」

・やったー！面白そう。

パズルのカードは8枚または10枚までに限定し，教科書の漢字一覧表を見て作らせる。個人での作業にしても，グループで作らせても，どちらでもよい。

日，田。攵，女，青，糸，売，市，孝，言。これ，分かるかな？
ぼくは，10枚で超難しいパズルを作るぞ。
わたしは，8枚で作ろう。寺，反，日，木，刀，糸，七，東。

「できたら，周りの人たちと，交換してパズルで遊びましょう。」

作ったパズルで，ゲームを楽しませる。

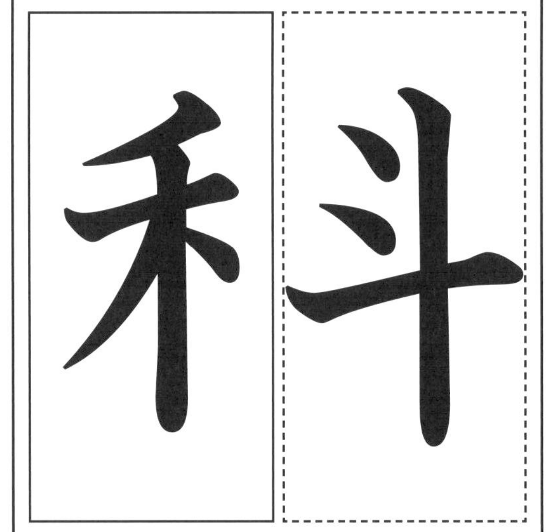
禾
斗

孝
攵

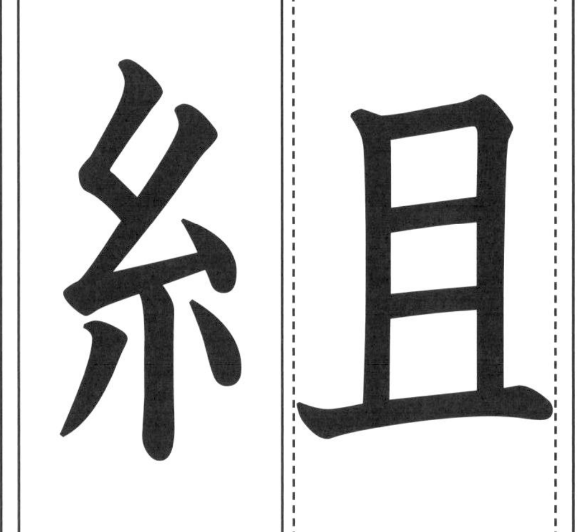
糸
且

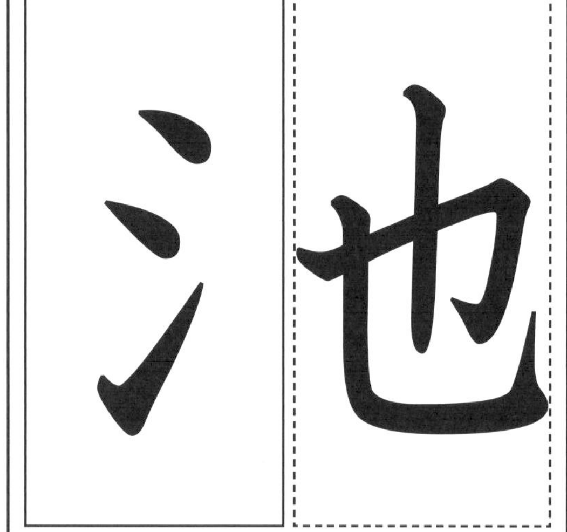
氵
也

語	詩	調	話

豆 頁	彦 頁
日 月	𠦝 月
且 力	重 力

ローマ字

全授業時間４時間

◉ 指導目標 ◉

・日常使われている簡単な単語について，ローマ字で表記されたものを読み，ローマ字で書くことができる。
・学習課題に沿って，粘り強くローマ字を読んだり書いたりしようとすることができる。

◉ 指導にあたって ◉

①　教材について

ローマ字表記で，簡単な語句の読み書きができることを目指す教材です。児童は日常生活でローマ字表記を多く目にしています。また，コンピュータ入力をするときも，ローマ字入力が一般的です。社会生活をしていく上でも，コンピュータを活用した学習を進める際にも，ローマ字を読み書きする力は，必要になってきます。

ローマ字の基本をしっかりと身につけさせることが大切です。子音と母音が組み合わされて一音が成り立っていること，拗音，長音，促音，撥音の書き方，固有名詞の頭には大文字を使うことなどは，基本として確実に身につけさせたいものです。アルファベット一字一字の書き方も丁寧に指導し，定着を図ります。できるだけ，多くの文字を読んだり書いたりして，ローマ字の表記に慣れさせることも大切です。本教材では，子音と母音の結合が分かりやすい訓令式のローマ字を学習しますが，街中で多く見られ，日常よく使われているヘボン式のローマ字表記にも慣れさせておいた方がよいでしょう。

②　主体的・対話的で深い学びのために

初めてのローマ字との出会いがどのようになるかで，以後のローマ字，さらには英語学習に対する児童の印象は変わり，学習意欲や主体的に学習に取り組む姿勢にも関わってきます。先ずは，ローマ字を読んだり書いたりする活動に楽しく取り組めることを大切にします。

身の回りからローマ字表記を見つけたり，教室にあるものをローマ字で書き表したりするときは，周りの友だちと交流させながら視野を広げていきます。

表記の決まりを見つけたり考えたりする場面は，グループでの対話を基本にします。また，ワークシートを活用した後は必ず隣どうし(または)グループ正しく書けているか点検させます。どの児童もローマ字の読み書きができ，自信を持てるようにすることが，児童の意欲や学習に取り組む姿勢にも反映していきます。

◎ 評価規準 ◎

知識 及び 技能	日常使われている簡単な単語について，ローマ字で表記されたものを読み，ローマ字で書いている。
主体的に学習に取り組む態度	学習課題に沿って，粘り強くローマ字を読んだり書いたりしようとしている。

◎ 学習指導計画　全４時間 ◎

次	時	学習活動	指導上の留意点
1	1	・ローマ字とは何かを知り，学習課題を確認する。 ・身の回りで，使われているローマ字を見つける。 ・母音と子音を組み合わせて表記するローマ字の仕組みを見つける。 ・ローマ字表を見て声に出して読む。	・写真や具体物を持ち込む。 ・ローマ字表記を見た体験交流をする。 ・フラッシュカードなども利用して，五十音が読めるようにする。
	2	・ア行～パ行までの母音，子音を大文字と小文字で書く。 ・カ行～パ行までの文字を小文字で書く。 ・拗音の書き方が分かり，練習する。	・ワークシートを活用して練習する。 ・具体的に，使われている例の写真などがあれば，見せる。 ・グループや隣どうしでの対話を生かして，考えたり，正しく表記できているかどうか点検し合ったりさせる。 ・書く練習が多いので，一部を学校で書かせて，残りは宿題にしてもよい。
	3	・長音の書き方が分かり，練習する。 ・促音の書き方が分かり，練習する。 ・撥音の書き方を確かめ，練習する。 ・大文字で書き始める場合が分かり，練習する。	
2	4	・ヘボン式の書き方を調べ，練習する。 ・ローマ字を使って，教室にある物を書き表す。 ・自分のローマ字名刺を作る。 ・習った内容の復習をする。	・身の回りにあるものを表記させたり，名刺を作ったりして，ローマ字への関心を高める。 ・ヘボン式でも書かせてみる。 ・短時間で多くのことを学ばせたので，再度復習をして確認しておく。

DVD **収録（資料，児童用ワークシート見本）**※本書 P250 ～ 253 に掲載しています。

ローマ字

第 1 時 （1/4）

本時の目標

身の回りでローマ字が使われていることや表記の仕組みが分かり，五十音を読むことができる。

授業のポイント

ローマ字表記がされている写真や具体物を，教室に持ち込んで関心を高める。

本時の評価

身の回りでローマ字が使われていることや表記の仕組みが分かる。ローマ字の五十音を読むことができる。

〈探す〉わたしたちの身の回りには，ローマ字がたくさんあります。探すことによって，児童の

板書例

《ローマ字表》

（段）

（行）

大文字／小文字		ア段 A/a	イ段 I/i	ウ段 U/u	エ段 E/e	オ段 O/o
ア行		あ a	い i	う u	え e	お o
カ行	K/k	か ka	き ki	く ku	け ke	こ ko
サ行	S/s	さ sa	し si [shi]	す su	せ se	そ so
タ行	T/t	た ta	ち ti [chi]	つ tu [tsu]	て te	と to
ナ行	N/n	な na	に ni	ぬ nu	ね ne	の no
ハ行	H/h	は ha	ひ hi	ふ hu [fu]	へ he	ほ ho
マ行	M/m	ま ma	み mi	む mu	め me	も mo
ヤ行	Y/y	や ya	(い) (i)	ゆ yu	(え) (e)	よ yo
ラ行	R/r	ら ra	り ri	る ru	れ re	ろ ro
ワ行	W/w	わ wa	(い) (i)	(う) (u)	(え) (e)	を (o) [wo]
ン		ん n				
ガ行	G/g	が ga	ぎ gi	ぐ gu	げ ge	ご go
ザ行	Z/z	ざ za	じ zi [ji]	ず zu	ぜ ze	ぞ zo
ダ行	D/d	だ da	ぢ (zi) [di]	づ (zu) [du]	で de	ど do
バ行	B/b	ば ba	び bi	ぶ bu	べ be	ぼ bo
パ行	P/p	ぱ pa	ぴ pi	ぷ pu	ぺ pe	ぽ po

☆気がついたこと

・ア行だけ一文字
カ行から下の行は二～三文字

・ア段に「a」、イ段に「i」、…
・カ行に「k」、サ行に「s」、…

※児童の発言を板書する。

☆読んでみよう

・声に出して
・フラッシュカード

1 めあて つかむ　ローマ字について知り，どんな学習をするか確かめよう。

「これから勉強するローマ字って何でしょう。」

教科書 P128 で調べる。

・アルファベットを使って書き表します。
・日本語は，アルファベットでも書き表せます。

教科書のアルファベットの表を見る。

「ローマ字は，この中のいくつかの文字を使って書き表します。大文字と小文字がありますね。」
・大文字と小文字は形が似ているのと似ていないのがある。

どんな勉強をするのか 126 ～ 124 ページの1，2，3の見出しを読みましょう。
1はローマ字の表を見て学習する。
2は，ローマ字の決まりを習います。
3は，書き方が，2つあるものを学習します。

2 探す 出し合う　身の回りで使われているローマ字を探そう。

「ローマ字は，どんなところで使われているでしょう。身の回りで見たことはありませんか。」

教科書の写真も参考にして，どんなところに書かれていたか，知っていることを出させる。写真や具体物も用意しておいて，適宜見せたりする。

通りの名前や案内にローマ字が書かれています。駅の名前も，下にローマ字が書いてあるよ。
お菓子の袋やカレーの箱などにも，書いてあったよ。あれもローマ字かな？英語かな？
看板や動物園にもローマ字が書いてあったよ。
お店や会社の名前にも使われている。テレビにも出てくるよ。

「いろいろなところで，ローマ字が使われているね。」
・家に帰ってからもっと探してみよう。

学びたいという学習意欲を高めましょう。

ローマ字

(め) 身の回りにはたくさんローマ字表記があることを知り、ローマ字の五十音を読もう

ローマ字
↑ アルファベットで書き表す
（大文字と小文字）

《身のまわりにあるローマ字》
・通りの名前　・えきの名前　・会社の名前
・かんばん　・あんないばん　・食べ物のふくろ

主体的・対話的で深い学び

・ローマ字が表記されている例を出し合い，身近なところでローマ字が使われていることを確かめ合う。グループで協同してローマ字表の特徴を見つける。
・フラッシュカードでの読み方の練習は，グループごとにカードが準備できそうなら，グループでさせることが望ましい。

準備物

・ローマ字表記の画像や実物
・ローマ字のフラッシュカード（できれば，グループ数）
・ローマ字表（黒板掲示用拡大版・児童用参考資料）
DVD 収録【3_25_01】

3 対話する 見つける　ローマ字表の仕組みを見つけよう。

ローマ字表を黒板に貼り，表の縦の列を段（ア段～オ段），横の列を行（ア行～パ行），ということを説明する。

「ちょっと練習してみましょう。イ段のサ行の字は何ですか。」
・「し」です。
「では，オ段のヤ行の字は何ですか。」
・「よ」です。

このローマ字の表の段や行を見て，何か気づいたことはありませんか。
ア段は全部 a の字がついている。イ段は i，ウ段は u，。エ段は e，オ段は o がついている。
ア行だけが 1 文字で，他はどれも 2 文字か 3 文字が組み合わされている。
カ行は全部 K がつく。サ行は全部 S がつく。…行にも決まりがある。

4 読む　ローマ字表を読もう。

「ア行をみんなで声を出して読みましょう。」
・ア，イ，ウ，エ，オ。

次はフラッシュカードで練習です。
フラッシュカード面白い。「エ」です。
Aa
Oo
Ee
次は「ア」，その次は「オ」

「次は，カ行を読みましょう。」
・カ，キ，ク，ケ，コ。
「カ行のフラッシュカードです。何を出すか分かりませんよ。」
・コです。
・キです。

ワ行とンまで，順次，ローマ字表を読ませた後，フラッシュカードをランダムに見せて読ませる。

ローマ字

第 2 時　(2/4)

本時の目標

清音，濁音，半濁音，拗音の文字と書き方が分かり，身近な事柄をローマ字で書き表せる。

授業のポイント

子音に母音を組み合わせるとカ行~パ行までの音ができることを見つけさせる。拗音の書き方の決まりを理解させる。

本時の評価

清音，濁音，半濁音，拗音の文字と書き方が分かり，身近な物事をローマ字で書き表している。

板書例

〈字形〉ローマ字ノートの４線に書く小文字の高さに注目します。小文字には，地下１階建て，１階建て，

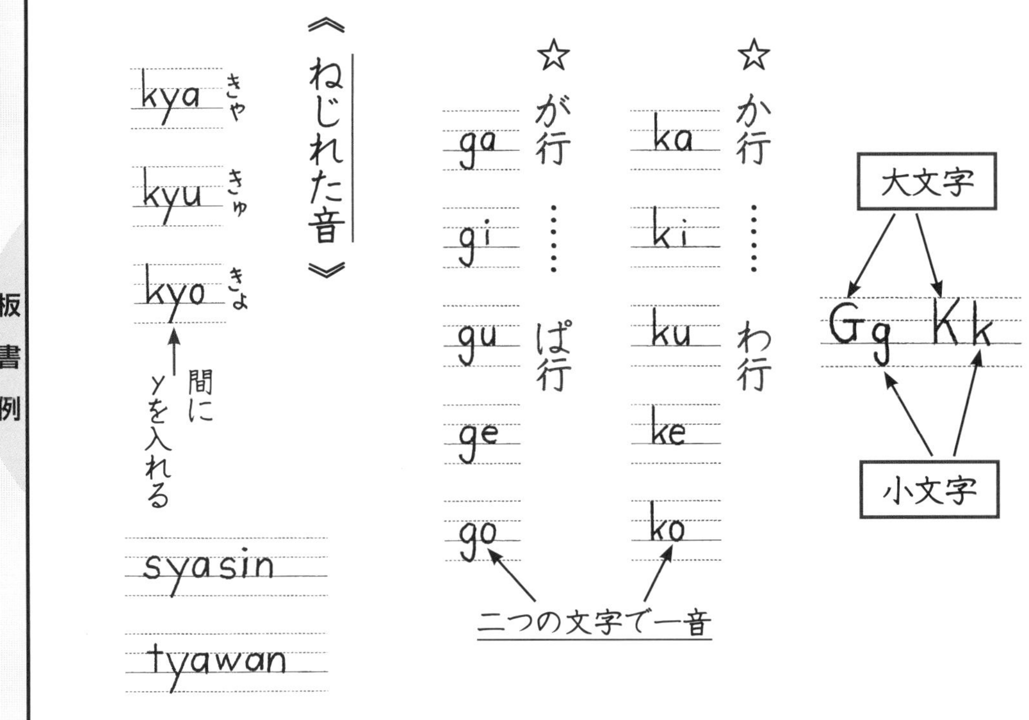

大文字
Gg Kk
小文字
☆か行
ka
ki
ku
ke
ko
……
わ行
☆が行
ga
gi
gu
ge
go
……
ぱ行
二つの文字で一音
《ねじれた音》
kya きゃ
kyu きゅ
kyo きょ
間にyを入れる
syasin
tyawan

1 書く　アイウエオの大文字と小文字の書き方を練習しよう。

「教科書 127 ページのローマ字表を見ましょう。」

「表の一番上を見てください。アには，何種類の文字がありますか。イからオはどうですか。」

・どれも大文字と小文字の２種類があります。

「アイウエオの大文字から書く練習をしましょう。」

ワークシートを配り，１文字ずつ，書き順を P128 のアルファベット表で確かめながら，書かせていく。

まず，アの大文字と小文字を書きましょう。書き順だけでなく，どの線の間に書くのかも隣どうしで確かめましょう。
A a
違う。大文字は，１番目と３番目の線の間で，小文字が２番目と３番目の間でしょ。
書けたよ。これでいいんだろ。

イ，ウ，エ，オも同様に練習していく。

2 知る 書く　残りの清音の文字カ行～ワ行の文字とンの書き方を知って，書く練習をしよう。

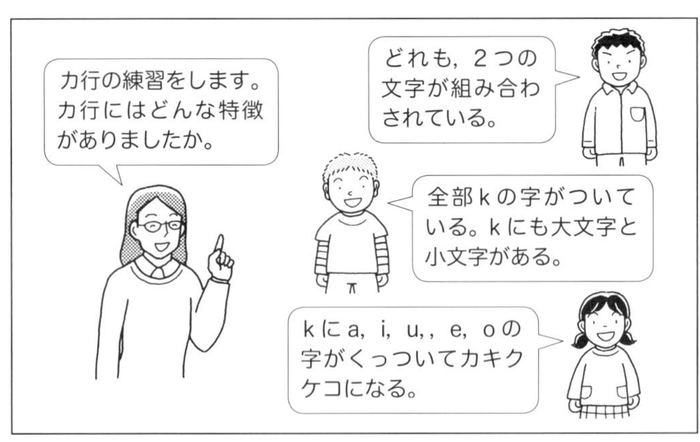

カ行の練習をします。カ行にはどんな特徴がありましたか。
どれも，２つの文字が組み合わされている。
全部 k の字がついている。k にも大文字と小文字がある。
k に a，i，u,，e，o の字がくっついてカキクケコになる。

「k は『ケイ』と読みます。『ケイ』の大文字と小文字の練習をしてから，カキクケコを書く練習をしましょう。」

１文字ずつ，書き順を P128 のアルファベット表で確かめながら，ワークシートに書かせていく。

「同じようにして，サ行からワ行まで練習しましょう。『ん』は，どうなりますか。」

・「ん」は，n の１文字だけです。

エス，ティー，エヌ…の読み方を教えて練習させる。

2階建ての3種類があります。この3つを意識して書きます。※

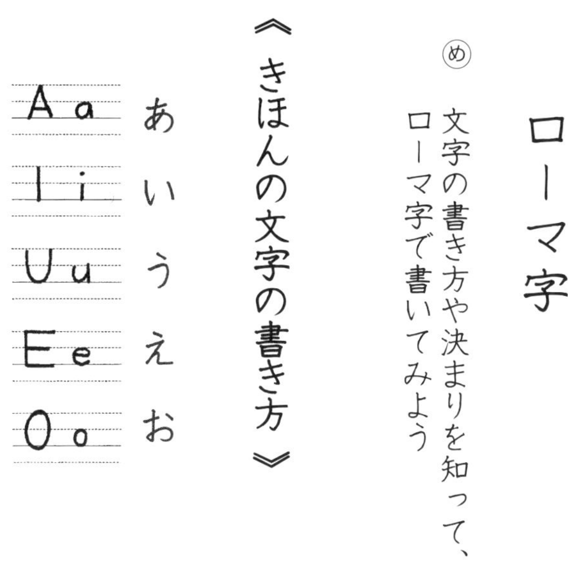
ローマ字
め 文字の書き方や決まりを知って、ローマ字で書いてみよう
《きほんの文字の書き方》
あ Aa
い Ii
う Uu
え Ee
お Oo

※ 小黒板，または黒板の横に，教科書のローマ字表を拡大して貼っておくとよい。

主体的・対話的で深い学び

・文字の書き方は，一人ひとりがワークシートに書いて，隣どうしで間違いがないか確かめさせる。行の特徴や拗音の表記の決まりは，グループで対話して見つけさせる。最後の例文も，各自が書いたものを見せ合って交流し，間違いがないかも点検し合うようにする。

※地下1階建て，1階建て，2階建ての3種類を意識するための遊びがあります。地下1階建てはしゃがむ，1階建ては椅子に座る，2階建ては立つといった動作を入れて行うものです。「ABC SONG」に合わせてやると，とても楽しく学ぶことができます。

準備物

・ワークシート「ローマ字練習（あいうえお・カ行〜ワ行①②③・ガ行〜パ行①②・きょう習った書き方を使って書こう）」
（児童用ワークシート見本 DVD 収録【3_25_02，3_25_03】）

・外国語活動の教科書
（ローマ字の大文字，小文字の学習の参考とする）

3 知る 書く 濁音，半濁音の文字（ガ行〜パ行の文字）の書き方を知り，書く練習をしよう。

「次は，濁った音について見ていきましょう。先ずはガ行です。大文字Gと小文字gは，『ジー』と読みます。ガ行は，どのように書き表せばいいのですか。」

では，「ジー」の大文字と小文字の練習をしてから，が，ぎ，ぐ，げ，ご，を書く練習をしましょう。
今までと同じように，gにa, i, u, e, oがくっついた2文字で表します。
そうだね，ga gi gu ge go になるね。

・小文字のgは，下の3本の線の間に書くんだ。

展開1・2と同じように，書き順やどの線の間に書くかも気をつけて練習させる。

「書けたら，パ行まで，全部練習しましょう。」

・ジとヂ，ズとヅは，どちらもzi，zuと書くこともあるんだ。

4 知る 書く 拗音（ねじれた音）の書き方知り，書く練習をしよう。

「教科書の126ページ2の①を見てください。今度は，『きゃ』『きゅ』『きょ』のような音の書き方です。」

教科書の例（kya kyu kyo）を見て，考えさえる。

書き方にどんな決まりがあるか見つけましょう。
「ka」の間にyが入ると「きゃ」になる。
「ku」の間にyが入ると「きゅ」になるから…
そうか，間にyが入れば「きゃ」「きゅ」「きょ」になるんだ。

「どの字にも間にyが入るのか，表で確かめましょう。」

・「しゃ」とか「ひゅ」とか全部そうだ。

「みんなで，ローマ字表を見て，『きゃ，きゅ，きょ〜ぴゃ，ぴゅ，ぴょ』まで全部を音読しましょう。」

「今日習った書き方で，何か言葉を書きましょう。」

・onsen setubn eiga enpitu
・syasin tyawan kingyo

ローマ字

第 3 時　(3/4)

本時の目標

長音，促音，撥音と，大文字で書き始める場合の書き方が分かる。

授業のポイント

４つの内容を１時間で学習することになるので，混乱しないように，１項目ずつポイントをおさえていく。

本時の評価

長音，促音，撥音と，大文字で書き始める場合の書き方が分かり，身近な言葉を書き表している。

〈書く〉ルールに従って，書き方を確認します。類似した言葉を探して書く活動を取り入れると，

板書例

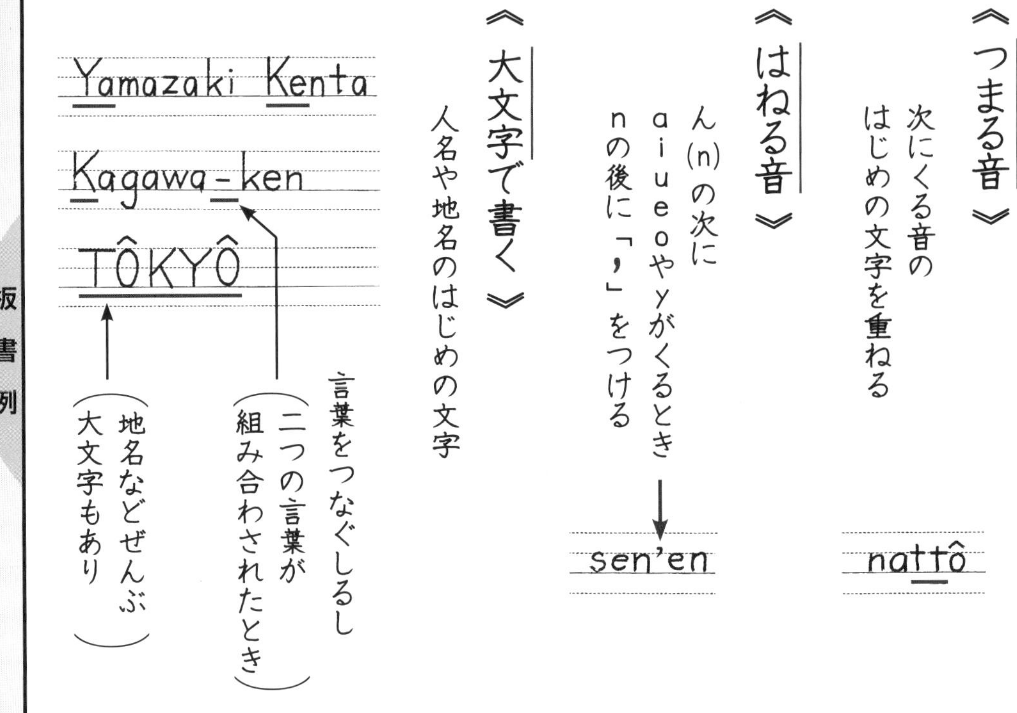

《つまる音》
次にくる音のはじめの文字を重ねる
natto̍
《はねる音》
ん(n)の次にaiueoやyがくるときnの後に「'」をつける
sen'en
《大文字で書く》
人名や地名のはじめの文字
言葉をつなぐしるし
Yamazaki Kenta
Kagawa-ken
TÔKYÔ
(二つの言葉が組み合わされたとき)
(地名などぜんぶ大文字もあり)

1 知る 書く　長音（のばす音）の文字の書き方を知り，書く練習をしよう。

「おかあさん，のようにのばす音は，ひらがなでは，どう書きましたか。」

・おかあさんだったら，「あ」を入れて表しています。

「他にはどうですか。おにいさんだったら？」

・おにいさんと，「い」をいれて表しています。

「ひらがなでは，『あ，い，う，え，お』でのばす音を入れて表しました。」

ローマ字では，のばす音はどう表すか教科書125ページの②を見ましょう。
a i u e o の上に，山形のような印をつけます。
おにいさんは「i」の上に伸ばす印をつける。教科書に書き込もう。

「のばす音を読んだり書いたりしましょう。」

ワークシートで練習させる。書けたら，隣どうしで確かめ合う。

2 知る 書く　促音（つまる音）の文字の書き方を知り，書く練習をしよう。

「『しっぽ』『がっきゅう』のようにつまる音は，どう書けばよいのでしょうか。教科書に書かれている字を見て考えましょう。」

sippo になっているから，小さな「つ」のところにpを入れたらいいんだよ。
でも，gakkyu は，k がはいっているから，おかしいよ。
分かった。つまる音の次に来る字を２つ重ねているんだ。だから pp や kk になるんだよ。

「じゃあ，教科書の『なっとう』は，どうなるか書いてみましょう。」

・natto です。o はのばす記号をつけます。

「では，つまる音を読んだり書いたりしましょう。」

ワークシートで練習させる。書けたら，隣どうしで確かめ合う。

活用力を伸ばす練習量を確保することができます。

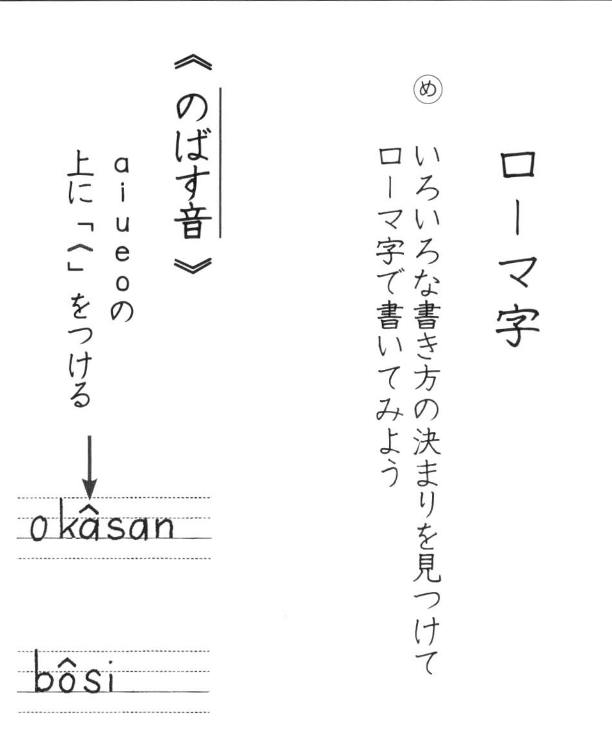
ローマ字
㋱ いろいろな書き方の決まりを見つけて
ローマ字で書いてみよう
《のばす音》
aiueoの
上に「^」をつける
okâsan
bôsi

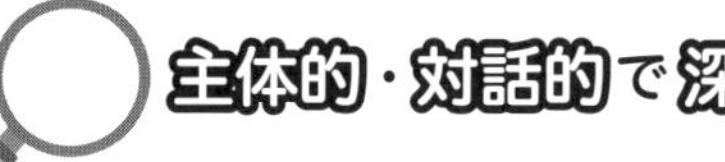
主体的・対話的で深い学び

・この時間は，ローマ字表記の決まりについて，教科書で調べて練習をしていく。促音や撥音は，教科書の例からグループで対話をして，どんな決まりがあるか発見させる。ワークシートで練習をしたら，それぞれ隣どうしで正しく書けているか確認し合う。

準備物

・ワークシート「ローマ字の決まり」2枚
（児童用ワークシート見本 DVD 収録【3_25_04】）

3 確かめる 書く　撥音（はねる音）を読み，間違えない書き方を確かめよう。

黒板に senen と書いて，読ませてみる。

・せねん…えっ，なんかおかしいね。

「これは，『せねん』ではなく『千円』です。」

・え～，だって，せねんとしか読めないよ。

「せんえん」と間違えずに読むにはどうすればよいか，教科書で確かめましょう。
教科書の「ぜんいん」「こんや」も「'」がないと「ぜにん」「こにゃ」になってしまうね。
わかった，ん（n）の後に「'」をつける。

・ん（n）の後には，必ず「'」をつけるのかな？

「『新幹線』に「'」をつけずに書いて読んで見ましょう。」

・「しんかんせん」と，ちゃんと読めるよ。

・a　i　u　e　oとyが後に来るときだけつける。

ワークシートで練習させる。書けたら，隣どうしで確かめ合う。

4 調べる 書く　大文字で書くのはどんな場合か調べよう。

「ローマ字では，大文字で書く場合があります。どんなときか，教科書で調べましょう。」

「とうきょう」は，全部大文字だね。
「やまざき」のはじめの字と，「けんた」のはじめの字が大文字になっている。
香川県は，間に－が入っている。どうしてかな？
地名などは，全部大文字で書くこともあります。香川と県のように２つの言葉が組み合わされた言葉は，間に「－」を入れて書きます。

教科書の写真や，第１時で見せた写真等でも確認する。

・KOBAN は全部大文字だ。

・Shin-Osaka は，新と大阪で - がついている。

ワークシートで練習させる。書けたら，隣どうしで確かめ合う。

ローマ字

第4時（4/4）

本時の目標

ヘボン式の書き方が分かり，これまでに習ったローマ字で自分の名前や教室にあるものなどを書くことができる。

授業のポイント

名刺作りで，興味をもって自分の名前や住所を書かせる。教室にある物は，ヘボン式でも書けるようにさせる（ローマ字表を見ながらでもよい）。

本時の評価

ヘボン式の書き方が分かる。これまでの学習を生かして自分の名前や教室にあるものなどをローマ字で書いている。

〈書く〉この単元だけでローマ字習得は困難です。「yahoo! きっず」には，キーボード入力ゲーム

板書例

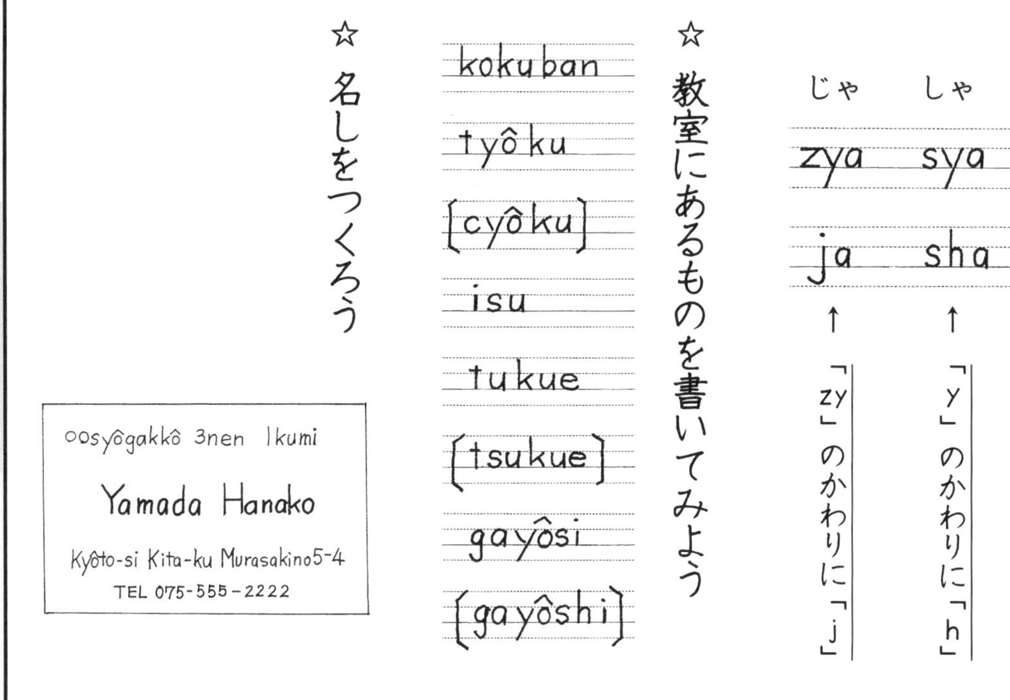

じゃ　しゃ
zya　sya
ja　sha
「zy」のかわりに「j」
「y」のかわりに「h」
☆教室にあるものを書いてみよう
kokuban
tyôku
{cyôku}
isu
tukue
{tsukue}
gayôsi
{gayôshi}
☆名しをつくろう
oosyôgakkô 3nen 1kumi
Yamada Hanako
Kyôto-si Kita-ku Murasakino5-4
TEL 075-555-2222

1 調べる 書く　書き方が２つあるものを調べよう。

黒板に sima，shima と２つ書いて読ませる。

・sima は「しま」，shima は何と読むのかな？

「これは，どちらも，『しま』と読みます。このようにローマ字には書き方が２つあるものがあります。」

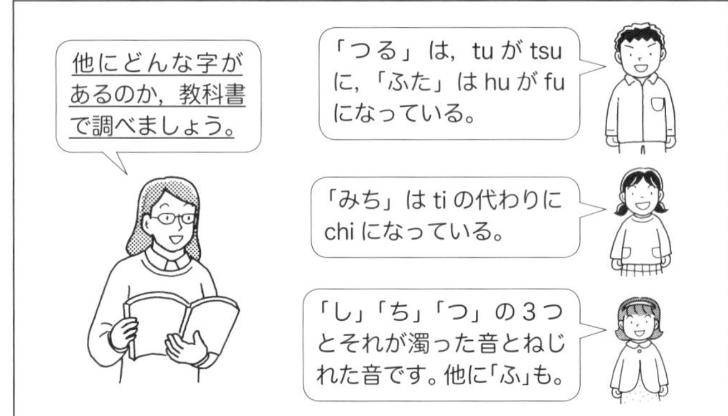

他にどんな字があるのか，教科書で調べましょう。
「つる」は，tu が tsu に，「ふた」は hu が fu になっている。
「みち」は ti の代わりに chi になっている。
「し」「ち」「つ」の３つとそれが濁った音とねじれた音です。他に「ふ」も。

「どのように変わるのか，決まりは見つかりますか。」

・「し」の s が sh になる。「ち」は t が ch になる。

・「じ」「じゃ」は，z や zy が j になる。

ヘボン表記の身近な写真や具体物を見せ，よく使われる書き方であることを確かめる。

ワークシートで書く練習し，隣どうしで確かめ合う。

2 書く　教室にあるものをローマ字で書いてみよう。

「教室にあるものを，ローマ字で書いてみましょう。」

ワークシートを配って，自由に書かせる。

hudebako enpitu
書くものがいっぱいあるね。
kokuban tyôku
書き方が分かったら，意外と簡単だね。
tukue isu
何だか面白くなってきた。

「別の書き方ができるものは，それでも書きましょう。教科書のローマ字表を見て書いてもいいですよ。」

・tyôku は cyôku になるんだね。

・tukue は tsukue です。

・gayôsi は gayôshi だ。

・２つの書き方で書けるものが，たくさんあるね。

「書けたら，正しく書けているか隣どうしやグループで確かめましょう。」

が豊富です。遊びながら学び，力をつけるのもよいでしょう。

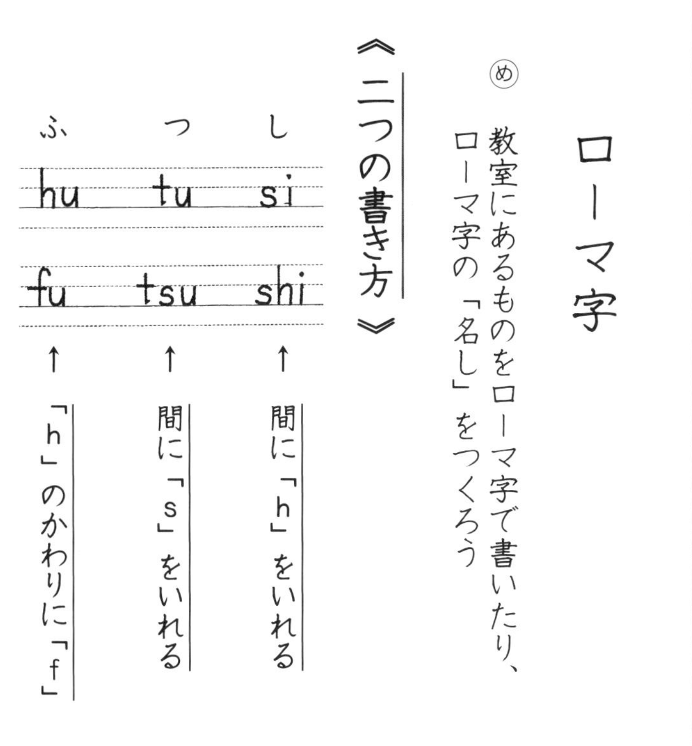

ローマ字
め
教室にあるものをローマ字で書いたり、ローマ字の「名し」をつくろう
《二つの書き方》
し
si
shi
↑
間に「h」をいれる
つ
tu
tsu
↑
間に「s」をいれる
ふ
hu
fu
↑
「h」のかわりに「f」

主体的・対話的で深い学び

・書き方が2つあるものは，周りと対話してできるだけ使い方の決まりを見つけさせたい。但し，無理に見つけさせる必要はなく，いくつか発見できればそれでよい。教室にあるものは，各自で見つけてたくさん書かせるが，隣どうしやグループで，正しく書けているかの点検はさせたい。

・名刺づくりは，楽しく取り組ませて，友達どうしで交換させ，相手の名刺を読ませる。

準備物

・ヘボン式ローマ字表記の画像や実物

・ワークシート
「ローマ字の二つの書き方・教室にあるものをローマ字で書く」
（児童用ワークシート見本 DVD 収録【3_25_05，3_25_06】）

・名刺用紙（画用紙でつくる）

3 書く・作る 交流する ローマ字で自分の名刺を作ってみよう。

「ローマ字で自分の名刺を作ってみましょう。」

・自分の名刺をローマ字でつくるの？ カッコいい！

「名刺には，どんなことを書きますか。」

・自分の名前。
・住所や電話番号。
・「3年1組」も書きたいな。
・自分の趣味や得意なことも書いていいのかな。

画用紙を切って作った名刺用紙に書かせる。

書く内容は，自分で考えたらいいです。裏にも書いていいですよ。
oosyôgakkô 3nen Ikumi
Yamada Hanako
Kyôto-si Kita-ku Murasakino5-4
TEL 075-555-2222
裏に，自分の趣味と似顔絵を書こう。
自分の名刺を作るなんて初めてだ。楽しみだ。

「何枚か作って，友達と交換してもいいですよ。」

4 まとめ 振り返る ローマ字の読み方書き方で習ったことをおさらいしよう。

「ローマ字の学習で，どんなことが分かりましたか。学習を振り返って話し合いましょう。」

のばすときには，山形の記号をつけて，つまるときは，つまる次の文字を２つ重ねたらよかった。
あいうえお以外は，2~3文字を組み合わせている。
「ん」の後に，読み間違えないように記号をつける。
大文字と小文字があって，人名や地名のはじめは大文字にするんだね。

・ずいぶん，いろんなことを習ったなあ。
・これからは，ローマ字を書いたり読んだりできそうだな。

「家に帰ってからも，身の回りのものをいくらでも書くことができますね。また，身の回りにあるローマ字で書いたものも，もっと探してみましょう。」

資 料　第1時　ローマ字表

大文字／小文字		ア段 A/a	イ段 I/i	ウ段 U/u	エ段 E/e	オ段 O/o
ア行		あ a	い i	う u	え e	お o
カ行	K/k	か ka	き ki	く ku	け ke	こ ko
サ行	S/s	さ sa	し si [shi]	す su	せ se	そ so
タ行	T/t	た ta	ち ti [chi]	つ tu [tsu]	て te	と to
ナ行	N/n	な na	に ni	ぬ nu	ね ne	の no
ハ行	H/h	は ha	ひ hi	ふ hu [fu]	へ he	ほ ho
マ行	M/m	ま ma	み mi	む mu	め me	も mo
ヤ行	Y/y	や ya	(い) (i)	ゆ yu	(え) (e)	よ yo
ラ行	R/r	ら ra	り ri	る ru	れ re	ろ ro
ワ行	W/w	わ wa	(い) (i)	(う) (u)	(え) (e)	を (o) [wo]
ン		ん n				
ガ行	G/g	が ga	ぎ gi	ぐ gu	げ ge	ご go
ザ行	Z/z	ざ za	じ zi [ji]	ず zu	ぜ ze	ぞ zo
ダ行	D/d	だ da	ぢ (zi) [di]	づ (zu) [du]	で de	ど do
バ行	B/b	ば ba	び bi	ぶ bu	べ be	ぼ bo
パ行	P/p	ぱ pa	ぴ pi	ぷ pu	ぺ pe	ぽ po

ローマ字

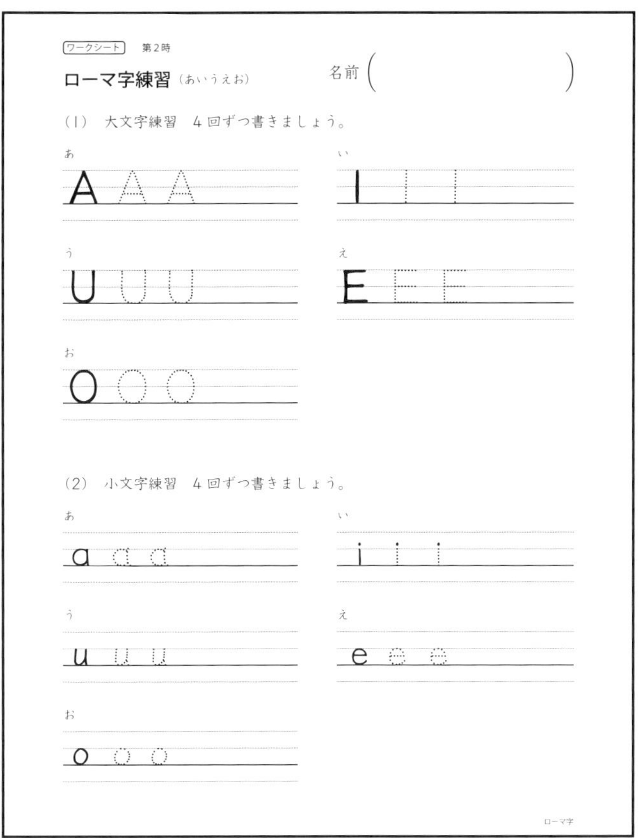
ワークシート　第2時

ローマ字練習（あいうえお）　名前（　　　　）

（1）大文字練習　4回ずつ書きましょう。

あ A A A　い I I I

う U U U　え E E E

お O O O

（2）小文字練習　4回ずつ書きましょう。

あ a a a　い i i i

う u u u　え e e e

お o o o

ローマ字

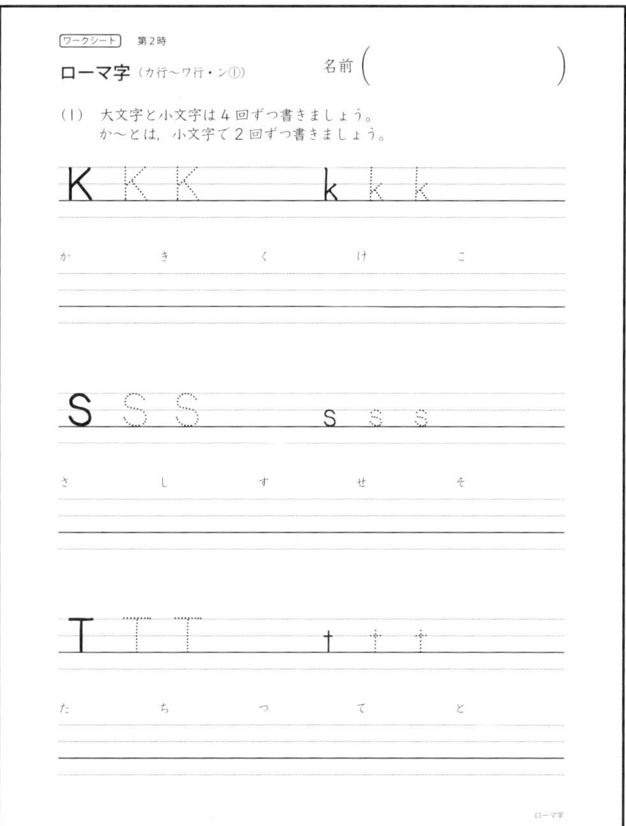
ワークシート　第2時

ローマ字（カ行～ワ行・ン①）　名前（　　　　）

（1）大文字と小文字は4回ずつ書きましょう。
か～とは，小文字で2回ずつ書きましょう。

K K K　k k k

か　き　く　け　こ

S S S　s s s

さ　し　す　せ　そ

T T T　t t t

た　ち　つ　て　と

ローマ字

ワークシート　第2時

ローマ字（カ行～ワ行・ン②）　名前（　　　　）

（2）大文字と小文字は4回ずつ書きましょう。
な～もは，小文字で2回ずつ書きましょう。

N N N　n n n

な　に　ぬ　ね　の

H H H　h h h

は　ひ　ふ　へ　ほ

M M M　m m m

ま　み　む　め　も

ローマ字

ワークシート　第2時

ローマ字（カ行～ワ行・ン③）　名前（　　　　）

（3）大文字と小文字は4回ずつ書きましょう。
や～んは，小文字で2回ずつ書きましょう。

Y Y Y　y y y

や　ゆ　よ

R R R　r r r

ら　り　る　れ　ろ

W W W　w w w

わ　（い）　（う）　（え）　を

ん

ローマ字

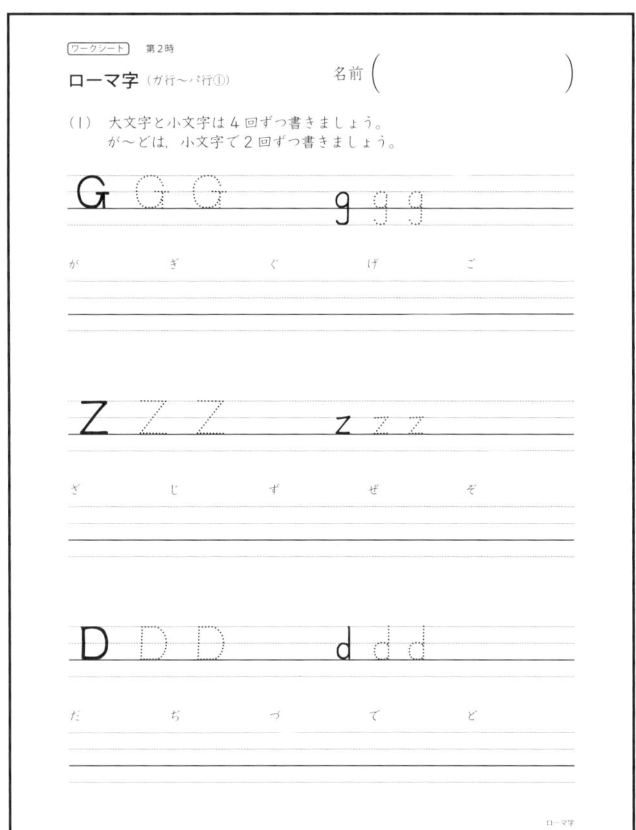
ワークシート　第2時

ローマ字（ガ行〜バ行①）

名前（　　　　　　）

(1)　大文字と小文字は4回ずつ書きましょう。
が〜どは，小文字で2回ずつ書きましょう。

G G G　g g g

が　ぎ　ぐ　げ　ご

Z Z Z　z z z

ざ　じ　ず　ぜ　ぞ

D D D　d d d

だ　ぢ　づ　で　ど

ローマ字

ワークシート　第2時

ローマ字（ガ行〜バ行②）

名前（　　　　　　）

(2)　大文字と小文字は4回ずつ書きましょう。
ば〜ぽは，小文字で2回ずつ書きましょう。

B B B　b b b

ば　び　ぶ　べ　ぼ

P P P　p p p

ぱ　ぴ　ぷ　ぺ　ぽ

ローマ字

ワークシート　第2時

ローマ字練習

名前（　　　　　　）

● きょう習った書き方を使って言葉を書きましょう。
（　　）の中には，書いたローマ字の言葉をひらがなかカタカナで書きましょう。

①（　　　　　　）　②（　　　　　　）

③（　　　　　　）　④（　　　　　　）

⑤（　　　　　　）　⑥（　　　　　　）

⑦（　　　　　　）　⑧（　　　　　　）

ローマ字

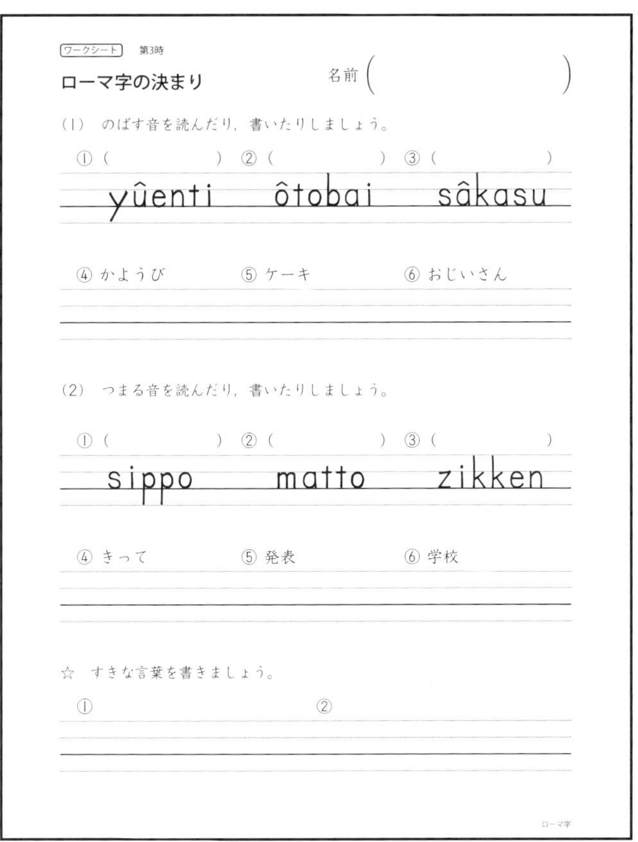

ワークシート　第3時

ローマ字の決まり

名前（　　　　　　　　）

(1)　のばす音を読んだり，書いたりしましょう。

①（　　　　）②（　　　　）③（　　　　）

yûenti　ôtobai　sâkasu

④ かようび　⑤ ケーキ　⑥ おじいさん

(2)　つまる音を読んだり，書いたりしましょう。

①（　　　　）②（　　　　）③（　　　　）

sippo　matto　zikken

④ きって　⑤ 発表　⑥ 学校

☆　すきな言葉を書きましょう。

①　②

ローマ字

ワークシート　第3時

ローマ字の決まり

名前（　　　　　　　　）

(3)　はねる音を読んだり，書いたりしましょう。

①（　　　　）②（　　　　）③（　　　　）

itiman'en　kin'iro　kan'iri-zyusu

④ ほんや　⑤ ふんいき　⑥ しんゆう

(4)　大文字をいれて書く字を，読んだり，書いたりしましょう。

①（　　　　）②（　　　　）

Aoki Hazime　Kyôto-hu

③ すずき　みちこ　④ おかやまけん

☆　すきな言葉を書きましょう。

①　②

ローマ字

ワークシート　第4時

ローマ字の二つの書き方

名前（　　　　　　　　）

● ローマ字表の［ ］の書き方で書きましょう。

① しんぶん　② じんしゃ

③ しゅくだい　④ でんち

⑤ しょくいんしつ　⑥ ちゃわん

⑦ こんちゅう　⑧ ちょきん

⑨ ふね　⑩ じんじゃ

⑪ じゅもん　⑫ だんじょ

ローマ字

ワークシート　第4時

教室にあるものを
ローマ字で書こう

名前（　　　　　　　　）

(1)　教室にあるものをローマ字で書きましょう。

①（　　　　）②（　　　　）

③（　　　　）④（　　　　）

⑤（　　　　）⑥（　　　　）

⑦（　　　　）⑧（　　　　）

(2)　上の①～⑧のなかで，別の書き方で書けるものは書いてみましょう。

○（　　　　）○（　　　　）

○（　　　　）○（　　　　）

ローマ字

DVD 映像

【出典】

『手袋を買いに』新美南吉（青空文庫）

3年（下） 目次

著者紹介（敬称略）

【著者】
羽田 純一　元京都府公立小学校教諭
入澤 佳菜　奈良教育大学附属小学校教諭
鈴木 啓史　奈良教育大学附属小学校教諭
南山 拓也　西宮市立南甲子園小学校教諭
＊所属は 2020 年 3 月現在

【特別映像 寄稿】
菊池 省三　教育実践研究家
岡 篤　神戸市立ありの台小学校教諭
＊所属は 2020 年 3 月現在

【初版 著者】（五十音順）
岡 篤
羽田 純一
原田 善造

喜楽研の DVD つき授業シリーズ

新版
全授業の板書例と展開がわかる　DVD からすぐ使える
～菊池 省三・岡 篤の授業実践の特別映像つき～
まるごと授業　国語　3年（上）

2015 年 4 月 2 日　初版　第 1 刷発行

2020 年 4 月 10 日　新版　第 1 刷発行
2022 年 2 月 10 日　第 3 刷発行

著　者：羽田 純一　入澤 佳菜　岡 篤　菊池 省三　鈴木 啓史　南山 拓也
イラスト：山口 亜耶
撮影協力：（菊池 省三 特別映像）有限会社オフィスハル
（岡 篤 特別映像）井本 彰
河野 修三
企画・編集：原田 善造　あおい えむ　今井 はじめ　さくら りこ　中田 こういち　なむら じゅん　ほしの ひかり
堀越 じゅん　みやま りょう
編　集：わかる喜び学ぶ楽しさを創造する教育研究所　編集部

発行者：岸本 なおこ
発行所：喜楽研（わかる喜び学ぶ楽しさを創造する教育研究所）
〒 604-0827 京都府京都市中京区高倉通二条下ル瓦町 543-1
TEL　075-213-7701　FAX　075-213-7706
HP　https://www.kirakuken.co.jp
印　刷：創栄図書印刷株式会社

ISBN : 978-4-86277-283-1

Printed in Japan

オフィスハル・オンラインショップにて**絶賛発売中**

いよいよ第二弾が完成(1月下旬発売)！

菊池省三
DVDで見て学ぶ
授業実践シリーズ
Vol.1
菊池実践の真髄を「10の授業」から見て学ぶ！
10枚組
収録DVD各巻タイトル

【企　画】菊池道場　道場長：菊池省三

【製作プロダクション】有限会社オフィスハル
製作・監督：筒井勝彦

【協　力】いの町　いの町教育委員会
株式会社中村堂　株式会社喜楽研

【VOL.1】【VOL.2】DVDで見て学ぶ 菊池省三・授業実践シリーズ

【VOL.1　全10巻 タイトル】

《1》対話・話し合いのある授業(28分)
　ポイント1 学び合うための「動きのある対話・話し合い」
　ポイント2「挙手⇒指名⇒発表」のみからの脱却

《2》ディベート導入までの授業　1時間目(28分)

《3》ディベート導入までの授業　2時間目(31分)

《4》ディベート導入までの授業　3時間目(36分)

《5》学級マスコットを作ろう(41分)

《6》白い黒板(初級編)(28分)

《7》国語の授業(28分)

《8》算数の授業(22分)

《9》道徳の授業(小学5年生) ①(36分)

《10》菊池省三先生・秘蔵映像 ①(26分)
　～菊池学級　四字熟語の白い黒板～

【VOL.2　全8巻 タイトル】

《1》ほめ言葉のシャワー
　～いの町菊池学園～(50分)

《2》ほめ言葉のシャワー
　～レベルアップの授業～(40分)

《3》ほめ言葉のシャワーの授業
　～中学3年生～(40分)

《4》道徳の授業②
　～小学2年生～(40分)

《5》道徳の授業③
　～中学生～(30分)

《6》菊池省三先生・秘蔵映像②
　～「やまなし」の授業～(43分)

《7》菊池省三先生・秘蔵映像③
　～伝説の貴船小学校(1)～(50分)

《8》菊池省三先生・秘蔵映像④
　～伝説の貴船小学校(2)～(65分)

《特典映像》特別メッセージ(7分)

【内 容】

2016年4月、高知県いの町で一般行政と教育行政、そして地域と学校がひとつになった全国初の地方創生「教育による町おこし」の取り組みが始まりました。

このDVDは、いの町教育特使に委嘱された菊池省三先生の1年間の授業のありのままを収録した他に類を見ない貴重な映像記録教材です。複数台のカメラを使って、プロのカメラワークや音声収録を駆使して臨場感溢れる映像で菊池先生の授業実践を再現しています。さらに菊池実践のルーツといえる菊池先生の貴重な北九州時代の秘蔵映像も同時収録しています。

皆さんも、居ながらにして菊池先生の授業に参加したような気づきと驚きと感動を映像体験することが出来ます。

【販売価格】VOL.1(10巻セット)　VOL.2(8巻セット)
各 56,000円(税・送料込)

【ご購入は オンラインショップ より】
kikuchi-jissen.com